Benz, Schreger – Geheimnisvolle Kultstätten

Doris Benz
Ben Schreger

Geheimnisvolle Kultstätten im Dreieck Karlsruhe - Konstanz - Basel

Verlag Freya

Titelbild: Collage »Der Rhein bei Rheinau & Güntherfelsen auf dem Brend bei Fürtwangen«

CIP-Einheitsaufnahme der Deutschen Bibliothek
Benz, Doris:
Schreger, Ben:
Geheimnisvolle Kultstätten im Dreieck Karlsruhe-Konstanz-Basel/
Doris Benz, Ben Schreger.-
Unterweitersdorf: Freya, 1997.-
ISBN 3-901279-52-0

A-4210 Unterweitersdorf
✆ *07235-64487*

Lektorat: Andreas Wolkerstorfer
Grafik: Grafik X Horst Wiesner
Layout, Satz: Wolf Ruzicka
Fotos: Ben Schreger

INHALT

DANKSAGUNG

Das vorliegende Buch hat seine Wurzeln, seinen Lebensursprung in vielen guten Geistern, die es von Anfang bis Ende begleitet haben. Am Anfang war das Wort des wohlbekannten Mundartdichters vom Bodensee, Walter Fröhlich: »Ä Nasewasser isch es grad nit, so ä Buech ...!« Mit der Literatur aus Fröhlichs Archiv, die er uns zur Verfügung stellte, begann der Einstieg in ein komplexes Thema, und der Einblick in die etymologischen Forschungen von Theo Odenwald vertiefte diese Spurensuche weiter. Clarissa von Platen hat uns immer wieder richtungsweisende Impulse gegeben, wenn es galt, Entdeckungen zu machen.

Ursel Pfeiffer und Ingeborg Spreng haben uns unermüdlich mit vielfältigen sachbezogenen Informationen unterstützt. Die Stadtbibliothek St. Georgen hat uns großzügig und unbefristet Material zur Verfügung gestellt, voran Anni und Werner Ludwig. Wolf-Dieter Gramlich und Günther Albert Ulmer waren zu jeder Zeit Ansprechpartner in Sachen keltischer Mythologie, Geomantie und Radiästhesie. Brigitte und Hanns-Peter Caratiola sowie Alfons Heimburger standen uns in kirchenhistorischen Fragen zur Verfügung. Auch durften wir uns die Erfahrungen des Wanderführers Fritz Robold und des Vorsitzenden des Schwäbischen Alb-Vereins, Fritz Wilhelm Lang, zunutze machen. Wichtigen Anteil am Gelingen des Buches haben Pfarrer Eckhard Molsen, Dr. Werner Radeck und Gottfried Bondzio, indem sie uns Wege zu »Malsch« und »St. Jean les Saverne« aufzeigten. Und dann gibt es da noch unseren jungen Freund Thomas Fuchsmann, der Ben auf zahlreichen Fahrten begleitete und seine Eindrücke hilfreich vermittelte. Der Kreis schließt sich mit Dagmar Schneider-Damm und Dr. Lothar Mahn, die das literarische Schaffen der Autoren von Anbeginn an begleitet haben.

Ihnen allen sind wir zu großem Dank verpflichtet!

Die Autoren

Niedereschach, im Februar 1997

KULTPLÄTZE: DIE RÜCKKEHR ZUM SEIN

Es gibt Plätze auf unserer Erde, die uns auffordern, den Blick nach innen zu richten und tiefer zu schauen, als wir es heute üblicherweise tun. Auf diesen Plätzen begegnen wir uns selbst und spüren unsere Wurzeln.

Stein, Quelle und Baum sind seit altersher Orte der Kraft.

Doch nicht nur der Steinkult, die Verehrung von Steinen, ist uralt und überall verbreitet, auch in Wasserquellen und Bäumen sahen unsere Vorfahren Symbole des Lebens und der Fruchtbarkeit. In der Gestalt der Berge und im Funkeln der Sterne, in Sonne und Mond sahen sie Zeichen einer höheren und tieferen Wirklichkeit. So fand sich der Mensch auf den starken Plätzen ein und feierte Feste, die zu Ritualen wurden und in denen Harmonie zwischen irdischen Kräften und himmlischen Mächten hergestellt werden sollte.

Der Mensch der Vorzeit achtete auf die Zeichen, die er vorfand, und deutete sie religiös. In alten, knorrigen oder hohlen Bäumen, die in Sturm und Wind ächzten und stöhnten, hörte er das Flüstern der Geister, für ihn die Verbündeten dämonischer, himmlischer Mächte, die mehr wußten als die Sterblichen. In Hainen, Grotten und Höhlen, Steinen, Flüssen und Seen, offenbarten sich unseren Urahnen Kraft und Heil.

Die in den Wäldern lebenden Germanen verehrten ihre Götter besonders in heiligen Hainen. Im Aukamper Moor von Braak bei Eutin (Niedersachsen) stehen eine weibliche und eine männliche Kultfigur aus Ebenholz. Es wird vermutet, daß diese überlebensgroßen Figuren Gott Freyr und Göttin Freya darstellen. Freyr gilt als Licht- und Sonnengott, der die Wintersonnwende bewirkt und den Frühling ruft. Im Gegensatz zu dem jägerischen Wotan (Odin), dem Gott der Winde, ist er ein Bauerngott. Seine Schwester Freya verkörpert die Göttin der Liebe und Fruchtbarkeit. Bei »Polterabenden« auf dem im Durchmesser etwa zwölf Meter großen Kultplatz werden auch heute noch Tongefäße zertrümmert.

An vielen solchen mythischen Plätzen wurden nach Einzug des christlichen Glaubens Heiligtümer wie Kapellen, Kirchen und Klöster errichtet. Die Verehrung der alten, heiligen Stätten sollte sich auf den neuen, unseren christlichen Glauben, ausrichten. Erzbischof Bonifatius legte der Überlieferung nach selbst mit Hand an beim Fällen der altehrwürdigen »Donnereiche« bei Goslar, in der der alte Germanengott Donar verehrt wurde. Aus ihrem Holz ließ der Bischof am selben Platz eine Kapelle erbauen.

Bereits vor dem 4. Jahrhundert n. Chr. wurden an Plätzen, an denen sich römische Tempel befanden, Bischofskirchen errichtet. Lange über dieses Jahrhundert hinaus geisterten die früheren dämonischen Götter noch durch die neue Religion. Heidnische Götterbilder behaupteten sich in geweihten Kirchen neben christlicher Symbolik. In dieser Zeit des religiösen Umbruchs riefen die nun getauften Christen zur Sicherheit auch den alten Gott Wotan an und brachten ihm Metopfer dar.

Auch heute noch werden auf den alten Plätzen Sonnwendfeuer angezündet, so wie vor mehreren tausend Jahren. Fast alle kirchlichen Feste werden an Terminen begangen, die schon früher mythisch besetzt waren: Weihnachten als Fest der winterlichen Sonnenwende, Ostern als Ostara- oder Frühlingsfest nach der Göttin Ostara oder Eostra, Erntedank, Kirchweih, Allerheiligen oder z. B. der 1. Mai.

Rom und Jerusalem zogen lange vor dem Christentum die Menschen an. Gleiches gilt zum Beispiel für das Mekka der Moslems oder den Ganges der Hindus. Um die Kraft zu spüren, die von einem besonderen Platz ausgeht, muß man aber nicht an so berühmte Orte wie die Klagemauer in Jerusalem reisen, man findet sie an unzähligen Orten in unserer Heimat.

Es sind jene Orte, an denen sich unsere insgeheim empfundene Sehnsucht nach Stille und Frieden erfüllt, an denen wir ein Wohlbefinden verspüren und von denen wir eigenartig getröstet und hoffnungsfroh heimkehren, im Glauben, daß uns ein starker überirdischer Arm berührt hat. Das moderne Leben, voll des sogenannten Fortschritts, will uns ständig zur Schaffung und zum Erwerb neuer äußerer Werte und zu scheinbarem

Besitz verführen. Es lenkt ab von Wegen, die nach innen führen, und es will uns glauben machen, daß wir durch die Anhäufung von Dingen diese Welt für uns gewinnen könnten. Dabei sind wir mehr und mehr im Begriff, sie zu verlieren, indem wir keine Zeit mehr für einander haben. Leben wir in einer Spät- oder Endzeit, in der nichts mehr zu hoffen ist?

Diese Sinnfrage kann bei unserer Suche nach den Orten der Kraft, nach unserem Baum, unserem Stein, unserer Quelle oft beantwortet werden. In seinem Lied vom Lindenbaum »Am Brunnen vor dem Tore« drückt Franz Schubert diese Sehnsucht nach einem heiligen Platz aus, der Ruhe und inneren Frieden gibt. So wohnt in der nordischen Mythologie die Göttin Freya in der Linde. Ihre herzförmigen Blätter sind ein Sinnbild für das Weibliche – die Eiche hingegen steht für das Männliche. Tausendjährige Linden und Eichen sind wohl die ältesten Bäume unseres Kulturkreises.

Solche alten Bäume rufen nicht nur unser geschichtliches Empfinden wach, sondern sind auch ein Zeugnis für Beständigkeit: Sie sind Mittler zwischen Welten, die wir nicht mit dem Verstand erfassen können. Das unendlich Kleine und das unendlich Große ergänzen sich. Wunder und Geheimnis zeichnen ein Bild von erhabener Schönheit. Aus der Tiefe des Alters schaut uns ein zeitloses Auge an. Jeder Baum, jede Quelle hat einen Geist, einen Genius, dem man sich nahe fühlen kann.

Für den Gläubigen ist der Inbegriff des Heiligen der persönliche Gott und die Heiligen. Er braucht keine Theorien für seine kultische Praxis, obwohl jeder Kult auch seinen Mythos hat, der sich in Bildern und Legenden ausdrückt. Im Augenblick des kultischen Geschehens wird der Mensch von überirdischen, numinosen Welten berührt. Eine innere Wandlung vollzieht sich. Tiefste Erlebnisse und existentielle Veränderungen können erfahren werden. Denken wir an die bekannten biblischen Beispiele, Abraham auf dem Berg Moria beim beabsichtigten Opfer seines Sohnes oder an die Gottesoffenbarung des Moses auf dem Sinai.

Kultplätze haben in unserem Leben viel an Kraft und Einfluß verloren. Der Mensch der Vergangenheit, zumal der Naturmensch, hat im

Urvertrauen auf göttliche wegweisende Kräfte gelebt; sie waren ihm so nahe und wirklich wie das weltlich Alltägliche. Er war nicht gespalten wie wir heutigen Menschen, die ständig die Spuren wechseln.

Warum sollen wir diese alten Plätze nicht aufsuchen, warum sollen wir diese tiefen Traditionen verkümmern lassen und nicht einen neuen Umgang mit der Landschaft, dem Boden, und dem, was auf ihm und unter ihm ist, suchen? Das Aufsuchen der alten heiligen Plätze wird uns bereichern und verinnerlichen. Wie stark jeder einzelne kultfähig ist, ist kaum zu beantworten. Aber es genügen die Reste, die in jedem von uns vorhanden sind. Vielleicht ist gerade dieser neue Zugang zum Kultischen ein Weg, aus einem seichten Fahrwasser heraus- und zu den Wurzeln hinzufinden.

Warum ein Platz Kultplatz ist und ein anderer nicht, läßt sich rational nicht begründen. Ein Ort zum Beispiel, wo Wege sich kreuzen und auseinandergehen, wurde von den früheren Menschen als gefährlich empfunden. So stand Ödipus, der thebanische Sagenkönig, am Scheideweg, und Merkursäulen säumten die Wege der alten Griechen. Noch heute steht in Griechenland fast an jeder Weggabelung eine Bildsäule (ein Marterl), in der häufig ein Licht brennt.

Kultplätze wie Lourdes, Fatima und Medjugorie sind gegen den Widerstand der Amtskirche entstanden. Die Theologie konnte kein rechtes Verhältnis zur Volksreligion finden, vor allem deswegen, weil in letzterer zu viele vorchristliche Elemente enthalten sind. Man spricht noch immer in Kirche und Wissenschaft von Aberglauben anstelle von Volksglauben. Der Aberglaube beschäftigt sich mit dem Bereich zwischen Himmel und Erde und lenkt diese Kraftströme in Symbole, mit denen er sich diesen unsichtbaren Welten näherbringt.

Einwände gegen den Aberglauben kommen von den Verwaltern der sogenannten Hochreligionen, die befürchten, daß ihre Gläubigen in das sogenannte Heidnische zurückfallen könnten, und natürlich von den Rationalisten unseres Jahrhunderts. Doch sind selbst die großen Religionen von magischen Vorstellungen erfüllt, von denen sie sich nicht losmachen können, ohne ihre Wurzeln zu verlieren. Die Verehrung des heiligen Steines in

Mekka stammt aus der vormohammedanischen Zeit, die christlichen Sakramente sind schwer aus der Lehre Jesu, aber leicht aus den viel älteren Mysterienfeiern zu erklären. Ist abergläubisches Brauchtum nur ein Rest aus erstarrten, uralten Entwicklungsstufen des Menschen, oder ist es nicht ohnehin ein tief verankerter Teil im menschlichen Wesenskern, der bislang unerklärbar blieb?

Wenn ein Mensch irgendwo und irgendwie in der Tiefe seines Wesens berührt wird, ist dies eine Art kultischen Geschehens. Leben und Tod gehen jeden etwas an, und viele Dinge, die dazwischen liegen, ebenso. Mit Kultischem hat sie der Mensch aller Zeiten zu bewältigen versucht. Schon der Neandertaler wurde mit dem Gesicht nach Osten zur aufgehenden Sonne hin begraben – »ex oriente lux« (aus dem Osten kommt das Licht). Offensichtlich öffnete er sich bereits religiöser Sehnsucht, indem er Opferrituale vornahm. Und daß die Eiszeitmenschen schon eine konkrete Vorstellung über ein Jenseits und ein Leben nach dem Tod hatten, darüber sind sich die Prähistoriker weitgehend einig.

Das heilige Mahl wird im Abendmahl, der Messe, mit all diesen ursprünglichen Elementen gefeiert, ohne daß sich dies der heutige Gläubige in der Regel bewußtmacht. Beim Vollzug geschieht etwas, das über das bloße Essen hinausgeht. Es steckt eine uralte, starke Kraft dahinter, die immer wieder aufs neue durchbricht.

Moses (Ex. 3) erschien auf der Halbinsel Sinai der Engel des Herrn in einer Flamme, die aus einem Dornbusch schlug. Der Busch brannte, aber verbrannte nicht. Als Moses nähertrat, um das Geheimnis zu ergründen, offenbarte sich ihm Gott in Engelsgestalt und erhob seine Stimme: »Komm nicht näher, lege deine Schuhe ab, denn der Ort, auf dem du stehst, ist heiliger Boden!« Da verhüllte Moses sein Gesicht.

Noch heute gilt im österreichischen Weinviertel in der Nacht vor Mariä Geburt der uralte Brauch des Tempelschlafes. Auch in der Kirche von Loretto im Burgenland wird der Schlaf am heiligen Platz gepflegt.

Wenn jemand nicht an Gott oder einen Weltenschöpfer glaubt, jedoch den richtigen Platz findet, dort ruht, schläft oder sich in Gedanken versinken läßt, kann er Weisung von oben und unten empfangen. Die Alten taten dies ganz selbstverständlich nach Brauch und Instinkt. Wir Heutigen müssen dies wieder lernen.

Abendstimmung an der Schwarzwald-Hochstraße

Ein Rest von »Aberglaube« steckt wohl im aufgeklärtesten Menschen. Dazu schreibt Goethe: »Der Aberglaube gehört zum Wesen des Menschen und flüchtet sich, wenn man ihn ganz und gar zu verdrängen denkt, in die wunderlichsten Ecken und Winkel, von wo er auf einmal wieder hervortritt.«

Altenburger Keltenwall

GÖTTER, GEISTER UND MUMMENSCHANZ

Heidensteine, Hexentanzplätze, Schächeranger, Galgen – solche Plätze sind aus der Zeit der Hexenprozesse gerichtsbekannt. Werden sie von Rutengehern untersucht, so stimmen die Strahlungen auf frappierende Weise mit den Angaben überein. An solchen Orten kann man die eigene Rutenfähigkeit besonders gut testen, da auch weniger begabte Menschen die starken Impulse spüren. Beschäftigt man sich mit der Landkarte der näheren Umgebung, so wird man überrascht sein von all den Namensgebungen, die auf solche Hexenplätze hinweisen. »Heiden, Hexen, Buhl, Brünst, Götzen, Ketzer, Teufel, Hölle, Schächer, Bock« etc. stehen für das Dämonische und Unheimliche. Es wirkt in diesen Namen bis heute nach.

In alten Gerichtsakten dieser Gegenden liest man von euphorischen Tänzen und ausschweifenden Festen, bei denen Rauschmittel wie »Belladonna«, ein Gift aus der Tollkirsche, gebraucht wurden. Auch von »Ausfahrten« und Pakten mit dem Teufel ist in den Prozessaufzeichnungen die Rede. Das in heutiger Zeit meßbare Strahlungsspektrum an solchen Tanzplätzen erklärt den ekstatischen Zustand vor allem aber in der gesteigerten Aktivität der Thymusdrüse (Wachstumsdrüse) und der Keimdrüsen.

Noch heute finden wir in vielen Alpenregionen das Brauchtum des »Rangelns«. An Plätzen, ähnlich den geschilderten, treffen sich die jungen Burschen, um sich mehr oder minder harmlos zu balgen und den durch die Strahlung intensivierten Kräfteüberschuß auf diese Weise abzureagieren.

Warum aber sind anfänglich heilige Stätten zu Hexenplätzen oder Hexenbergen geworden? – Die Antwort liegt in der Christianisierung des Abendlandes. Alte Kultplätze wurden getauft und Kirchen, Klöster und Kapellen auf ihnen errichtet, darunter manch spätere Wallfahrtsstätte. Andere strahlende Plätze wiederum überließ man dem Teufel. Sie wurden einfach verdammt, um die Menschen vom Aberglauben und Heidentum abzubringen und in die Kirchen zu ziehen.

Vieles deutet darauf hin, daß es ursprünglich alte heidnische Frauenbünde waren, die zu bestimmten Zeiten Fruchtbarkeitsfeiern abhielten. Später wurden Frauen, in denen die Wurzeln des Urwüchsigen und die Kräfte der alten Traditionen noch wirkten, dämonische Zauberkräfte unterstellt. Vor allem waren heilkundige Frauen, die mit Geburt und Heilkunst zu tun hatten, verdächtigt. Allen Schaden an Mensch, Tier und Feldern lastete man ihnen an. Hagelschlag, Sturm, Dürre und Feuer waren das Werk dieser »Hexen«. Opfer wurden gesucht und gefunden. Unbarmherzig mahlten die Räder der Justiz, und mit grausamen Foltermethoden preßte man den Frauen ihr Bündnis mit dem Teufel ab. Staat und Kirche gingen dabei eine unheilvolle Allianz ein. Eine Million Menschen etwa, so wird geschätzt, wurden Opfer des Hexenwahns, darunter auch Männer, sogenannte »Hexer« oder »Hexenmeister«.

Im Jahre 1487 wurde der »Hexenhammer« (Malleus Maleficarum) veröffentlicht. Diese lateinischen Schriften über das Hexenwesen erläutern die den Hexen angelasteten Vergehen wie Wetterzauber, Ritt auf dem Besen, Geschlechtsverkehr mit dem Teufel und vieles mehr. Auch werden Anweisungen zur Führung von Hexenprozessen, sogenannten »Malefiz-Prozessen«, erteilt.

Landgerichte bzw. »Ding-Gerichte«, die um Johanni und Weihnacht tagten, dienten nun nicht nur der Kontrolle gegenseitiger Rechte und Pflichten zwischen Landesherren und Untertanen, sondern fungierten auch als »Malefiz-« oder »Blut-Gerichte«. Vollstreckt wurden die Urteile durch Feuer, Schwert, Vierteilen oder dem Rad, durch Erhängen, Ertränken und lebendiges Begraben.

Die Stadt Triberg (Tryberg) verfügt im Schwarzwaldmuseum über handschriftliche Prozessakten aus diser Zeit. Auch das Richtschwert befindet sich dort. Vollstreckt wurden die Triberger Urteile entweder am »Galgen« bei der Fuchsfalle oder auf dem Triberger Marktplatz.

Prozessprotokolle wie das der Magdalena Koch im Jahr 1515 (Archiv Schwenningen) zeugen vom unsagbaren Leid der Gefolterten. Der Schwenninger Vogt Thomas Schrenck hatte von Magdalena eine Kuh erworben, deren Kälber bald schon eingingen. Ein Grund für den Vogt, Magdalena der Hexerei anzuklagen. Unter der Folter bekannte sie ihre Verlobung mit einem Teufel namens »Krütterle«, mit dem sie sich regelmäßig zum Hexentanz getroffen habe. Mit seiner Hilfe habe sie nicht nur die Kälbchen verhext, sondern ebenso Hagel und Reif über das Dorf geschickt. Auch ein Weinfaß soll sie im Keller eines Villinger Bürgers mit ihren Gespielen ausgetrunken haben. Nach diesen Geständnissen wurde Magdalena zum Tode verurteilt und verbrannt.

Liest man die Urteilsüberschrift, so geht einem noch nach Jahrhunderten ein kalter Schauer über den Rücken. »Ito pacty cum daemone + tefelo«, heißt es in schön geschwungenen Buchstaben (ich stehe im Pakt mit den Dämonen und dem Teufel).

Auch der Bäuerin Agathe Ketterer aus Gütenbach wurde 1625 in Triberg der Prozess gemacht. Im Schuldspruch hieß es, sie habe Kühen anderer Bauern »blaue Milch« angehext (mit »blau« ist magere, fettarme Milch gemeint). Sie selbst aber mache überreichlich »Anken« (Butter), und zwar nachts auf dem Bühl. Auf dem Triberger Marktplatz wurde Agathe Ketterer öffentlich verbrannt. Geblieben ist der Gewanname »Ankenbühl« bis heute. – Der »blutige« Marktplatz jedoch nannte sich zweihundert Jahre später vornehm »Kurplatz«, wie eine Aufnahme um das Jahr 1880 belegt.

Im Zusammenhang mit der engen spätchristlichen Weltanschauung des Mittelalters steht auch die Fastnacht. Der Narr paßte nicht in das Glaubens- und Denkschema, verneinte er doch Gott, indem er nicht nach seinem Bilde war (Genesis 1, 27). Sein geistiges Außenseitertum war vom theologischen Standpunkt aus genauso suspekt wie eine körperliche Mißbildung. Angehörige anderer Religionen pauschalisierte das christliche Mittelalter ebenfalls als Narren.

»... Saracenen, Türken, Heyden / All die vom glouben sint gescheyden«, heißt es in der Illustration zum 98. Kapitel des »Narrenschiffs« von Sebastian Brant.

Masken: Willi Bucher

Daß auch die Juden, weil ungetauft, zu den Narren zählten, beweisen Holzschnitte aus dem »Narrenschiff«. Schellenbehangene Eselsohrkappen kennzeichnen den Juden.

In einer der ältesten Buchmalereien lautet eine Bildunterschrift aus der Psalterhandschrift zum 52. Psalm: »Dixit insipiens in corde suo: non est deus«. – »Der Narr sprach in seinem Herzen: Es gibt keinen Gott.« Auf dem Bild gaukelt der »Insipiens« vor König Salomo herum, der im Angesicht Gottes betet.

So galten die sogenannten Krüppel nicht nur als Narren, ihre Unähnlichkeit mit dem Schöpfer machte sie mehr oder weniger zu den Gezeichneten des Teufels, der ja selbst hinke, glaubte man.

Ein Holzschnitt von Hans Sebald Lautensack (1559) zeigt Christus und den Teufel. Dargestellt wird hier der Teufel als Krüppel mit einer Beinprothese wie sie auch Pieter Bruegel (1568) auf seinem Gemälde »Die Krüppel« gemalt hat. Des weiteren trägt der Teufel das Narrengewand mit Eselsohrkappe und Schellen. Im Hochmittelalter, zur Zeit der Kreuzzüge, entwickelte sich dann der Tor zum Träger einer höheren Weisheit, zum Hofnarren.

»Natürliche Hofnarren« waren Menschen mit körperlichen oder geistigen Defekten, wogegen »Schalks-« oder »künstliche Narren« in Wirklichkeit intelligente Menschen und geniale Possenreißer waren. Sie durften dem König ungestraft Wahrheiten auftischen und sich verbale Kühnheiten erlauben, die anderen Hofleuten Kopf und Kragen gekostet hätten. Hans von Schellenberg, gelehrter Stadtherr von Hüfingen, nannte um 1600 seine Narren »Tafelräte«. Sie hatten jene »Narrenfreiheit«, die unserer heutigen Fastnacht ein prägendes Bild verleiht. Beeinflußt aus ihnen und dem »Harlekin«, einer Figur des italienischen Wandertheaters des 16. und 17. Jahrhunderts »Comedia Dell'Arte«, – von ihm wird später noch die Rede sein – entwickelte sich der sogenannte »Hansel« oder »Weißnarr« der alemannisch-schwäbischen Fastnacht.

Die Baar spielt hier eine besondere Rolle. Ihre Bewohner kommen schon sehr früh mit Musikern, Artisten und Komödianten der kleinen Wanderbühnen in Berührung, da die uralten Land- und Handelsstraßen von Rottweil über Hüfingen, Riedböhringen, Zollhaus und den »Klausenhof« (St. Blasisches Wirtshaus) in die Schweiz führen. Bereits um 1500 erlaubt der Kaiser in Wien den Schellenbergern in Hüfingen die Erhebung eines »Pflasterzolls«. Der geladene Wagen kostete zwei Kreuzer.

Maske: Willi Bucher

Beschäftigen wir uns aber eingehender mit der Fastnacht oder Fasnacht: Als »vasnaht, vastnaht, vastelnaht« oder »vaschang« taucht sie in mittelhochdeutschen Quellen auf. Sie ist ein Schlüssel zu uralten Kulthandlungen wie Frühjahrsfasten, Maskerade, Tanz, Spiele und Feuer. Die Fastnacht richtig verstehen heißt, das Eigenbewußtsein ihrer einzelnen Figuren und Gebräuche im Rahmen eines großen Ganzen zu sehen, das bis in die heutigen Tage wirkt. Ihre entscheidende Prägung erhielt sie allerdings erst in der Spätphase des Mittelalters, die in der Darstellung einer verkehrten, heillosen, närrischen Welt gipfelte.

»Der tüfel hat das spiel erdacht«, schrieb Sebastian Brant über die Fastnacht, in der Alltagsmenschen freiwillig die Torenrolle spielten und sie zum Teufel, zu Dämonen oder Heiden werden ließ. Damit hatte die Fastnacht theologische Dimensionen angenommen. Im Großbaseler »Totentanz« von Matthias Merian (1621) tritt der Tod als Narr auf. Als Folge seiner Schwäche, seiner Narrheit, hat der Mensch nicht nur das Paradies, sondern seine Unsterblichkeit verloren.

Für Gottesferne und Teufelsnähe steht der folgende Vers, der am »Schellenmontag« (Rosenmontag) bis in die jüngste Zeit in Wolfach im Schwarzwald ausgerufen wurde: »Wohlauf, wohlauf / Im Namen des Herrn Entechrist (Antichrist) / Der Narrotag erstanden ist.« 1972 meldete ein evangelischer Pfarrer Protest an. Daraufhin wurde der Text geändert.

Dem negativen Fastnachtsmodell steht nun das Positivum der Fastenzeit gegenüber. Dieses enge Verhältnis von Fastnacht und Fastenzeit hat die römische Kirche genau durchdacht und gefördert. Die Fastnacht sollte eine wichtige Erfahrungsquelle darstellen, ohne die eine bewußte Umkehr in der Fastenzeit nicht möglich war. Der Baseler Franziskaner Johannes Meder schrieb 1494, daß man zuerst die Krankheit kennen müsse, die man in der Fastenzeit heilen wolle.

Die Grundlagen und der Bezugsrahmen sind also im christlichen Mittelalter zu suchen. Die frühesten Belege für den Begriff »Fastnacht« stammen aus der Zeit um 1200. Die Beschwörung des Dunklen, Unbegreifbaren, des Mythologischen der Fastnacht drückt sich jedoch in vielerlei Gebräuchen aus, die aus heutiger Sicht alle Elemente älterer, vorchristlicher Feste enthalten, so zum Beispiel das Verbrennen von Strohpuppen oder -ballen, ein Ausdruck vorgeschichtlicher Vegetationsbeschwörung. Überlebtes wird den Elementen zurückgegeben.

Das Dämonische und Unheimliche längst vergangener Epochen wirkt noch immer auf uns, und die meisten selbstverständlichen Bräuche fußen im heidnischen Götter- und Geisterglauben. Man spricht von »Heidenlärm« und »Höllenspektakel« und denkt dabei an die furchterregenden, wilden Maskengestalten eines winterlichen Sonnwendfestes, ein Kult, mit dem unsere Vorfahren die überirdischen Mächte gnädig stimmen wollten. Aus einer Verschmelzung von Feuer und Lärm schaut uns die Kraft des Urtümlichen an. Der Bitte um Fruchtbarkeit in Feld, Haus und Stall dienten diese alemannisch-germanischen Frühlingsbräuche.

Zu allen Zeiten ein Thema: Masken

Maske: Willi Bucher

Zur erwachenden Lebensfreude kommt der Abwehrzauber gegen böse Mächte hinzu. In Regen und Sturm, in Blitz und Donner, in Mondwechsel und Sonnenstand erkannte der Mensch der Vorzeit die überirdischen Mächte.

Besonders die Tage um Ostern sind durchdrungen von heidnischem und frühchristlichem Brauchtum. Noch heute herrscht auf den hochgelegenen Almen des Alpengebietes der Glaube, daß der Klang von Eisen- und Kupferblechschellen böse Geister vertreibt und das Vieh vor Unglück schützt.

Auch das Sich-Verkleiden und Hinter-Masken-Verstecken reicht in vorchristliche Zeiten zurück. Maskenfeste waren laut dem Schweizer Kulturhistoriker Prof. Karl Meuli schon in ältester Zeit bei zahlreichen germanischen Stämmen üblich. »Die Maske ist eine Erfindung der Steinzeit«, schreibt Meuli. In einer Maske konnte man die strafenden Götter täuschen, die eigene Identität verleugnen und selbst zum Dämon werden.

Im schweizerischen Bodenseegebiet haben sich Gruppen von überlieferten Maskentänzen erhalten, die ein charakteristisches, in die Vorzeit reichendes Zeremoniell aufweisen. Sehr alten, sicherlich kultischen Ursprungs ist der federnde Hüpftanz der »Nüßler« in Schwyz. Er besteht aus drei kompliziert aussehenden, wippenden Schritten und einer Viertelpause, in deren Abfolge jeder Tänzer sich allmählich um sich selber dreht.

Fastnacht und Maskerade hängen eng zusammen mit den germanischen Sonnwendbräuchen, insbesondere über die Figur des Harlekins. Kein anderer als Wotan selbst, mit seinem ungehobelten Stock oder dem entwurzelten Tännchen, führt während zwölf Winternächten sein Wildes Heer an. Im 11. Jahrhundert taucht der Begriff des »hariloking« (Heerkönig) auf. Er wird zum Ahnherr des »arlecchino«. Aus dem Langobardischen floß der Begriff ins Italienische. Die Zotten und Reiser, mit denen die Alemannen sich ihre naturhaften Götter bekleidet vorstellten, wurden im Laufe der Zeit zu den Rauten des Harlekin-Kostüms stilisiert.

Viele Masken lassen sich auf den Harlekin und somit auf den Heerkönig Wotan oder Wodan, den höchsten germanischen Gott, zurückführen. Typische Attribute sind der Tannenreisbesen als immergrünes Fruchtbarkeitssymbol und das Schellenband, mit dem böse Geister vertrieben werden sollten. Auch die aufgeblasene Schweinsblase ist ein Überbleibsel altheidnischen Fruchbarkeitszaubers.

»Blocksfest, Blochziehen« oder »Tannenfuhr«, Bräuche, die im Mittelalter weit verbreitet waren, deuten ebenfalls auf uralte kultische Handlungen zu Ehren der Fruchtbarkeitsgöttin Freya hin. Das Bloch ist ein mächtiger, auf einem Wagen befestigter Baumstamm. Auf dem Stamm steht ein rauchender Ofen, vor dem ein rußiger Schmied sitzt. Begleitet wird das Bloch von Männern, die holzverbundene Berufe darstellen. Auch hier begegnen wir wieder Wotans Tännchen: Es ziert das Ende des Blochs und ist mit bunten Tüchern geschmückt.

Eine weitere archaische Gestalt aus Wotans Wildem Heer ist der »Wilde Ma« (Wilde Mann), der »Pelzmärte« oder auch »Schmutzli« (Schweiz). Die Ursprünge des Nikolaus sind in diesem »Wilden Mann« der Alemannen zu suchen, der seinen Auftritt um Mittwinter hatte. Der Klaus als eine Art Statthalter des Weltgerichtes belohnt die Guten und bestraft die Bösen. Aus dem großen Dämon wurde im Laufe der Zeit ein Kinderschreck. Nur in den katholischen Gebieten entspricht der Nikolaus dem frühmittelalterlichen Bischof von Myra als Beschützer der Kinder.

Unser heutiges Weihnachten am 25. Dezember – der Tag der altrömischen Sonnenwende – und seine Entsprechung, der Dreikönigstag oder das Erscheinungsfest am 6. Januar (Epiphanias: Erscheinen einer Gottheit unter den Menschen), umfaßt die Zeitspanne der germanischen »Zwölfnächte«. Diese zwölf Nächte, die heute als heilige Nächte gelten – es sind die Tage der Sternsinger und der Drei Könige –, waren früher gefürchtete Nächte der Finsternis, in denen die mächtigen gewalttätigen Götter durch das Land ritten und das Jahresschicksal bestimmten. Wer denkt heute beim Bleigießen in der Silvesternacht daran, daß er sich die Orakelkräfte der Rauhnächte zunutze macht?

Die Wotan-Verehrung und die Furcht vor seinem Totenheer spiegelt sich wider in Conrad Ferdinand Meyers Gedicht »Chor der Toten«:

Wir Toten, wir Toten sind größere Heere
als ihr auf der Erde, als ihr auf dem Meere!
Wir suchen noch immer die menschlichen Ziele –
drum ehret und opfert! Denn unser sind viele!

Tiefe Ehrfurcht vor den verstorbenen Ahnen, besonders während langer, dunkler Nächte nach der Wintersonnwende, ließ die Menschen eng zusammenrücken. Auf windschnellen Rossen glaubten auch die Alemannen, den einäugigen Wotan mit seinem Wilden Heer durch Wolkenfetzen und tobende Winterstürme jagen zu sehen. Dunkelheit in den endlosen Wäldern war allgegenwärtig. Nächtliches Heulen und Pfeifen war Strafe aus übermächtiger, göttlicher Hand und jagte den Menschen Angstschauer über den Rücken. In der heutigen aufgeklärten Welt, mit meist im Oberflächlichen lebenden Menschen, ist dieses Wilde Heer kaum mehr vorstellbar.

Im schweizerischen Berner Land hat sich bis ins vergangene Jahrhundert hinein ein Brauchtum erhalten, in dem Bauern während der »Zwölfnächte« dem Wilden Heer die Scheunentore offenhielten, damit es nicht das Dach abhebe. Und wer nach solchen Gespensternächten gar ein Hufeisen fand, nagelte es mit mancherlei Glücksempfindung als ein Götterzeichen von Wotans Schimmel über die Tür, damit es fortan die bösen Mächte bannen mochte, also Glück bringe.

Um den heidnisch-römischen Kult der Winter-Sonnwendfeiern zu unterbinden, änderte die Kirche Roms im 4. Jahrhundert ihr größtes Fest um, nämlich die Taufe Jesu am 6. Januar in das Fest der Geburt Christi am 25. Dezember. (In der orthodoxen Kirche hingegen ist der 6. Januar der Feiertag der Geburt Christi geblieben.)

Diese Verdrängung drückt sich aus in der Heilsverkündung der Weihnachtsbotschaft: »Fürchtet Euch nicht!« Gemeint war damit die Zeit der »Zwölften«. Das Weltgericht der finsteren »Zwölften«, das mit Angst und Schrecken erwartet wurde, sollte sich zum freudvollen und fröhlichen Weihnachtsfest wandeln. Mit der Inbesitznahme des 25. Dezember, jenes römischen Festtages, versuchte die Kirche die alten Mittwinterkulte abzulösen. Verboten und Strafen zum Trotz jedoch, ließen diese sich nicht unterdrükken. So beinhalten die meisten unserer Fest- und Volksbräuche einen tieferen Sinn und eine lange Geschichte, die zu unseren Wurzeln führen.

Einiges davon ist in das christliche Weihnachtsfest übergegangen, zum Beispiel das Schenken. Geschenke auszutauschen war eine römische Sitte, und die Kerzen auf unserem weihnachtlichen Tannenbaum sind Erinnerungen an Lichtbräuche, die viel älter sind als unser christlicher Glaube. Mit Lichtern hielt man in der gefürchteten Mittwinternacht die lichtscheuen Dämonen von den Häusern fern. Lichterbräuche haben sich vor allem in der winterlichen Jahreshälfte erhalten. Engelweihen, Laternen- und Rübenlichterumzüge sind ihre Ausläufer.

Die in Süddeutschland, insbesondere im Bodenseegebiet noch übliche »Bochselnacht« enthält Elemente uralter keltischer und germanischer Totenbräuche. Ausgehöhlte Rüben sollen Totenschädel oder Geister darstellen.

Die Bochselnacht findet an einem Donnerstag vor Weihnachten statt. Der Donnerstag als Tag des germanischen Gottes Donar spielt im Winterbrauchtum eine besondere Rolle. Parallelen finden sich in Tirol, besonders in Südtirol in den »Klöckelnächten«. An drei Adventsdonnerstagen ziehen maskierte Burschen lärmend und musizierend vor die Bauernhöfe, oft begleitet von zwei in Stroh gehüllten Gestalten, dem »Zuselmandel« und dem »Zuselweibl«. Mit Versen von derber Eindringlichkeit halten sie ein symbolisches Volksgericht, ähnlich dem Elzacher »Taganrufen« im Schwarzwald. Daselbst toben die »Schuddig« in ihren roten Zottelgewändern und fratzenhaften Masken wie leibhaftige Dämonen und Teufel durch die Gassen. Attribute sind riesige Schneckenhaushüte, »Saublodere« und Streckscheren. Ihre Entsprechung haben die »Schuddig« ebenfalls in den »Zottlern« Tirols.

Eine der beeindruckendsten Winter-Allegorien ist das »Klausjagen« in Küßnacht am Rigi in der Schweiz am Vorabend zum 6. Dezember. In fußlange, weiße Hemden gekleidet, balancieren die Lichtkläuse ihre sogenannten »Iffeln«. Es handelt sich dabei um kunstvolle, doppelwandige, filigran ausgestanzte und turmähnliche Hüte. Mit Buntpapier unterlegt und beleuchtet mit Kerzen, wirken sie wie Kathedralenfenster. Neben Hornbläsern, Schellen- und Peitschenschwingern gehört auch St. Nikolaus im Bischofsornat zum Zug. Etliche Schmutzlis (Wilde Männer) und Fackelträger begleiten ebenfalls den Heiligen. Dämonenwelt und fromme Darstellung begegnen sich hier, und immer wieder zeigt sich in Licht und Feuer der uralte Bezug zur Sonnenwende, aus der die Weihnachts- und Neujahrsbräuche hervorgingen. – Im Kaiserstuhl war es zum Beispiel der »Glockenschellenmaa«, der »um die heilige weynacht und neujahrszeit« als ein »tiefel« (Teufel) maskiert umging.

Wir erkennen, daß keines dieser Feste, weder Nikolaus, Weihnachten noch Neujahr, ebensowenig die Fastnacht, für sich allein steht.

Alle sind sie miteinander über den Kreis der »Zwölften« verbunden, jenen zweimal sechs Nächten um Neujahr. Früher begann das Maskenlaufen schon im Advent und mußte für die Weihnachtstage häufig verboten werden.

Bei drei Gulden Strafe verbot Wilhelm Ernst zu Fürstenberg noch im Jahr 1747 nicht nur das Begraben der »Faßnacht« am Aschermittwoch – dies widerspräche der Kirchenlehre –, sondern auch das Nikolauslaufen am Vorabend des Nikolaustages. In einem Schreiben des Fürstenbergischen Oberamtes vom 1. Dezember 1770 heißt es: »Das unordentlich – und ausschweifende sogenannte Closenlaufen und übertrieben kostbare Closengeben (Verteilen von Gaben) ist zwar ohnehin schon verschiedentliche mahl verbotten worden, hingegen es damit vast wieder soweit gekommen, als ob ein solches Verbot niemals ausgegangen wäre.«

Winteraustreibung oder Fruchtbarkeitsbeschwörung nicht nur in der Verbrennung der »Strohhexe« im Funkenfeuer am Scheiben- oder Funkensonntag am ersten Sonntag nach der Fasnet, sondern auch das mitternächtliche Spektakel am Fasnet-Dienstag vor dem Villinger Rathaus im Schwarzwald, wobei die ausgestopften, unförmigen »Wuescht« alles Stroh aus ihrem »Häs« ziehen, auf einen Haufen werfen und anzünden, stellen ein urgründiges, vorchristliches natur- und erdverbundenes Frühjahrsbrauchtum dar. Die Fastnacht ist hier gewachsen und liegt den Villingern von alters her im Blut.

Auch der »hoorige Bär« von Singen im Hegau stellt den Winter dar, der ausgetrieben wird. In seiner Strohhülle, einen knorrigen Ast in den Händen und mit finster blickender Maske, entspringt er einer alten, bäuerlichen Überlieferung. Die germanische Gottheit Freyr bringt sich hier in Erinnerung, und jene, die ihm huldigten, wie »Wuescht« und »hooriger Bär«, haben ihre Entsprechung im schweizerischen »Böög«.

In früheren Jahrhunderten wurden in Zürich beim fastnachtsähnlichen Maskentreiben Strohpuppen verbrannt Der »Böög« wurde zum einen als »Wintermann« ausstaffiert, zum anderen auch in Anlehnung an den Kriegsgott »Mars« zum Richtplatz geführt.

Später wurde der Strohmann zum Schneemann als Verkörperung des Winters. Schlag sechs Uhr wird beim Zürcher »Sechseläuten«, wenn die Glocken den Frühling einläuten, sein Scheiterhaufen in Brand gesteckt. Die Art, wie sich der »Böög« seinem Schicksal ergibt, ob standhaft oder wehrlos, soll Auskunft über Wetter- und Fruchtbarkeitsverhältnisse des kommenden Frühlings und Sommers geben. Im Jahr 1960 geschah beim »Sechseläuten« etwas Unvorhergesehenes: Der riesige »Böög« stürzte von seinem mehr als zehn Meter hohen Holzstoß, landete auf der Wiese und wurde unter großem Protestgeschrei enthauptet und gevierteilt. Am selben Abend noch, einem dritten April-Wochenende, kehrte der Winter mit stürmischem Schneetreiben zurück und behauptete sich energisch.

In urtümliche Kulthandlungen wie Funken- und Frühjahrsfeuer, die heute noch am ersten Fastensonntag (Funkensonntag) auf beiden Seiten des Rheins weithin sichtbar von Bergen und Hügel lodern, mischten sich mancherorts christlich-religiöse Momente hinein. Dem Abbrennen des »Funkens« geht beispielsweise das Läuten der Betglocken voraus. In Kirchzarten im Schwarzwald umrunden die Burschen den flammenden Holzstoß mit brennenden Kerzen und dem Rosenkranz in Händen; sie beten ein »Gsetzli«. Auf dem Neulindenberg bei Elzach wird das »Scheibenschlagen« mit einem Marienlied eingeleitet. Die ersten drei Scheiben werden nicht brennend, sondern »kalt« geschlagen und sind dort der Muttergottes gewidmet. Die folgenden, dann brennenden Scheiben stehen unter dem Zeichen eines anderen Orakels. Am Ende des nächtlichen Feuerrituals, wenn die letzte der rot glühenden Scheiben mittels Schwingrute durch die Luft schwirrt, heißt der Spruch:

»Schiibe, Schiibe, über de Rai ab,
D' Küechlipfanne het e Bei ab,
De Ankehafe het de Bode duß –
Und jetzt isch die alt' Fasnet us!«

(Scheibe, Scheibe, über den Rain hinab,
Die Kuchenpfanne hat ein Bein ab,
Der Buttertopf hat den Boden raus –
Und jetzt ist die alte Fastnacht aus!)

Mit der an das Naturjahr gebundenen »Alten Fasnet« oder »Bure-Fasnet« am Funkensonntag erlebt das Alemannenland ein Schauspiel wie es elementarer nicht sein kann. Das »Feuerradrollen« im Südbadischen ist ein im Gemeinschaftsbrauchtum verankertes Ritual, das die kultische Beziehung des früheren Bauerntums zur Natur und Erde immer wieder auflodern läßt. Ein mit Stroh umwickeltes großes Wagenrad, in dessen Nabe eine Stange steckt, wird angezündet und abwärts gerollt. Lichterloh brennend saust es auf holprigem Boden in Luftsprüngen den Berg hinunter. In Menzenschwand, Elzach und auch Kirchzarten im südlichen Schwarzwald kann man diesem uralten und weithin bekannten alemannischen Frühjahrsbrauchtum beiwohnen, und in Bellingen sieht man das Feuerrad talwärts in die Fluten des Rheins rasen und zischend verlöschen.

Wer selbst schon einmal solche Bräuche miterlebt oder gar mit vollzogen hat, spürt besonders tiefgründig den Sinngehalt der mit Natur und Erde innig verbundenen Riten. Der sich dabei auftuende Blick ins weite Land eröffnet ein übriges. Gerade im Feuerbrauchtum entziffert sich uns die Sprache unserer Urvorfahren. Was dem heutigen Menschen vielfach als Selbstverständlichkeit erscheint, sehen wir nun durch den rückwärts gerichteten Blick mit neuen, wacheren Augen.

Aus manch urwüchsigem Brauch, von dem man kaum mehr weiß, woher er kommt und welchen Sinn er hat, schaut uns das Elementare an: Die Fruchtbarkeit unserer Erde als eine ewig sprudelnde Quelle. Wasser, Erde, Luft und Feuer sind die Elemente, die von keiner Zivilisation und keiner Technik ersetzt werden können. Sie drehen von Anbeginn an bis heute das Rad unseres Lebens. Dieses unumstößliche Gesetz erahnten und erfühlten unsere Altvorderen, wenn sie sich ihre Orte der Kraft suchten. Kultstätten entstanden an Plätzen, wo sich Erd- und Himmelsenergie besonders nahe kamen.

Heute wird intensiv daran geforscht, die geomantischen Besonderheiten der Kultstätten wissenschaftlich zu begründen. Der fühlende Mensch spürt auch ohne rationale Erklärungen, daß er hier seinen Dank an die Mächte des Himmels und der Erde abstatten kann.

Der römische Geschichtsschreiber Tacitus äußert sich in seiner »Germania« über die Götterverehrung der Germanen: »Übrigens glauben die Germanen, daß es der Hoheit der Himmlischen nicht gemäß sei, Götter in Wände einzuschließen oder irgendwie der menschlichen Gestalt nachzubilden. Sie weihen ihnen Lichtungen und Haine, und sie benennen mit göttlichen Namen jenes geheimnisvolle Wesen, das sie nur in frommer Verehrung erblicken.«

Diese Plätze, an denen die Erde zu atmen scheint, sind den sogenannten »Chakren«, den Energiezentren im feinstofflichen Körper des Menschen gleichzusetzen. Fühlte sich der Mensch durch solche Energiekanäle auf geheimnisvolle Weise von einer Gottheit beschenkt? Lassen sich daraus auch gegenwärtig mancherlei Feiern und Feste mit ihren unterschiedlichen Huldigungen erklären? Bräuche, die nicht nur ein wichtiger Teil unserer Kultur sind, sondern gleichsam Brücken zwischen dem Gestern und dem Heute schlagen.

Machen Sie sich mit uns auf den Weg, diese Brücke zu beschreiten.

Teufelskammern bei Loffenau (Kreis Rastatt)

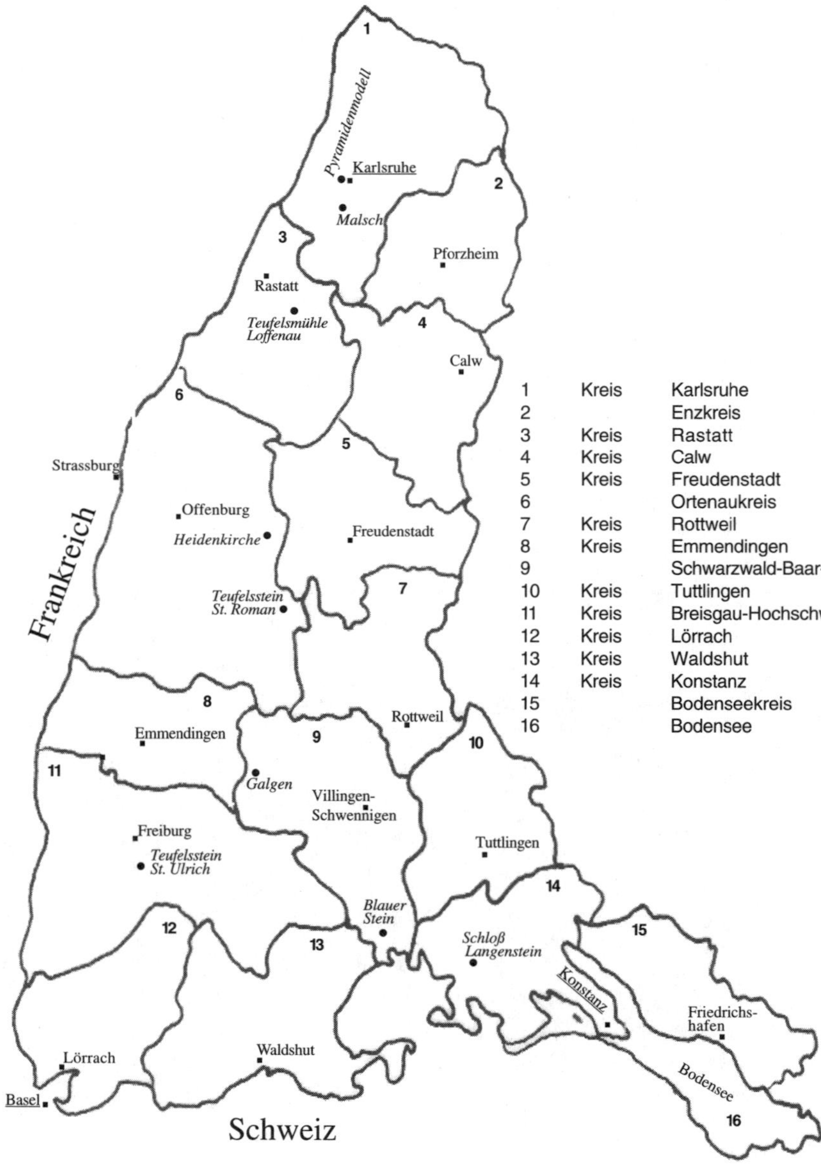

1	Kreis	Karlsruhe
2		Enzkreis
3	Kreis	Rastatt
4	Kreis	Calw
5	Kreis	Freudenstadt
6		Ortenaukreis
7	Kreis	Rottweil
8	Kreis	Emmendingen
9		Schwarzwald-Baar-Kreis
10	Kreis	Tuttlingen
11	Kreis	Breisgau-Hochschwarzwald
12	Kreis	Lörrach
13	Kreis	Waldshut
14	Kreis	Konstanz
15		Bodenseekreis
16		Bodensee

Hexentanzplatz – Heidenkirche – Heidenstein

Ortenaukreis – in der Nähe von
Bad Peterstal

Heidenkirche – »Fabelwelt«

Waren es die Götter selbst, die sich hier ihren Tempel bauten? Waren es Geister und Hexen, die hier um Mitternacht ihr Unwesen trieben? Riesenhände, die mit gewaltigen Buntsandsteinblöcken spielten wie Kinder mit Bauklötzen? Oder war es der Baumeister Natur, der vor Zeiten aus mächtigen Quadern eine Art Kirche mit einem hochaufragenden Schiff gestaltete? Geheimnisse weben sich um diesen Ort. Wer gab den übereinanderliegenden Blöcken den Namen »Heidenkirche«? Wer nannte die etwa 5 mal 4 Meter große topfeben geschliffene Buntsandsteinplatte »Hexentanzplatz«?

Immer neue faszinierende Ausblicke tun sich auf, wenn man zwischen den von Kieseleinsprenglingen durchzogenen Felsen umhersteigt. Eine Vielfalt an Moosen siedelt auf der Dunkelseite der Steine und verleiht ihnen einen grünen Schimmer. Aus Spalten und Höhlen wogen lichte Farne. An den Stämmen hoher Tannen wachsen Flechten, nicht nur ein Zeichen für die Reinheit der Luft, sondern auch für die starke Strahlung, die der Besucher beim Herumgehen zu spüren bekommt.

Darin mag eine Antwort auf die Fragen nach dem Ursprung der geheimnisvollen Bezeichnungen liegen.

Ausgangspunkt für die Wanderung zur Heidenkirche und zum Hexentanzplatz ist der 656 m hoch gelegene Löcherbergwasen (Waldparkplatz mit Kiosk), der höchste Punkt der Straße, die Löcherberg (Renchtal) mit Zell am Harmersbach verbindet. Auf einem gut ausgeschilderten, nach Westen ansteigenden Waldweg wandert man hinauf. Dabei bleibt die »Fridolinshütte« rechts liegen. Kurz nach Beginn des Weges erwartet uns am Wegrand eine große Steintafel, auf der zu lesen steht:

»Dieser Weg wurde gebaut im Jahr 1928

O lieber Wald wie schön bist du,
der Weg dient dir als Zierde nur,
er wurde geb. bei großer Hitz,
wir haben manches Hemd verschwitzt
und Durst gelitten noch dazu.
O Wanderer bedenk wie schön hast dus?,
drum lasset auch den Stein da stehn
damit wir nicht verlorengehn.

Geb. U.H. Forstr. Fuchs
Forstw. Schwarz
eingraviert von A. Killig«

Ein ebenfalls ausgeschilderter Weg führt vom Löcherbergwasen Richtung Südosten zum Heidenstein, einem eindrucksvollen Berggrat (794 m) von über hundert Meter Länge. Auch hier bietet sich dem Wanderer ein beeindruckendes Bild. Stark verwitterte Sandsteinblöcke ragen auf, in denen der Vorüberkommende, je nach Phantasie, Gesichter und Gestalten sehen mag.

Hexentanzplatz bei der Heidenkirche – Ort von Sagen und Legenden

Karlsruhe – eine nachatlantische Stätte?

Ist Karlsruhe wirklich jene geheimnisvolle »Sonnenstadt« in der Oberrheinebene, und was hat sie mit dem versunkenen Atlantis zu tun? Wie kommt die badische Stadt zu einer Pyramide auf ihrem Marktplatz? Das sind Fragen, die unser Interesse wecken, zumal von Geomanten behauptet wird, die Stadt sei bei ihrer Gründung im Jahr 1715 in eine vorhandene uralte Landschaftsstruktur hinein geplant worden und stehe in Verbindung zu alten Kultplätzen. Mittels der sogenannten Lichtmeßtechnik, wie sie das Belchen-System darstellt, lassen sich tatsächlich geomantische Verbindungen des Ortes Karlsruhe zur gesamten Oberrheinebene erkennen, die ein sehr altes Kulturgebiet darstellt.

In seinem Buch »Geomantie in Mitteleuropa« schreibt Jens M. Möller über Karlsruhe: »Wer Karlsruhe aber mit schauendem Auge, wachem Geist und einem Gespür für die Gegebenheiten hinter den Erscheinungsformen betritt und erlebt, erfährt mit zunehmendem Interesse und Staunen die tiefe Sinnbildhaftigkeit des Stadtgrundrisses und seiner kulturhistorischen Wurzeln: Winkelmaß (Dreieck) und Zirkel als polare Entsprechungen des männlichen und weiblichen Prinzips in Natur und Kosmos prägen als unübersehbare Symbole den Grundriß Karlsruhes seit Gründung der Stadt am 17. Juni 1715 bis in die Gegenwart – zwei Ursymbole, die in vielfältiger Weise weit in die Vergangenheit der Menschheitsgeschichte reichen.« Auch im chinesischen Tai-Chi finden wir diese Zeichen.

So ist es durchaus vorstellbar, daß die großen Kultstätten der Welt zum Teil über große Distanzen hinweg miteinander in Verbindung standen. Ob die Platzwahl für ein Bauwerk auf Eingebung beruhte oder auf exakter

Planung gründete, der ein für uns heute für damalige Zeiten kaum vorstellbares Wissen vorausgegangen sein muß, dies läßt sich nicht bestimmen. Wer sich jedoch eingehender mit dieser Thematik beschäftigt, wird feststellen, daß die Anordnung der Mysterienstätten zueinander Projektionen der damals bekannten Himmelskonfiguration (die Stellung von Gestirnen), darstellen. Die Verbindungslinien der großen »Notre-Dame«-Kathedralen Frankreichs des zwölften und dreizehnten Jahrhunderts zeichneten z. B. das Sternbild der Jungfrau auf der Erde nach. Im ägyptischen Nildelta ist es ca. 3000 Jahre v. Chr. die alte dynastische Hauptstadt Behdet, die als das »Greenwich« der Antike anzusehen ist und die in Verbindung mit der Cheopspyramide eine zentrale vermessungstechnische Achse des alten Ägypten darstellte. Diese Achse verlief südlich von Behdet – und sie findet sich wieder in der Karlsruher Residenz.

Um Interpretationsfehler auszuschalten, nachfolgend ein weiterer Ausschnitt aus Jens Möllers Werk »Geomantie in Mitteleuropa«: »Das rechtwinklige Dreieck (90 Grad) Schloßturm – Straßenfächer von der Waldhornstraße bis zur Waldstraße sowie das gleichseitige Dreieck (60 Grad) Schloßturm – Zentrum von Durlach – Märchenring Rüppurr, wobei besonders hervorzuheben ist, daß der Marktplatz des dynastisch »älteren« Durlach exakt auf dem 49. Breitengrad liegt: Somit ist die »alte Hauptstadt« Durlach in hermetisch verschlüsselter Weise mit uralten megalithischen Sonnenheiligtümern verbunden, die heute Karlsuhe und »Märchenring« heißen – die südlich vom Schloßturm errichtete Pyramide auf dem Marktplatz erinnert an das ägyptische und damit atlantische Erbe.« (Durlach war die Residenzstadt der Markgrafen von Baden.)

Im ursprünglichen Grundriß der sonnenverwöhnten Stadt Karlsruhe, konzipiert aus Kreis und Dreieck, vereint sich das Entgegengesetzte, bildet ein »Yin und Yang« und erinnert mit seinen 32 Wegen vom Schloßturm aus an die berühmte Karte des türkischen Seefahrers Piri Re'is von 1513. Entdeckt wurde die Karte mit der Küstenlinie des Atlantiks erst in unserem Jahrhundert, und zwar anläßlich der Aufräumarbeiten im Topkapi-Museum in Istanbul. Sie zeugt von einer genauen Kenntnis der Erde vor langer Zeit. Die Karte ist eine Kopie von mehreren Karten aus der Zeit Alexanders des Großen. Einzelheiten der südamerikanischen Küste mit richtigen Längenangaben weist sie auf – und dies zu einer Zeit, in der Europa noch keine Ahnung von dieser Küste hatte. Auf geodätischen Verbindungslinien befinden sich Zentren, die wie Sonnen wirken: 32 Strahlen senden sie aus, und diese 32 Strahlen erinnern nicht nur an Darstellungen des sagenhaften »Atlantis«, sondern sie begegnen uns wieder in »Carols-Ruhe«. (Die Karte befindet sich in der National-Bibliothek Ankara.)

Die Pyramide in Karlsruhe – der Stadtgründer Markgraf Karl Wilhelm liegt unter ihr begraben - ist das bedeutendste Werk des Städtebauers Weinbrenner zu Beginn des 19. Jahrhunderts. Der Bau mit einer Grundfläche von 6 mal 6 Meter ist so angelegt, daß seine Nordseite nur am 21. Juni jeden Jahres, dem Tag der Sommersonnwende, beim höchsten Stand der Sonne zu Mittag für wenige Minuten beschienen wird. Ebenso sensationell ist die Anlage der »Via triumphalis« oder »Straße des Triumphs« vom Schloßturm bis zum Verfassungs-Obelisken am Rondell-Platz und zum Ettlinger Tor; sie ist geomantisch und im Goldenen Schnitt einzigartig angeordnet. Auch im badischen Wappentier, dem Vogel Greif, begegnet uns das alte Ägypten. Es ist ein sphinxartiges Mischwesen aus Adler und kosmisch geflügelter Schlange aus dem griechisch-ägyptischen Kulturkreis. In Delphi sitzt ein Greif zu Füßen Apollos.

Mausoleum / Großherzogliche Grabkapelle im Karlsruher Hardtwald – ehemals Markgräflicher Schloßpark Führungen: Tel.: 0721-175480 (staatl. Liegenschaftsamt Karlsruhe)

Als »Karlsruher Fächer« wird die sich nach Süden vom Schloß aus öffnende Anlage bezeichnet. Die neun Straßen des »Fächers« sind nach den Bergkuppen des Nordschwarzwaldes ausgerichtet, beispielsweise auf den »Mahlberg« oder die »Teufelsmühle«.

Der Ort Malsch an der alten Römerstraße und der Modellbau des Goetheanums

Kreis Karlsruhe

Im Inneren befindet sich der Modellbau des ersten Goetheanums

Vom Karlsruher Schloßturm aus sind es genau 16 Kilometer oder 32 »atlantische Strahlen« von je 0,5 km Länge bis zu jener Stelle, an der in prähistorischer Zeit eine spätatlantische Sonnenorakelstätte mit einem sogenannten Omphalos, einer appollinischen Mysterienstätte, gestanden haben soll. Auch hier erkennt man Spuren des in mehreren erdgeschichtlichen Stufen untergegangenen Kontinents »Atlantis«. Die Legende erzählt, daß dort der große atlantische Eingeweihte »Aren« das gesamte Wissen und geistige Leben einer kleinen Schar anvertraute, damit sich die verschiedenen nachatlantischen Kulturen entwickeln konnten.

Es war der Philosoph und Begründer der anthroposophischen Geisteswissenschaft, Rudolf Steiner, der den Impuls zur Erstellung eines Modellbaues und damit zur Errichtung des ersten Goetheanums in Dornach bei Basel gab. In der Silvesternacht 1922/23 wurde es durch einen Brand zerstört. Sein großer Formenreichtum ging unter. Somit ist der Ursprungsraum in Malsch der einzige heute noch bestehende Planetensäulenraum. Dieser Modellbau ist am südöstlichen Ortsrand von Malsch in der Nähe des Jugendheims »Waldhaus« zu finden. Anläßlich eines Kongresses im Jahr 1907 in München spricht Steiner von den »Sieben-Säulen-Motiven« als Träger des künftigen geisteswissenschaftlichen Bauimpulses. Unter den Kongreßteilnehmern befindet sich der 21jährige Karl Stockmeyer aus Malsch. Die künstlerische Gestaltung des Kongreß-Saales beeindruckt den jungen Künstler tief, die gemalten Säulen regen seine Phantasie an.

»Das freie Dastehen der Säulenbilder ohne Gebälk und Decke mit den zwischen ihnen auf der roten Wand hängenden Bildern wurde zur Forderung, sich einen gebauten Raum hinzuzudenken ...«, so Stockmeyer.

In seinem Heimatort Malsch geht Stockmeyer mithilfe seines Vaters daran, einen Modellbau nach Raum- und Gewölbeangaben Rudolf Steiners zu erstellen, dessen Säulen 87 cm hoch sind. Um diesen Ellipsoidbau von innen begehbar zu machen, senkte er den Fußboden unter die Ebene der Säulenbasen. So ließ sich der Raum für kleine Versammlungen bis zu 20 Personen nutzen.

An der Decke des Modells befindet sich ein Pentagramm, das Zeichen des Makrokosmos.

In der Ellipsoid-Architektur des Malscher Modells hat sich eine Gewölbekunst realisiert, wie sie nur selten geboren wurde. Der Abschluß des Raumes nach oben ist eine Harmonie von ineinander- und zusammenklingenden Gewölbe-Bewegungen. Erich Zimmer beschreibt diese Bewegungen sehr trefflich (»Der Baugedanke von Malsch«): »Mannigfaltige Kraftzentren strahlen wölbungs-bildnerisch in den Raum; Kuppeln organisch-dynamischer Herkunft wirken zusammen mit Säulen organisch-statischer Herkunft. Man bringe die Phantasie auf, sich im Geiste die Kuppelformationen vom Modell in angemessene Größenordnungen zu übertragen, wie sie für einen Bau, der viele Menschen aufzunehmen vermag, gedacht werden können. Die Wölbungen droben würden den Menschen eigenartig mutig bewegen, erheben, beflügeln können ...«

In der Malscher Bauidee finden sich gewisse Grundelemente aus alten Kulturepochen: So zum Beispiel die schräg den Raum durchstrahlenden Kraftlinien der ägyptischen Pyramiden in den schräg gestellten Ellipsoidachsen des Umganges. In den steil aufsteigenden elliptischen Bögen begegnet uns das Emporstreben der Gotik, und im Reigen der Säulen stellt sich das Individualisierende der griechischen Antike dar.

Der kosmische Bezug der Säule ist im Laufe von zwei Jahrtausenden mehr und mehr verlorengegangen. In der Steiner'schen Bauidee wird er wieder offenbar. Die in Eichenholz ausgeführten sieben Planetensäulen sind nicht nur als eigenständige architektonische Formen anzusehen, sondern sollen den »sieben Säulen« des »wahren Rosenkreuzer-Tempels« entsprechen. Nach Steiner sind Gewölbe, Bögen und Säulen zusammen mit sieben »apokalyptischen« Siegeln und Tierkreisbildern als universelle Wahrheiten im Gewand der Kunst zu sehen.

Mit seinen zwei Symmetrieachsen kann auch der Malscher Bau wie auf einer Grenzscheide stehend angesehen werden. Räume mit einer doppelten Symmetrieachse vermitteln etwas Janusköpfiges, dem wir nicht nur in keltischen Darstellungen begegnen, sondern zum Beispiel im Pantheon in Rom, in der Hagia Sophia in Konstantinopel, im Tempel der Venus und Roma und in den Entwürfen zu St. Peter von Bramante und Michelangelo. Solche Bauten sind atypisch, sie stellen Marksteine an Zeitenwenden dar. »Es ist, als ob die Zeit in solchen Räumen den Atem anhält«, schreibt Erich Zimmer. »Die Architektur schaut wie in einen inneren Spiegel, wird sich ihrer selbst bewußt.«

Die Grundsteinlegung zum Malscher Modellbau im April 1909 beschließt Rudolf Steiner mit folgenden Worten: »Unter Schmerzen hat unsere Mutter Erde sich verfestigt. Unsere Mission ist es, sie wieder zu vergeistigen, zu erlösen, indem wir sie durch die Kraft unserer Hände umarbeiten zu einem geisterfüllten Kunstwerk. Möge dieser Stein zugleich ein erster Grundstein zur Erlösung und Umwandlung unseres Erdenplaneten sein, und möge die Kraft dieses Steines sich vertausendfältigen.«

(Malsch bei Heidelberg ist übrigens mit 32 km genau doppelt so weit vom Karlsruher Schloßturm entfernt wie Malsch bei Karlsruhe.)

Vor wenigen Jahren noch befand sich ein paar hundert Meter vom Modellbau entfernt im Wald verborgen der westlichste Führungsbunker Adolf Hitlers. Das Hakenkreuz ist ein okkultes Zeichen, ein altindisches Glückssymbol in Form eines Sonnenrades. Seine Verehrung deutet darauf hin, daß ein innerer Kreis von Nationalsozialisten in Verbindung mit dem Geheimorden der Thule-Gesellschaft stand und demzufolge Kenntnis von geomantisch-machtpolitischen Gegebenheiten hatte.

Wie jeder christliche Ort des Abendlandes hat auch Malsch bei Karlsruhe seine Kirche. Diese steht auf einem Hügel, an bedeutender Stelle. Unter ihren Mauern wird ein altrömisches Mithras-Heiligtum vermutet.

Die Kirche von Malsch bei Karlsruhe, unter deren Mauern ein alt-römisches Mithras-Heiligtum vermutet wird.

In diesem kultischen Zusammenspiel ist auch der Mahlberg zu sehen. Der Berg ist ein Heiligtum des Gottes »Ziu«. Vom Ort Waldprechtsweier aus soll es einen druidischen Einweihungsweg auf den Mahlberg gegeben haben, der noch zu entdecken wäre. Die ganze Gegend strahlt.

(I) Um den Malscher Modellbau besichtigen zu können, wende man sich über die Gemeindeverwaltung Malsch an den Malscher Modellbauverein.

Der Berg »Teufelsmühle« bei Loffenau

Kreis Rastatt

Der geheimnisumwitterte Steinberg über dem Murg- und Albtal ist der Hausberg der Karlsruher. Auf engem Raum drängen sich hier allerlei Bezeichnungen um den »Gottseibeiuns« zusammen: Teufelsmühle, Teufelsloch, Teufelskammer, Teufelsgrab, Teufelsbett. Der Berg erhielt seinen Namen durch die Sandstein-Blockfelder, die den Gipfelbereich übersäen. Das Volk deutete sie als Reste einer vom Teufel gebauten Mühle. In den finsteren zwölf Nächten um die Wintersonnwende soll einst Wodans Wildes Heer durch die Lüfte getobt sein, und in der Walpurgisnacht trafen sich die Hexen zum Hexenritt und Hexensabbat auf dem Berg. Die Bauern drunten im Tal malten dann das Zeichen des Kreuzes über ihre Haustüren, um die bösen Geister zu bannen.

Solche Nächte gehörten nicht nur den Geistern, sondern auch den Wilderern, denen man, falls sie erwischt wurden, die rechte Hand mit dem Richtschwert abhackte.

Seit Jahrhunderten verlief die Grenze zwischen der Markgrafschaft Baden und dem Herzogtum Württemberg auf dem langgestreckten Bergrükken. Die ältesten Grenzsteine tragen die Jahreszahl 1608 sowie die Wappen von Baden und Württemberg. Im Jahr 1822 wurde die Grenze »renoviert« und deshalb begegnen uns zahlreiche Steine mit der Gravur dieser Jahreszahl.

Um den Teufel zu vertreiben, pilgerten jahrhundertelang die Bürger der angrenzenden Täler auf den Berg hinauf: anläßlich der großen Wallfahrt »zum hl. Kreuz Christi«, die jeweils am 14. September auf dem »Käppele« (von Kapelle) stattfand. In der Nacht darauf soll es dann auf dem Teufelsberg mächtig rumort und gepoltert haben.

Gepoltert haben muß es aber auch, als im Jahr 1796 der französische General St. Cyr mit 12 000 Mann das »Käppele« überschritt, um die Österreicher, die droben bei Bernbach standen, im Rücken zu fassen. In seinem Landschaftsbild unverändert liegt das Murgtal dem Betrachter zu Füßen, und der Blick schweift wie in alten Zeiten von den Badener Bergen bis zur Hornisgrinde und dem Kniebis. Die Lebensgeister werden angeregt.

Ⓦ Von Karlsruhe aus erreicht man die 895 m hoch gelegene Teufelsmühle über Ettlingen, Marxzell, Frauenalb, Herrenalb und sodann über das Gaistal, dessen Abschluß sie bildet.

Fastnachtsmuseum Schloß Langenstein im Hegau

Kreis Konstanz

Narrenbrunnen in Niedereschach-Schabenhausen, Künstler Hermann Schlenker (Schwarzwald-Baar-Kreis)

Die Geschichte von Burg und Schloß Langenstein berichtet von einem »langen Stein«, offenbar der Namensgeber. In den alten Schloßgemächern begegnen uns heute Hexen, Teufel, wilde Männer, Hansel, Hemdglonker, der Poppele und allerlei Fastnachtsgestalten. Zu verdanken ist diese beeindruckende Dokumentation der alemannischen Fastnacht dem Langensteiner Kreis für Fastnachtsforschung. Das Museum beherbergt ein stattliches Fastnachtsarchiv einschließlich Literatur, und darüber hinaus finden Veranstaltungen und Ausstellungen statt, die sich mit der Erforschung des Brauchtums beschäftigen.

Ⓘ Schloß Langenstein liegt unweit der Straße Engen - Stockach - Bodensee. Die am nächsten liegenden Orte sind Eigeltingen, Orsingen, Volkertshausen und Aach.

Der Galgen – ehemalige Triberger Richtstätte

Schwarzwald-Baar-Kreis

Nicht weit vom Stöcklewaldturm stehen auf der Hochfläche zwei verwitterte Sandsteinpfosten: Der »Galgen« bei der Fuchsfalle, von dem der Blick weit in den nördlichen Schwarzwald reicht. Nicht nur Strauchdiebe, sondern auch harmlose Bürger wurden dort hingerichtet, und oftmals waren ihre Vergehen so geringfügig, daß sie nach heutigem Strafmaß gerade einmal ein Urteil »auf Bewährung« verdient hätten. »Der Delinquent ist vom Leben in den Tod zu bringen«, so lautete es am Ende von vielen Protokollberichten und Urteilen des Triberger Malefizgerichtes, und man kann sich vorstellen, wieviel Verzweiflung und Leid diese Stätte gesehen haben muß, dies teilt sich dem Betrachter auch mit.

Der Triberger Heimatforscher Wilhelm Maier trug alte Schriftstücke zusammen, wie zum Beispiel Aufzeichnungen über die Verpflegungskosten der Handwerker, die im Jahr 1721 den steinernen Galgen aufrichteten. Zuvor stand an der gleichen Stelle ein hölzerner Galgen.

Galgen – Platz mit schauriger Geschichte

Zu jenen Zeiten war es üblich, daß die Urteile in Gegenwart einer großen Volksmenge vollstreckt wurden. Der Vollzug sollte der Abschreckung dienen. Die letzte Hinrichtung am Triberger Galgen war am 23. November 1779. Vom Fallengrundbauern erzählt die Sage, daß er vor seiner Hinrichtung gesagt haben soll: »Wenn ich nach meinem Tode hinkomme, wo Gott ist, so will ich ihn bitten, auch mein Kind zu sich zu nehmen.« – Fünf Wochen nach der Hinrichtung starb der Knabe.

Andere Geschichten weben sich um den sogenannten »Gnadenerweis«, der manchmal noch in letzter Minute vor der Hinrichtung gewährt wurde. Einmal war es ein junger Mann, dem der Henker bereits den Strick um den Hals gelegt hatte. Dieser stellte die Frage an die Zuschauer, ob nicht ein jungfräuliches Wesen bereit sei, den Todeskandidaten zu ehelichen und somit vor dem Galgen zu bewahren. »Henker, laß' Gnade walten, ich will den jungen Mann heiraten!« rief da eine Stimme. Der Henker löste den Strick vom Hals des Delinquenten und ließ ihn vom Gerüst heruntersteigen. Aus der Menge trat ein steinaltes Jüngferle, gebeugt, mit spitzer Nase und einem zahnlosen Mund. Als der junge Mann seine zukünftige Ehehälfte erblickte, stieg er freiwillig auf das Gerüst zurück, sprach dort laut und deutlich »Hängen!« und starb.

Der Teufelsstein von St. Roman

Ortenaukreis

Teufelsstein von St. Roman – »Auf ihm erkennt man heute noch die Fingerabdrücke des Teufels«

Um diesen Stein rankt sich folgende Legende: Einst baute ein frommer Einsiedler für sich und die »Buren« (Bauern) der waldigen Einöde dem heiligen Romanus ein Kirchlein. Der Teufel war darüber so erbost, daß er sich in den Wäldern einen Stein suchte. Mit ihm wollte er das Gotteshäuschen zerschmettern. Als er die Steinlast im Wald kurz abgelegt hatte – auch der Teufel muß einmal eine Rast einlegen – begegnete ihm ein Bauer.

Der »Gottseibeiuns« ließ sein schlimmes Vorhaben natürlich gleich verlauten, sodaß dem Bäuerlein nichts anderes mehr übrig blieb, als Gott und alle Heiligen anzurufen, und zu guter Letzt zeichnete es den Steinblock mit drei Kreuzen. Siehe da, als der Gefürchtete den Stein wieder aufheben wollte, um ihn auf die nahe gelegene Kirche zu werfen, wurde der Stein plötzlich zu Brei.

Vor Wut stampfte der Teufel mit seinem Pferdefuß in die weiche Masse und fuhr zur Hölle. Natürlich verfestigte sich der Teufelsstein wieder, sonst hätten wir heute ja keinen »Teufelsstein«. Und auch die Wallfahrtskapelle St. Roman gäbe es nicht. Die Abdrücke des Teufels sind übrigens heute noch in dem roten Sandsteinblock zu sehen.

Ⓦ Beliebig nach Schramberg, und von dort nach Schiltach. Weiter auf der Straße in Richtung Wolfach. Nach Schiltach erwartet uns rechts der Straße ein Schild »St. Roman«. In Richtung des Schildes über die Brücke und die Bahnlinie. Nun steigt der Weg an und führt durch ein enges Tal entlang des Sulzbächleins zum Gasthaus »Adler«. An der Wegweisertafel geht es in Richtung des Schildes »Teufelsstein« weiter und aufwärts zur Kirche St. Roman. Dort wird geparkt.
Jetzt geht es in den Wald hinein. Wir nehmen den oberen Weg, der mit einem Pfeil und einem schwarzen Hut gekennzeichnet ist. Nach ca. 15 Min. erreichen wir den Teufelsstein.

Der Teufelsstein von St. Ulrich

Kreis Breisgau-Hochschwarzwald

Nicht nur in St. Roman sondern fast überall im deutschen Sprachraum begegnen uns Sagen, Geschichten und Legenden um Teufelssteine oder -felsen. Im Norden Deutschlands stößt man öfters auf Sagen, in denen der Teufel den Felsblock zu kurz wirft und somit die Kapelle oder Kirche verfehlt. In Süddeutschland sind es eher Versionen um die Ruhepause, die der Teufel einlegt und nach der er die Steinlast nicht mehr hochheben kann. Auch die Wendelinskapelle bei Nußbach in der Nähe von Oberkirch im Renchtal ist Schauplatz einer solchen Legende.

Die bekannteste »Teufelsstein«-Legende in unserem Raum rankt sich um das einstige Kloster St. Ulrich im Möhlintal, südlich von Freiburg. Sein Entstehen verdankt es dem heiligen Ulrich, der von dem berühmten Abt Hugo zu Cluny im Jahre 1087 den Auftrag erhielt, einen geeigneten Platz zum Bau eines Klosters in der Abgeschiedenheit des Schwarzwaldes ausfindig zu machen. Nach langem Suchen stieß Ulrich schließlich auf das Möhlintal im Breisgau. Im Jahre 868 war dort bereits eine von St. Gallen gegründete klösterliche Siedlung erbaut worden, die später jedoch verlassen wurde. Der Platz, mit seinen blumenübersäten Wiesen, einem plätschernden Bach und einer kristallklaren Quelle schien für einen Klosterbau wie geschaffen. So entstand dort wenig später das recht bescheidene Kloster St. Ulrich.

Teufelstein von St. Ulrich – der romanische Taufstein aus dem 11. Jahrhundert

St. Ulrich wünschte sich nun noch einen steinernen Trog zu dem Brunnen. Obwohl er sich gründlich und lange umschaute, fand er keinen geeigneten Stein. Enttäuscht und müde vom vielen Suchen schlief Ulrich im Wald ein. Da erblickte er im Traum inmitten grün wogender Algenwälder einen runden Sandsteinblock auf dem Meeresgrund, der für eine Brunnenschale wie geschaffen schien.

Als der Heilige aus seinem Traum erwachte, stand vor ihm ein Jägersmann, dem er seinen Traum erzählte. Der Jäger erbot sich, den Stein noch vor Abend herbeizuschaffen, jedoch unter der Bedingung, daß ihm St. Ulrich dafür seine Seele verkaufe. Da erkannte der Klostergründer, daß er es mit niemand anderem als mit dem Teufel zu tun hatte. Dennoch ließ sich Ulrich auf den Handel ein, indem er zur Bedingung machte, daß der Stein noch vor dem ersten Läuten der Messe, vor Beginn er Wandlung um neun Uhr, herbeigeschafft sein müsse. Bringe der den Stein aber erst hernach, so gehöre er ihm, Ulrich; dann müsse der Teufel leer ausgehen.

Der als Jägersmann verkleidete Teufel, mit dem Handel zufrieden, verschwand sogleich, während Ulrich schleunigst zu seinem Kirchlein eilte. Dort bat er den Himmel eindringlich um seinen Beistand. Auf einmal, als stünde ihm ein Engel bei, wendeten sich die Blätter des Meßbuches von selbst, und die Worte flogen Ulrich nur so von den Lippen. Als die kleine Glocke der Kirche St. Ulrich den ersten Glockenton entsandte, flog der Teufel mit dem Steinblock bereits dem nahe gelegenen Berg »Geiersnest« zu. Angekommen, klang auch schon das zweite Läuten der Glocke zu ihm herauf. Außer sich vor Wut warf der Satan nun den Stein ins Tal hinunter und fuhr von dannen. St. Ulrichs Mönche aber, nachdem sie den Stein im Klostergarten liegen sahen, machten sich sogleich an die Arbeit und schufen ein wunderbares Becken aus dem Stein.

Klosterkirche St. Ulrich im Möhlintal

Der romanische Taufstein mit seinem ungewöhnlich großen Durchmesser von 259 cm und einer Höhe von 72 cm ist heute noch im Klostergarten zu bewundern. Neben Fabelwesen, Drachen und Vögeln schmükken je zwölf stehende und zwölf sitzende Heiligengestalten seine Wandung. Auf einem Spruchband heißt es »ORDO – DEO – PLENUS – MUNDO – CLAMAT – DUO – DENUS – QUOD – VERBO –

FIDEM«, was so viel bedeutet wie: »Die von Gottes Geist erfüllte Apostelschar verkündet aller Welt den Glauben.«

Nachdem in der Gegend um St. Ulrich ein derartiger Sandstein nicht vorkommt, ist anzunehmen, daß die Schale wohl als Geschenk des Mutterklosters Cluny während des 14. Jahrhunderts nach St. Ulrich fand. So hat sich auch hier, wie bei manch anderem Teufelsstein, die Sage um das Taufbecken gewoben, eine Sage aus dem Volk, das glaubte, nur der Teufel persönlich könne einen solch mächtigen Stein herbeigeschleppt haben.

Ⓦ Beliebig nach Bollschweil, das etwa auf halbem Wege zwischen Freiburg und Staufen in unmittelbarer Nähe der Gemeinde Ehrenkirchen liegt. Von dort zum ausgeschilderten Kloster St. Ulrich das Möhlintal hinauf. Der Stein steht im ehemaligen Klostergarten bei der Kirche.

Der »Blaue Stein« auf dem Randen

Schwarzwald-Baar Kreis

Der blaue Stein – Sitz des »Randengeistes«

Der »Blaue Stein« zwischen Randen und Riedöschingen ist ein echtes »Unikum«. Dieser ca. 8 m hohe, und 20 m lange Felsen ist der stehengebliebene Schlot eines Vulkankegels, der hier vor Millionen Jahren gestanden hat. Den Berg selbst haben Wind und Wetter in langen Zeitläuften abgetragen.

Seinen Namen gab ihm die Farbe seines Gesteins, das besonders blau wirkt, wenn die Sonne darauf scheint. Der Schlot selbst ist sehr hart, da er aus dem vulkanischen Urgestein Basalt besteht. Einige Bäume und Sträucher zieren sein Haupt und vermitteln so dem Besucher einen interessanten Farbkontrast zwischen grün und blau.

Der »Blaue Stein« galt früher unter den Bewohnern der Region als der Hauptsitz des »Randengeistes«, der in den unwegsamen Wäldern umgegangen sein soll. Abgeschieden liegt der Stein im Wald, und wenn die Dämmerung hereinbricht, glaubt man den Randengeist hinter jedem Baum oder Stein flüstern zu hören, doch blicken läßt er sich leider nicht.

Ⓦ Beliebig nach Dorf Randen, das oberhalb von Blumberg liegt. Innerhalb des Dorfes wird bei den Gasthäusern »Rössle« und »Hohen Randen« geparkt. Nun geht es zwischen den beiden Gasthöfen hindurch in die »Blaue-Stein-Straße« in Richtung des SV-Schildes »Blauer Stein 2 km – Riedöschingen 4 km«. Ab jetzt folgen wir stets der SV-Markierung der rot-weißen Raute auf gelbem Grund und gelangen so in etwa 30 Min. zum »Blauen Stein«, der rechts des Weges im Wald steht.

Blauer Stein: Urgestein aus Basalt

Die Heidenkirche bei Oberharmersbach im Schwarzwald, Ortenaukreis

Opferschale auf dem Blindestein am Rohrhardsberg bei Schonach

Der Magdalenenberg bei Villingen – mächtiger Grabhügel aus der Hallstattzeit

Der Menhir von Nöggenschwiel, Kreis Waldshut

Keltischer Menhir bei der Nellenburg, bei Stockach, Kreis Konstanz.
»Wohlfühlplatz« und Ort mit starker Strahlung«

Riesensteingrab aus der Megalithzeit um 2000 v. Chr.
im »Toten Mann« bei Degernau, KreisWaldshut

Megalithgrab »Heidenstein« mit »Seelenloch«,
Niederschwörstadt, Kreis Lörrach

Herrn Letulé ist es zu danken, daß die 400jährige Linde in St. Georgen, Schwarzwald-Baar-Kreis, stehenbleiben durfte.

Keltischer Menhir an der Wehrmauer der Kirche zu Seefelden bei Birnau, Bodenseekreis

Wallfahrtsort der »Zahnleidenden«, Apollonia-Kapelle bei Nöggenschwiel, Kreis Waldshut

Der heiligen Odilie geweiht: Augenkapelle bei Obereschach, Schwarzwald-Baar-Kreis

STEINKULTE: ZEIT, RAUM UND RITEN

Uralt und über die ganze Welt verbreitet ist die Verehrung von Steinen. Hunderttausende Jahre lang war der Stein neben Holz und Knochen jenes Material, aus dem der Mensch Werkzeuge, Waffen und Kultgegenstände fertigte. Die Dauer der Steinzeit ist fast unendlich verglichen mit der kurzen Zeitspanne, in der die Menschheit die Metalle zur Grundlage einer neuen Zivilisation und Kultur einsetzte.

Durch die Härte, Festigkeit und Dauerhaftigkeit von Gestein erfuhren und erahnten unsere Vorfahren die ewige Kraft: Ursprung und Beständigkeit – Symbole für ewiges Leben. Der Mensch der Vorzeit suchte die Begegnung und die Berührung mit seinen »heiligen« Steinen, aus denen er Heil für Leib und Seele herleitete. Der Stein als verdichtete Materie war für ihn nicht tot, er lebte. Heute weiß man, daß ein Stein aus einem Wirbel von Atomteilchen besteht. Dies kommt dem alten Glauben an den Stein als Lebenssymbol sehr nahe.

Mit dem Feuerstein wurde der Mensch zum Beherrscher des Elementes Feuer: Wärme und Licht, das Überleben des Stammes, lagen mit diesem Stein in seiner Hand. Er kämpfte gegen Feinde und wilde Tiere mit dem »Donnerkeil« oder »Flintstein«, einem von ihm bearbeiteten Werkzeug. Der Stein half ihm, sein Leben zu verteidigen und zu bewahren.

Besondere Merkmale in Gestalt und Größe der Steine ließen diesen frühen Menschen die Nähe göttlicher Kraft erahnen. Werden und Vergehen, Leben und Tod lagen für den Menschen der Vorzeit mit seiner durchschnittlichen Lebenserwartung von etwa 24 Jahren eng beieinander. Der Stein gab nicht nur Leben, sondern konnte es auch wieder einfordern. Er war für den Menschen das Symbol der Erdmutter.

Lebt noch etwas vom Steinzeitmenschen in uns? Wahrscheinlich mehr, als wir wissen.

Auch heute noch stellen wir Steine auf die Gedenk- und Ruhestätten unserer Ahnen. Daß jeder unserer Angehörigen seinen Grabstein bekommt, ist den meisten von uns wichtig.

Der Mensch der Frühzeit lebte als Jäger und Sammler im Freien. Er lebte mit dem Geist der Erde und seinen Kräfteflüssen. Nach den heutigen Forschungen dauerte es recht lange, bis der Mensch fähig war, sich Unterstände zu schaffen. Sein Leben war stets gefährdet, erfüllt von Angst vor der Gewalt der Elemente. So beachtete er alle Zeichen, die er in der Natur vorfand. Er wurde aufmerksam, wenn irgendwo wiederholt der Blitz einschlug. Er sah, wie Tiere bestimmte Plätze aufsuchten und andere mieden. (Dieses Motiv finden wir häufig in den Ursprungslegenden der Wallfahrtskirchen.) Ein auffälliger Berg oder eine Quelle zogen seine Aufmerksamkeit an. Er spürte die Strahlung eines Platzes, dachte nicht rational wie der heutige Mensch, sondern erlebte alles bildhaft und intuitiv. Kegelförmige Berge verehrte er als heilige Berge. In ihnen sah der Mensch das männliche Zeichen der Fruchtbarkeit und die schöpferische Kraft Gottes. Drei Kegelberge nebeneinander galten als besonders auffallendes Zeichen.

Der Berg Sinai, der biblische Erscheinungsort Gottes, verbunden mit der Verkündigung der Zehn Gebote, ist solch ein Berg mit drei Spitzen. Bei den berühmten Moldauklöstern in Rumänien liegt immer ein Kegelberg hinter dem Kloster. Auf seiner Spitze weist ein großes Kreuz auf den meist vergessenen Zusammenhang hin.

Uralte Zeichen einer Kultstätte sind beckenartige Vertiefungen in Steinen, sogenannte Schalensteine. Die ersten Schalensteine hat der Mensch wahrscheinlich vorgefunden; durch natürliche Verwitterung waren sie im Lauf von Jahrmillionen entstanden. Zum Teil wurden sie noch ausgeformt oder auch vermutlich in mühsamer Arbeit von Hand angelegt. Aus ihnen wurden Kultsteine, die, wenn sie sprechen könnten, sicher zum Teil schokkierende Geschichten von urzeitlichen Opferbräuchen zu berichten wüßten. Wie eine offene Hand wirken sie, die auf eine Gabe wartet.

Geopfert wurde seit grauen Vorzeiten – in der katholischen Kirche ist es heute das Meßopfer – , und es finden sich Schalensteine nicht nur in Europa, sondern weltweit, überall dort, wo Menschen lebten. Durch eine Gabe, einem Opfer an die Gottheit, sollte deren Gunst erwirkt werden. Das kostbarste Opfer war der Mensch selbst, sein Blut bedeutete neues

Leben. Und oftmals war es der Erstgeborene oder eine Jungfrau, deren Blut der Gottheit zum Opfer floß. Auch die biblische Geschichte erinnert an einen solchen Kult. So war auch Abraham ohne Weigerung bereit, seinen Sohn zu opfern, dessen Leben Gott zu schenken, eine Handlungsweise, die unser humanes Denken und Fühlen heute tief bewegt.

In einem alten Abzählvers der Kinder steckt noch das uralte Opferritual: »Mariechen saß auf einem Stein. Mariechen, warum weinest du? Ja, weil ich heute sterben muß. Da kam der Bruder Karl daher und stieß Mariechen in das Herz.« Kaum zu glauben, daß sich dieses grausame Ritual bis in die heutigen Tage in einem harmlosen Kinderspiel erhalten hat.

Um Gott gütig zu stimmen, der nicht zur rechten Zeit fruchtbringenden Regen schickte, wurden kleine Kinder geopfert. Leben für Leben. Die Eltern und die Sippe haben dies fraglos getan. Für sie hatte das fließende Blut die, wie sie glaubten, geheimnisvolle und erlösende Kraft, keineswegs aber die in unserem heutigen Sinne verstandene und empfundene christliche Hingabe und Liebe. Das Selbstverständnis des urzeitlichen Opfers drückt sich in Mariechens und Karls Haltung aus. Warum ist sie im Kinderspiel nur traurig? Sie begehrt nicht auf, und der Bruder zögert nicht, sie zu töten.

In der Geschichte vom Opfer des Abraham sieht man bereits den Übergang vom Menschenopfer zum Tieropfer. Wenn in der Liturgie vom Lamm Gottes die Rede ist, ist das ein Hinweis auf uralte Riten. Die christliche Kommunion steht wohl auch damit im Zusammenhang. Es wirken immer noch alte Opfervorstellungen nach, auch wenn sie später vergeistigt und in christliche Symbole umgewandelt wurden. In der Bibel ist der Übergang zu reineren Opfern dargestellt. Barmherzigkeit will ich, nicht Opfer, sagt der Prophet. Und an anderer Stelle läßt die Bibel Gott sagen: »Mich ekelt vor dem Geruch eurer verbrannten Rinder und Stiere.« – Uns auch, wollen wir hier hinzufügen. Unendlich traurig und furchtbar ist, daß Kriege noch immer und wohl bis an der Welt Ende ihre grausamen Opfer fordern. In ihnen werden Menschen bedenkenlos und feierlich zum Opfer vorbereitet und dann gnadenloser Vernichtung zugeführt.

In der Gralsdichtung ist die Opferschale als solche von größter Bedeutung. Der Ursprung des Grals wird mit der Gestalt des Josef von Arimathia verbunden, jenem Ratsherren, der von Pilatus den Leichnam Jesu erbeten hatte. Nach dem Gralsdichter Robert de Boron (»Die Geschichte des Heiligen Gral«) wurde Arimathia vom Auferstandenen die Abendmahlschale anvertraut, mit der das Blut des Gekreuzigten aufgefangen worden war. Der Dichter Wolfram von Eschenbach hingegen bezeichnet den Gral als einen Stein, und Chrestien de Troyes berichtet von kostbarsten Steinen, die am Gral angebracht waren.

Spuren einer ins Überirdische weisenden vorchristlichen Grals-Schau sind auch nach Sigismund von Gleich (»Marksteine der Kulturgeschichte«) im sagenumwobenen Reich Saba in Südjemen vorhanden. Spanien gilt als mit der Gralstradition verbunden, und ebenso steht Italien im Mittelpunkt einer Gralsüberlieferung. Der Anthroposoph Rudolf Steiner, der dieses umfassende Kulturphänomen von verschiedenen Seiten beleuchtete, spricht u.a. vom Gral als vom Heraufstieg altägyptischer Mysterienweisheit. Darüber hinaus finden sich in keltisch-nordischen Sagenkreisen geschichtlich nachweisbare Grals-Motive. Richard Wagner nennt sein musikalisches Drama »Parsifal«, das 1882 wenige Monate vor seinem Tod uraufgeführt wurde, ein »Bühnenweihfestspiel«. Darin legt er Parsifal die Worte in den Mund:

> *»Es starrt der Blick dumpf auf das Heilsgefäß;*
> *das heilge Blut erglüht;*
> *Erlösungswonne, göttlich mild;*
> *durchzittert weithin alle Seelen ...«*

Mit dem »Heilsgefäß« ist hier eine antike Kristallschale gemeint, die auf einen steinernen Weihetisch vor den siechen Gralskönig Amfortas gestellt wird. Auch hier symbolisiert die Schale eine Art von Heilstatt, durch die sich ein kosmisch-irdisches Mysterium vollzieht. Die schöpferische Synthese Gott-Mensch offenbart sich.

Kehren wir jedoch wieder zurück zu den eigentlichen Schalensteinen, die es in vielen Größen gibt. Auch Menschen können in ihnen Platz finden. In Böhmen sind riesige Schalensteine in Kirchen erhalten geblieben, die häufig noch heute kultisch verehrt werden. Viele solcher Becken haben eine mit einer Quelle in Verbindung stehende Rinne. Andere, unter freiem Himmel befindliche Schalen, füllen sich mit Regenwasser, dem der Mensch bis heute heilbringende Kräfte zuordnet. Eine Häufung von Schalensteinen gibt es im Elsaß auf dem Odilienberg. Im österreichischen Waldviertel begegnet man solchen Schalen sogar mehrfach nebeneinander liegend (Schönbach, Grafenberg-Stoitzendorf, Mitterretzbach).[1]

Kleinere, nur drei oder vier Finger große Schälchen, die mit Sicherheit Hinweis auf eine Kultstätte sind, trifft man besonders häufig an Dolmen und Hügelgräbern, und zwar nicht nur außen, sondern auch innen. Dolmen sind prähistorische Grabkammern aus senkrecht aufgestellten Steinen mit einer Abdeckplatte. Diese kleinen Vertiefungen wurden zum Teil in den Stein gerieben. Auf diese Weise gewannen unsere Urväter Steinmehl, das sie als Medizin verwendeten.

Gleichzeitig dienten diese in den Stein gebohrten Näpfchen dem Lichtopfer das, so wird vermutet, in Zusammenhang mit Totenkulten und, Totenmählern steht. Mit Fett ausgegossen und mit einem Docht aus trokkenem Darm versehen, taten sie den gleichen Dienst wie die späteren Wachskerzen. Die Lichtopfer in unseren Kirchen sind alte Erinnerungen daran.

Mit dem Schalenstein verwandt ist der Spurstein. In ihm glaubte der Mensch der Vorzeit den Abdruck eines Fußes zu sehen. Auch hier war für ihn eine Gottheit gegenwärtig, die dem Platz geheimnisvolle Kräfte verlieh. Die Spuren in solchen Steinen weisen oftmals Trittbilder auf, oder es sind nur schön geformte Lochprofile, wie zum Beispiel Spuren auf dem heiligen Felsen in Jerusalem. Dieser heilige Fels bedeutet nicht nur die Mitte der christlichen Welt, sondern ist für die Anhänger Mohammeds wie die Kaaba von Mekka ein verehrungswürdiger und heiliger Platz.

Den Spurstein der Himmelfahrt Jesu auf dem Ölberg haben Menschen nachgeformt. Eine andere solche Trittspur – sie befindet sich im Felsen-

[1] Weitere Plätze finden Sie in den Büchern von Franz Jantsch / Kultplätze in Österreich

dom und ist wohl natürlichen Ursprungs – wurde als göttliches Zeichen gedeutet. Als Mohammed im Traum daselbst auf seinem Pferd in den Himmel fuhr, hinterließen die Tierhufe Abdrücke im Stein, erzählt die Legende.

In Österreich, im Salzkammergut bei Falkenstein, soll einst der heilige Wolfgang gestanden und sein Beil den Berg hinuntergeworfen haben. An jener Stelle, an der heute die Wolfgangkirche im Tal von St. Wolfgang am Wolfgangsee steht, kam das Beil zu liegen. Diese Kirche beherbergt einen besonders interessanten Spurstein mit dem Abdruck vom Fuß des heiligen Wolfgang. Einem uralten Volksglauben nach ist Wolfgang ein Nachfolger des höchsten Germanengottes Wodan oder Wotan. Auch die Verehrung des Erzengels Michael weist auf diese vorchristliche Gottheit hin. Man denke nur an das große Michaelsheiligtum in Saint Michel in Frankreich auf der im Ozean vorgelagerten Insel, wo kleine Schalen im Fels auf den vorchristlichen Kult hinweisen.

Im folgenden ist von den Langsteinen, den sogenannten Menhiren oder Masseben die Rede. »Menhir« ist ein keltisches Wort und bedeutet so viel wie »langer« oder »hoher Stein«. Hierbei handelt es sich um aufrecht stehende Steine von verschiedener Größe, die eine vielfache Bedeutung haben. Zweifellos liegt ihr Ursprung im Kultischen. Doch da Grenzen schon in der Vorzeit für den Menschen und für die Völkerschaften eine lebenswichtige Rolle spielten, trifft man Menhire auch als Grenzwächter an.

Diese Menhire sind enge Verwandte der semitischen Masseben. Ihnen vorausgegangen sind wahrscheinlich die sogenannten »heiligen Pfähle«, die bestimmte Stellen in der Landschaft als kraftgeladen, als numinos oder geheimnisvoll kennzeichneten. Der Menhir wirkt mit seiner hochgezogenen Spitze und seiner entsprechend ausladenden Grundfläche oft pyramidenartig. Auch er ist wie der Schalenstein weltweit anzutreffen. Besonders beeindruckend, ja gewaltig, sind die kilometerlangen Reihen von Menhiren in der französischen Bretagne. Einzelne von ihnen sind so hoch wie ein Kirchturm. Sie sind Symbol für das Männliche, im Gegensatz zu den Schalensteinen und den Dolmen, die das Weibliche verkörpern.

Häufig treffen wir an den früheren Opferstätten auf Felsspalten. Der vorchristliche, uralte Kultplatz war der gespaltene Stein, sogenannter »Durchkriechstein«, der in Verbindung mit einer Quelle stand. Neben dem männlichen Opferstein von großem Ausmaß findet sich eine Spalte, eine Art Durchgang oder Durchschlupf mit weiblichem Geschlechtscharakter. Im Glauben, daß durch die Berührung mit dem heiligen Stein Heil für Leib und Seele gewonnen werden konnte, zwängte man sich durch die Spalte. Während des Durchschlüpfens durfte weder gesprochen noch zurückgeblickt werden. Kultische Heilung, Erneuerung und Wiedergeburt symbolisierte dieser Akt. Auch Kinder ließ man hindurchschlüpfen oder reichte sie hindurch, um Krankheiten von ihnen abzuhalten.

Der Griff in den Stein war und ist eine kultische Handlung und wurde früher mit heiligem Erschauern getan. Dort war man dem Ursprung, der Mitte, dem Lebensgeheimnis näher. Erinnert sei hier an die sogenannten »Lochsteine« und den Brauch der Kelten, zur Bekräftigung von Verträgen einander durch den Stein die Hand zu reichen.

Lochsteine sind über die ganze Welt verstreut zu finden, selbst vor dem UNO-Gebäude in New York wurde ein neuer errichtet. Es gibt Lochsteine, die auf gleicher Höhe zwei parallel verlaufende, kleine Löcher aufweisen. In Gebirgsregionen spricht man von »Mandl« und »Weibl«. Das männliche und das weibliche Element sind gleichsam in diesem Fruchtbarkeitssymbol vereint. Darüber hinaus hatten diese Steine wohl noch andere Bedeutung, in den seltensten Fällen jedoch waren sie Grenzsteine. Häufig standen sie in einiger Entfernung eines Hauses oder nahe einer Kultstätte. Sie wiesen auf den Beginn eines heiligen Platzes hin. Plätze, auf denen später vielfach Kapellen und Kirchen errichtet wurden.

Mit den Lochsteinen – in Österreich heißen sie auch »Gada-« oder »Godasteine« – verbinden sich alte Volksbräuche. So wurde, um Gewitter abzuwenden, Mehl durch das Loch geblasen oder Brotbrösel hineingesteckt und die Steine mit Weihwasser begossen. Auch hier ist nicht auszuschließen, daß das bei der Bohrung gewonnene Steinmehl zu Heilzwecken verwendet wurde.

In alter Zeit hatten diese Steinsäulen in Fluren, an Wegen oder nahe menschlicher Behausungen eine ähnliche Bedeutung wie die späteren und heutigen Marterln. Sie befanden sich an bestimmten Stellen der Landschaft, meist bei Wegkreuzungen. Dort sollte man ausruhen und Kraft sammeln. Die Geomantie sagt, daß diese Pfähle, seien sie aus Holz oder Stein, die Landschaft wie Akupunkturpunkte markieren und so auf die geheimnisvolle Vernetzung von Kraftplätzen hinweisen. Über viele Generationen hin erneuerte man diese heiligen Holzpfähle, und erst viel später, in der christlichen Zeit, wurden Kreuze aus ihnen gezimmert. In der Normandie und in Irland nahmen die Christen eine ähnliche Umwandlung mit den Menhiren vor.

Der Begriff »Geomantie« setzt sich aus dem griechischen »Geo« (Erde) und »Mantik« (Kunst des Sehens) zusammen. Die Erfassung der geistigen Identität einer Landschaft und ihrer Erdenergien (Bodenstrahlung) gehören neben Wissensbereichen wie Geometrie, Radiästhesie, Astronomie, Kunst, Ökologie und Architektur zu ihren Aufgaben. Das Wort »Radiästhesie« stellt eine lateinisch-griechische Kombination dar, aus »radius« = Strahl und »aisthanomai« = empfinden oder fühlen.

Anfangs hat der Mensch der Vorzeit die Steine, die er vorfand, kultisch verehrt. Später begann er sie sorgfältig zu behauen. So ist auch der »Hinkelstein« ein vorgeschichtlich kultischer Stein von ungewöhnlich gedrungener Gestalt, der häufig vorkommt. Die Umdeutung von »Hünenstein« zu »Hühnerstein« dürfte auf Federvieh zurückgehen, das geopfert wurde. In der Nähe solcher Steine wurden manchmal Grabstätten gefunden sowie Knochenreste der geopferten Hühner.

Gedenkstätten der Ahnen, Ruhestätten für die Seelen der Toten, gleichzeitig auch Sinnbild für Fruchtbarkeit vereinen sich in Menhiren. Steinreihen und Steinkreise, die aus der Megalithzeit vor etwa 4000 bis 5000 Jahren vor Christus stammen, sind Zeugen einer Hochkultur (Megalith: großer, roher Steinblock / griechisch: megas + lithos). Sie sind Ausdrucksformen abstrakten Denkens, des Mythos, des vergeistigten Kultes als eine Art »Urschrift« des frühen »Homo sapiens«. Auch die ägyptischen

Pyramiden und die alten Tempel Maltas gehören zu diesem Kulturbereich, desgleichen die gewaltigen »Hünengräber« in der Lüneburger Heide. Für uns allzu nüchterne Menschen von heute ist es unvorstellbar, auf welche Weise die riesigen Steine herbeigeschafft und bearbeitet wurden.

Das englische »Stonehenge« in seiner beeindruckenden Mächtigkeit ist ein weiteres Beispiel, daß schon unsere Urväter über geniale technische Fertigkeiten verfügten, die heute noch Rätsel aufgeben. Man ist berührt vor solcher Titanenarbeit und möchte sich davor verneigen. Doch alles Emotionelle, selbst Kunst und Musik, ist rational nicht zu fassen. Die Berührung mit Kultplätzen, ob groß oder klein, ob bedeutend oder unbedeutend, läßt die Grenzen ineinander fließen, und selbst die Naturwissenschaftler sprechen heute nicht nur von drei, sondern von der Existenz gleich mehrerer Dimensionen.

Rätsel geben auch nach wie vor die sogenannten »Externsteine« mit ihrem »Wackelstein« in der Nähe von Paderborn im Westfälischen auf. Liegen die Anfänge dieser Felsbearbeitungen in vorchristlich-heidnischer Zeit oder im christlichen Hochmittelalter? Die germanische Seherin »Veleda« soll dort gehaust und die Göttin »Eostra« die »tiefsinnige Geheimlehre der alten Deutschen« einem Hohepriester kundgetan haben.

Kein archäologisches Objekt in Mitteleuropa ist seit Jahrhunderten heißer umstritten. Der westfälische Geschichtsschreiber Hermann Hamelmann erwähnt 1564 die Externsteine nur kurz, fügt dann jedoch hinzu, er habe gelesen, daß Karl der Große (um 800 n. Chr.) dort ein heidnisches Heiligtum zerstören und durch einen christlichen Altar mit den Bildern der Apostel habe ersetzen lassen.

Eine weitere Deutung erfuhren die Externsteine durch Gottlieb August Schierenberg. Er sah in den heimatlichen Felsen eine Kultstätte des altiranischen Lichtgottes »Mithras«, dem zu ihrer Zeit viele römische Soldaten huldigten, und zugleich den unmittelbaren Schauplatz der »Edda«, Zentralfigur der altnordischen Dichtungen.

Ob nun älteste, vorchristliche Kultstätte des Nordens, ob germanische Sternwarte, Gestirnsheiligtum, oder eine von Paderborner Benediktinern im 12. Jahrhundert geschaffene Wallfahrtsstätte in Anlehnung an die Jerusalemer Grabeskriche – aus den lippischen Steinen blickt uns ein weiteres Mal das Rätselhafte an. Einig sind sich die Gelehrten jedoch darin, daß die Externsteine in der Anfangszeit der Kreuzzüge nach 1100 eine bedeutende Einsiedlerstätte gewesen sein müssen. »Reclusorium« oder »inclusoria Egesterenstein« sind die ältesten uns erhaltenen Bezeichnungen. Diese Namen lassen auf sogenannte »Reklusen« oder »Inklusen« schließen und damit auf besonders strenge Einsiedler, die in ihrer Abgeschlossenheit oft erstaunlich künstlerisch oder literarisch tätig waren. Die alte Bezeichnung »Eggesterensteine« (Egge-Stern-Steine) beinhaltet die Stern-Steine der Egge-Berge, zwei Höhenzüge im Teutoburger Wald, deren Name bis heute geblieben ist.

Zeugnis von mittelalterlich romanischer Kunst gibt ein Felsenrelief, das die Abnahme Christi vom Kreuz durch Arimathia darstellt und das europaweit seinesgleichen sucht. Kein geringerer als Goethe verfaßte 1825 einen viel beachteten Aufsatz über dieses außergewöhnliche Kunstwerk.

Eine absolute Sonderstellung nimmt jedoch eine Kammer mit der beachtlichen Höhe von 30 Metern ein, die in den steil aufragenden Felsen hineingehauen wurde. Von ihr führt ein Lichtschacht genau zum Polarstern. Und so wie in altägyptischen Heiligtümern oder der alten Kultstätte Capacabana in Peru, dem Stuhl der Inkas, führt auch hier auf der einen Seite eine Treppe in schwindelnde Höhe empor und auf der anderen Seite wieder hinab.

Bemerkenswert ist die Tatsache, daß die Externsteine auf dem gleichen Breitengrad wie das Steinheiligtum von Stonehenge in England liegen. Dort steht seit Jahrtausenden am 21. Juni das Tagesgestirn exakt über der Einkerbung des Sonnen-Steines des Monolithen-Ringes. Doch auch das Christentum besitzt dieselbe Kultkammer, wie sie nicht nur in den Externsteinen, sondern auch in der Cheops-Pyramide zu finden ist. In der finsteren Unterkirche, der Krypta der romanisch-gotischen Kirchen, vollzieht der gläubige Christ seine Einweihung und Vereinigung mit dem Reich Gottes.

Lassen wir unser inneres Auge von den geheimnisumwitterten lippischen Steinen wieder weiterschweifen zu jenen Kultplätzen wie Stonehenge, den Steinreihen von Carnac an der Südküste der Bretagne, oder zu den »Bruchhauser Steinen« im Sauerland südlich von Brilon, die in eine Wehranlage der keltischen Hallstattzeit einbezogen waren. Bilder von eindrucksvollen Feiern ziehen vielleicht an uns vorüber und vorzeitliche Musikinstrumente wie Flöten, Pfeifen und Schwirrhölzer klingen in unseren Ohren. Die Zeit wird zum Raum. Ewigkeitskräfte und Schicksale der Zeiten, Weltenhöhen und Erdentiefen umfangen uns. Und immer der Mensch in der Mitte, der sich von Beginn an im Dienst und Opfer an seinem Gott aller Erdenschwere entreißen und das Gesetz des Schicksals beugen möchte.

Nicht nur der Weg mönchischer Askese stellte und stellt ein Heiligkeitsideal dar, es waren und sind noch immer die Gläubigen aller Religionen, die ihr Menschenwesen durch das Aufsuchen ihrer heiligen Stätten bereichern und ausweiten können. Im Blute Christi, das in der geheiligten Schale, im geheiligten Kelch aufbewahrt und durch die Zeiten getragen wird, ist die Wandlung vom tiefen Dunkel zum Licht hin für den Gläubigen vollzogen. Eine ähnliche Verwandlung haben unsere Vorfahren durch jenen Hauch des urweltlich Heiligen in den Steinen erfahren, beim Berühren, beim Hindurchschlüpfen, beim Opfer. Ewige Steine, steil in den Himmel ragend, Fruchtbarkeit preisend, oder zum »Gastmahl« gerichtet, fest dem Boden und Mutter Erde verhaftet: der Altar.

So kann es gar nicht anders sein, als daß ein bemerkenswerter Zusammenhang zwischen Menhiren oder Masseben mit den altrömischen Altären besteht. Sie sind ein ungefähres Abbild der Masseben, jedoch aufgrund ihres späteren Ursprungs kantiger und weisen oben eine gerade Fläche auf. Sie sind schlank und nicht so ausladend wie unsere heutigen kirchlichen Altäre. Nicht selten steht in der Nähe oder vor der Massebe eine in Fels gehauene Opferschale. Wiederum ist hier der hohe Stein männlich, die Schale weiblich; sie wurde mit Öl oder Blut gesalbt. Die vier Ecken (Hörner) der späteren christlichen Altäre, auf dem die Eucharistie gefeiert wird, sind, so darf man vermuten, Überbleibsel von Eckmasseben.

Ebenfalls aus der Megalithzeit stammende Masseben oder Steinsäulen hat man in Israel in Hazor und Megiddo entdeckt. Dort stehen sie in Reihen in eigentümlich nord-südlicher Ausrichtung. Als Heim und Hort einer Gottheit betrachtete man sie und gleichzeitig als Wohnstätte eines Verstorbenen. Der Bezug zum Grabstein als solchem ist gegeben.

»Richte den Stein auf und du wirst mich finden«, lautet ein mystischer Vers im apokryphen Thomasevangelium, einer nicht in den Kanon aufgenommenen, den biblischen Büchern sehr ähnlichen Schrift. Es war Abraham«, der den Stein aufrichtete, ebenso Isaak. Und auch der Prophet Josua stellte, der biblischen Legende nach, beim Einzug ins Heilige Land Steine auf. »Massebe« heißt der aufrechte Stein in der Bibel.

Die zwölf Steine Jerichos werden im biblischen Text als »Denksteine« (Erinnerungssteine) bezeichnet. Die Vermutung liegt nahe, daß diese zwölf Steine nicht an einem beliebigen Ort, sondern auf einem zuvor schon geheiligten Platz errichtet worden sind. Der biblische Text im Buch Josua, Kapitel 4, Verse 7, 9 und 20 lautet:

»So sollt ihr ihnen sagen: Weil das Wasser des Jordan weggeflossen ist vor der Lade des Bundes des Herrn, als sie durch den Jordan ging, sollen diese Steine für Israel ein ewiges Andenken sein.« / »Und Josua richtete zwölf Steine auf mitten im Jordan, wo die Füße der Priester gestanden hatten, die die Bundeslade trugen; diese sind noch dort bis auf den heutigen Tag.« / »Und die zwölf Steine, die sie aus dem Jordan genommen, richtete Josua auf in Gilgal.«

Nach der Bibel kehrte auch Saul immer wieder nach Gilgal zurück. Darüber, wo sich Gilgal befand, rätseln die Archäologen nach wie vor. Im Kapitel 5, Buch Josua, Vers 10, erfahren wir nur, daß es im Jordantal von Jericho stand.

»Und als die Kinder Israel in Gilgal das Lager aufgeschlagen hatten, hielten sie Passa am vierzehnten Tage des Monats am Abend im Jordantal von Jericho ...«

Auch »Bethel« gehört zu den wichtigsten und ältesten Kultplätzen des Heiligen Landes. Schon vor der Einwanderung der Juden bestand es. Abraham kam von Sichem dorthin, baute einen Altar und rief den Namen des Herrn an. Bald darauf zog er weiter, und der Herr erschien ihm unter den Eichen.

Von Jakob erzählt das erste Buch Mose (Gen. 28,10-18), wie er auf seiner Wanderung von Beerseba nach Haran an einer Stätte zum Übernachten rastete. Er nahm einen Stein von dieser Stätte, legte ihn unter sein Haupt, schlief ein und träumte von einer Treppe, die auf der Erde stand und bis zum Himmel reichte. Auf ihr stiegen Engel auf und nieder. Und der Herr stand oben und sprach: »Ich bin der Herr, der Gott deines Vaters Abraham, und Isaaks Gott; das Land, darauf du liegst, will ich dir und deinen Nachkommen geben.«

Da erwachte Jakob und sprach: »Fürwahr, der Herr ist an dieser Stätte, und ich wußte es nicht! Hier ist nichts anderes als Gottes Haus, und hier ist die Pforte des Himmels.« Und Jakob stand früh am Morgen auf und nahm den Stein, den er zu seinen Häupten gelegt hatte, und richtete ihn auf zu einem Steinmal und goß Öl oben darauf und nannte die Stätte Beth-El.« - Beth-El oder Bethel bedeutet »Haus Gottes«.

In dieser Bibelpassage ist ein weiteres Mal der Stein das Zentrum. Durch ihn spricht Jakobs Gott aus der Tiefe und gleichzeitig aus der Höhe. Tausend Jahre lang stand in Bethel ein Terebinthenbaum, danach für weitere tausend Jahre eine Eiche, und jetzt wächst an jener Stelle auf einer Halde neben einer Kaserne ein Feigenbaum. Jesus hat offenbar von einem Feigenbaum gesprochen, als er sagte: »Wenn die Blätter weich werden, dann wißt ihr, daß der Sommer nahe ist. So sollt ihr die Zeichen der Zeit erkennen.«

Es ist wohl kein Zufall, daß wir gerade in unserer Zeit zur Natur und damit auch zu den natürlichen Elementen wie Wasser, Erde, Luft und Stein ein neues Verhältnis bekommen, da die Welt durch die brutalen Eingriffe des Menschen in die Schöpfung in ein neues und sehr kritisches Stadium getreten ist.

Für uns heutige Menschen bedeutet das Wort »Zurück zur Natur« des französischen Philosophen Rousseau ein Vielfaches mehr als für die Menschen seiner Zeit.

Die Überheblichkeit unserer Verstandeskultur hat uns den Sinn für Altüberliefertes genommen. Jahrhunderte-, ja jahrtausendealte Traditionen sind durchbrochen. Wer von uns denkt noch an die Erdmutter als Spenderin, wenn er das Brot bricht?

Machen wir uns also auf die Suche nach unserem Stein, nach unserem Baum, nach unserer Quelle. Ein Platz in unserer Heimat, an dem wir dem Geheimnis unserer Erde und den Heilskräften des Himmels näher kommen, wird für uns zur Mitte der Welt, als wenn die Weltachse hindurchginge. Dieser, unser »eigener« Platz wird für uns ebenso bedeutungsvoll sein wie jener geheimnisvolle Stein »Omphalos«, der im Tempel von Delphi lag und dessen Name nicht nur »Nabel der Welt« bedeutet, sondern der im antiken Griechenland auch als Mittelpunkt der Welt verehrt wurde.

Keltisches Kreuz

1	Kreis	Karlsruhe
2		Enzkreis
3	Kreis	Rastatt
4	Kreis	Calw
5	Kreis	Freudenstadt
6		Ortenaukreis
7	Kreis	Rottweil
8	Kreis	Emmendingen
9		Schwarzwald-Baar-Kreis
10	Kreis	Tuttlingen
11	Kreis	Breisgau-Hochschwarzwald
12	Kreis	Lörrach
13	Kreis	Waldshut
14	Kreis	Konstanz
15		Bodenseekreis
16		Bodensee

Der Menhir bei Degernau und das Megalithgrab

Kreis Waldshut

Menhir von Degernau – Verbindung vom »Unten zum Oben«

Auf der Kuppe des »Bühlhölzle« steht der etwa zwei Meter hohe »Menhir« und zwar fast genau auf halbem Wege zwischen Degernau und Erzingen. Der grasbedeckte Hügel mit seinem Stein strahlt Ruhe aus und zieht den Betrachter schon von weitem in seinen Bann. »Beim langen Stein« und »Vorm langen Stein« sind Gewannamen, die noch auf einem alten Gemarkungsplan von Degernau aus der Zeit um 1700 zu finden sind. Diese Bezeichnungen ließen den Degernauer Lehrer Josef Schneider schon während der dreißiger Jahre hoffen, eines Tages einen Menhir zu entdecken. Doch sollte es noch viele Jahre dauern, bis die Erde den gesuchten Stein preisgab. 1954 war es dann soweit. Ein Schüler Schneiders war der glückliche Entdecker. Nur etwa 10 Zentimenter ragte der umgestürzte Stein aus dem Boden. Er wurde freigelegt und mehrere Fachleute konnten bestätigen, daß es sich um einen urgeschichtlichen Menhir handle.

Aufgerichtet wurde der Stein erst im Jahr 1971. Jetzt zeigte er sich in seiner wirklichen Länge von 2,25 Meter. Sein ortsfremdes Gestein erklärt sich durch die Wasserscheide beim »Bühlhölzle« und durch die unweit nördlich beim »Vogelhof« gelegene Berührungszone des eiszeitlichen Schwarzwaldeises und des alpinen Eises. Die Eismassen dieser vorletzten Eiszeit (230 000 bis 180 000 v. Chr.) waren also der Transporteur des langen Steines. In seiner geographischen Lage ist der Degernauer Menhir bisher der östlichste einer Gruppe von Großsteinen, die vor Jahrtausenden zwischen dem Rheinknie bei Basel und dem Klettgau auf der nördlichen Rheinseite aufgestellt wurden.

Der Menhir, den schon das Alte Testament als ein Zeichen der Gegenwart Gottes gedeutet hat, möchte auch hier Zeugnis ablegen von der Verbindung vom »Unten« zum »Oben«, von der Erde zum Kosmos; ein Platz von geistiger Bedeutung, ein irdisches Zentrum, an dem der einstige Mensch den Durchbruch in die göttliche Welt zelebriert hat. Ein »Aufsteigeort«, an dem die Priester oder Priesterinnen von urzeitlichen Kulturen bis ins Keltentum durch Gebete und Opfer, über Trance, Vision und Ekstase übersinnliche Welten zu erfahren suchten. Eine dunkle Ahnung seiner einstigen Orakelfunktion überkommt uns bei der Ortsbegehung, wenn wir den Blick weit ins Land schweifen lassen. Nach Westen hin reicht das Auge bis in die Gegend um Tiengen (auch dort steht ein Menhir) und das alte Albgau, im Osten und Norden erschließen sich Klettgau und die Höhen des Randen.

Etwa 500 Meter entfernt vom Menhir , im Gewann »Toter Mann«, neben der Landstraße in Richtung Degernau, befindet sich ein ebenfalls von Josef Schneider entdecktes und 1970 rekonstruiertes Megalithgrab aus der Zeit um 2000 v. Chr. mit einer im Original erhaltenen Deckplatte von ca. 3,3 Tonnen Gewicht. Vorhanden ist auch noch ein Teil der Giebelplatte mit einem kreisrunden Loch und einem Verschlußstein in Zuckerhutform. Durch dieses Einstiegsloch oder »Seelenloch« konnte sich, nach damaligem Glauben, die frei bewegliche Seele Zugang zum abgelegten Körper verschaffen, und den Lebenden bot es die Möglichkeit, Opfergaben für die Toten in das Grab zu legen. – Schauen wir jedoch selbst durch dieses »Seelenloch«, so werden wir augenblicklich auf den Boden der Realität zurückgeholt, da uns die Zeichen unserer Zeit, nämlich leere Bierdosen, Plastiktüten und anderer Müll sofort einholen.

Aus der Dunkelheit der Gruft kehrt unser Blick wieder zur Sonne und zum Menhir zurück, der von seiner Anhöhe aus über dem Grab zu wachen scheint. Die Frage nach den Zusammenhängen bleibt nicht aus: Besteht zwischen beiden Kultstätten, dem Menhir und dem Großsteingrab, eine Art energetischer Verbindlungslinie? Es ist nicht auszuschließen, da aufgerichtete Steine häufig in Beziehung zu nahe gelegenen Grabanlagen stehen. Traditionen, deren Ursprung sich im Dunkel verloren haben, mögen dahinter stehen.

Mit dem Übergang von der Alt- zur Mittelsteinzeit um 10 000 v. Chr. und später zur Jungsteinzeit erfaßte die Megalithkultur (ca. 4000 v. Chr.) von den Küsten her ganz Europa. Ihre Schwerpunkte lagen jedoch an der Atlantikküste zu beiden Seiten des Ärmelkanals. Die größten Zentren entstanden während der jüngeren Steinzeit in der Normandie und auf den Britischen Inseln.

Großgräber anstelle von Einzelbestattungen kennzeichneten diese Kulturstufe der Megalithzeit. Riesige Grabmonumente, zum Beispiel in der Lüneburger Heide, zeugen von einem hohen Stand der Ahnenverehrung. Die Todesvorstellung der Megalithen dokumentiert sich in reichen Grabbeigaben. Dem Verstorbenen, so glaubte man, war es möglich, in die Welt der Lebenden störend oder beschützend einzugreifen. Durch das erwähnte »Seelenloch« konnte sein Geist die Grabstätte verlassen und wieder zurückkehren. Manche Historiker sehen hier die Wurzeln der ersten Weltreligion.

Zugleich sind Megalithgräber Erbbegräbnisstätten, die von einer ganzen Sippe errichtet wurden. Über sehr lange Zeiträume hinweg bestattete man in ihnen die Angehörigen. Die großen Ganggräber boten mitunter Platz für hunderte Tote. Der Gedanke, aus großen Steinen Grabbauten und Kultstätten zu schaffen, hat sich über die Küsten der Meere hinweg ausgebreitet. Am atlantischen Ozean, in den Gebieten die an Nord- und Ostsee angrenzen und im westlichen Mittelmeerraum trifft man auf kultische Großsteinbauten. Schließlich beendeten einfache Grabkisten aus Steinblöcken die Entwicklung der megalithischen Grabbauten. Im Verlauf der urgeschichtlichen Entwicklung stehen die gewaltigsten Bauwerke oftmals am Beginn. Mit der Zeit schwächt sich alles ab, und kleinere, verfeinerte Werke stehen am Ende einer Ära.

In der Nähe von Degernau, im Rechberger Wald, liegen zwei weitere Zeugen vorchristlicher Besiedlung: zwei kleine Hügel. Bereits im Jahr 1895 wurden diese Hügel angegraben, und es fanden sich menschliche Skelette und Grabbeigaben, die man der Hallstattzeit (750-450 v. Chr.) zuordnete. Ein weiterer bedeutender Fund aus der Gegend um Degernau (Wutöschingen) ist die Bronze-Grabtafel eines hohen römischen Offiziers der XI. Legion. Sie ist ein einmaliges Stück ihrer Art und wird in Freiburg im Panzerschrank aufbewahrt. Überreste eines römischen Tongefäßes neben dem Megalithgrab und eine im Pfarrgarten von Degernau gefundene römische Münze aus der Zeit um 300 n. Chr. lassen auf eine Wegverbindung zwischen dem Wutachtal und dem Klettgauer Tal in römischer Zeit schließen.

Kehren wir noch einmal zurück zum Gewann »Toter Mann«, wo sich außer dem Megalithgrab auch Spuren von jungsteinzeitlicher bzw. frühbronzezeitlicher Besiedlung fanden (Heimatmuseum Waldshut) und um das sich seit Generationen eine geheimnisvolle Sage rankt. Einst soll dort ein Einsiedler in einer Hütte gelebt haben. Wasser spendete ihm die Quelle des »Bruderbrünnele«, Lebensmittel besorgte er sich regelmäßig im Dorf. Als er längere Zeit ausblieb, schaute man nach ihm und fand ihn tot in seiner Behausung.

Das Degernauer Totenbuch bestätigt lateinisch die Existenz des Einsiedlers und sein tragisches Ende. Die deutsche Übersetzung aus dem Jahr 1865 lautet: »Karl Magnus Sigismund Hohenschilt von Rottenburg am Neckar. Er lebte unter dem Namen 'Franziskus Antonius, Einsiedler zum todten Mann' beinahe fünf Jahre in der Nähe von Degernau. Am 21. Juni 1709 abends um die sechste Stunde fand man ihn todt auf seinem Strohsack sitzend, mit einem Tuch um die Lenden, sonst nackt, und einen Strick um den Hals. Am 22. Juni wurde er von einem Arzt inspiziert und am 23. Juni nach christlicher Sitte beerdigt. Wie aus der ärztlichen

Leichenschau hervorging, hat derselbe weder selbst Hand an sein Leben gelegt, noch hat er einen so schrecklichen Tod vermuthet, sondern er ist von irgend einem andern durch Erdrosselung oder sonstige Tödtung um das Leben gebracht worden. Obiges sollte eigentlich zwischen dem 5. Juni und 6. Oktober verzeichnet sein, ist aber aus einem gewissen Grund in der Feder geblieben.« (Der Eintrag im Kirchenbuch erfolgte erst Monate später.)

Der »gewisse Grund«, was könnte dieser gewesen sein? – Wir werden es nie erfahren. Geblieben sind uns neben der Sage, welche die Tatsache wahrheitsgemäß überliefert hat, nur der Flurname »Toter Mann«, mit dem man immer noch die Kinder schrecken kann. Auch von einem Geist, der mit einer brennenden Kerze in der Hand umgegangen sein soll, ist in Aufzeichnungen die Rede. Die Ableitung des Flurnamens von dem ermordeten Einsiedler kann sich jedoch nur auf seinen Wohnplatz beziehen, nachdem der Eintrag in der Gemarkungskarte schon kurz vor 1700 »Toter Mann« lautet. Offenbar war das Riesensteingrab vor einigen Jahrhunderten noch oberirdisch erkennbar. Das Auffinden eines menschlichen Skeletts bei seiner Zerstörung mag Anlaß zur Entstehung des Flurnamens »Toter Mann« gegeben haben. Laut einem Edikt Karls des Großen wurde im frühen Mittelalter die Zerstörung der Steindenkmäler und Grabstätten gefordert und das Opfern an Steinen verboten.

Eine weitere bemerkenswerte Geschichte ist die Tatsache, daß das Riesensteingrab während des Zweiten Weltkrieges beinahe in die Luft gesprengt worden wäre. Dies nicht durch Feindeshand, sondern durch den Grundstücksbesitzer Karl Trippel, ragte doch die Deckplatte des »versunkenen« Grabes mit einer Ecke bis an die Ackeroberfläche. Alljährlich stieß der Bauer beim Pflügen gegen diesen »Felsen« und das schadete der Pflugschar. Um seinen Pflug zu schonen, beschloß er das Hindernis mit Erlaubnis der Behörde zu sprengen. Beim Abtasten des Gesteins mit dem Erdbohrer fand Trippel jedoch keine einzige Spalte, in die er die Sprengkapsel hätte einlegen können. So unterblieb die Sprengung. Zufall oder Fügung, daß diese bei uns seltene Art von Grab der Nachwelt erhalten geblieben ist, denn im ganzen Land gibt es nur noch ein einziges weiteres: den »Heidenstein« in Schwörstadt bei Säckingen.

Anfahrtsweg: Man fährt z. B. von Villingen-Schwenningen aus über Donaueschingen, Blumberg nach Randen hinauf. An klaren Tagen bietet sich dem Auge ein überwältigender Anblick, der uns auf den bevorstehenden Ausflug in die Zeit unserer Ur-Vorfahren einstimmt: das Massiv des Säntis im Süden. Die beste Stunde hierfür ist der frühe Morgen, an dem die Säntisgruppe von der aufgehenden Sonne geweckt wird. – Danach fahren wir das Wutachtal über Stühlingen hinunter bis nach Eggingen. Im Ortsteil Untereggingen wird in der Ortsmitte in der Nähe der Wutachbrücke geparkt.

Menhir bei Degernau

Wandervorschlag:
Von Untereggingen zum Vogelhof:
Von der Ortsmitte aus geht es zu Fuß in Richtung Schweiz über die Wutachbrücke. Dann links an einer großen Wandertafel vorbei und geradeaus die »Bergstraße« hinauf, um alle Serpentinen herum, bis schließlich ein großes, steinernes Feldkreuz mit der Jahreszahl 1896 vor uns auftaucht. Ab diesem Kreuz halten wir uns an das gelbe Wanderwegschild »Landesgrenze/Wilchinger Berghaus« und bewegen uns in dieser Richtung auf einem Teerweg. Nahe einer Feldscheune mit Wellblechdach wird aus dem Teerweg ein Feldweg, von dem wir bis zum Wald nicht abweichen.

Am Wald passieren wir die Schranke und halten uns ab jetzt geradeaus aufwärts. Oben beim Grenzstein »339« angekommen, geht es weiter durch den »Grenzübergang für Wanderer« und auf das nahegelegene »Wilchinger Berghaus« zu. Beim Austritt aus dem Wald biegen wir sogleich in den Sandweg in Richtung des gelben Wanderwegschildes »Trasadinger Berghof – 20 Min.« ein. Nun folgen wir stetig den gelben Markierungen und Wanderwegschildern, die uns zum »Trasadinger Berghof« führen. Dort, bei P 523, geht es rechts ab. Vom »Trasadinger Berghof – 530 m« gehen wir weiter in Richtung des gelben Wanderwegschildes »Trasadingen Bahnhof – 40 Min.« und erreichen einen Sandweg, der weiter verfolgt wird. Kurze Zeit später geht es beim »Grenzübergang für Wanderer« in der Richtung »Vogelhof - 6 Min.« geradeaus. Nach wenigen Metern treffen wir auf einen Teerweg, in den wir links in Richtung Vogelhof einbiegen.

Beim Vogelhof angekommen, sieht man auf der gegenüberliegenden Seite schon den Menhir. Ab dem großen Wanderkartenschild, wie wir es schon von Eggingen her kennen, wandern wir in Richtung »Reuenthaler Mühle – 35 Min.« durch die Gebäude des Vogelhofes. Nach 2 bis 3 Minuten geht es links vorbei an einem Wanderwegweiser hinauf zur Straße.

Jetzt wird die Straße überquert und wir folgen dem Sandweg bis zu dem auf der rechten Wegseite stehenden Birnbaum. Der Langstein erscheint uns nun aus nächster Nähe.

Nächstes Ziel ist das Megalithgrab, das wir nach etwa 5 Gehminuten abwärts der Straße nach Degernau auf der linken Seite finden.

Vom Grab aus geht es nun nochmals etwa 100 Meter weiter abwärts entlang der Straße, dann auf einem schlecht erkennbaren Grasweg durch die Felder rechts hinunter zum Waldrand. Auf dem geteerten Weg jetzt links ab in Richtung Degernau bis zu einem mit Schutzglas versehenen Bildstock.

An dieser Stelle beschreiten wir den rechten Teerweg in Richtung Eggingen, der über eine flache Höhe ins Tal hinabführt. Von der Talsenke aus nehmen wir den rechten Teerweg. Nach wenigen Schritten geht es halblinks aufwärts bis zu einem ca. 50 Meter entfernten Teich.

Nun biegen wir scharf links in den «Schlatthofweg« in Richtung des Schildes »Vogelhof – 1 Std. 25 Min. – Eggingen – 1 Std.« ein. Diesen Weg gehen wir bis zu seinem Ende. Ab hier geht es geradeaus in den durch ein grün umrandetes Sperrschild markierten Waldweg, auf dem wir nun bleiben. Nicht in den rechten Seitenweg abbiegen, der nach ca. 5 Min. zu einer Hütte führt, sondern weiter bis zu einer großen Waldlichtung – am Horizont sieht man den Trasadinger Berghof. Von der Lichtung aus nach links in den guten Sandweg in Richtung gelbes Wanderwegschild einbiegen. Nach ca. 10 Min. wieder nach links und abwärts in Richtung gelbes Wanderwegschild »Eggingen – 30 Min.«, wo uns ein anfangs bequemer Waldweg, der später in einen Sandweg übergeht, zurück nach Untereggingen führt.

Ⓘ Wanderzeit ca. 4 Std. / z. T. durch schweizerisches Gebiet (Ausweis)

Der »Langenstein« von Nöggenschwiel

Kreis Waldshut

Das verträumte Schwarzwalddorf Nöggenschwiel nördlich von Waldshut-Tiengen machte zum ersten Mal vor 30 Jahren von sich reden. Damals wurde der Ort zum Gewinner des Bundeswettbewerbs »Unser Dorf soll schöner werden« auserkoren. Vor allem die zahlreich angelegten Blumengärten und Anlagen mit ihren herrlichen und vielfältigen Rosen machen den Ort zum Naturerlebnis. Die Königin unter den Blumen wurde zum Wahrzeichen Nöggenschwiels, und so darf sich das Dörfchen seit 25 Jahren über den Beinamen »Rosendorf« freuen.

Wesentlich älter als die Dorfentwicklung von Nöggenschwiel ist ein Stein, der sich westlich des Ortes im Gewann »Langenstein« befindet. Seit Menschengedenken steht dieser ca. 1 ½ m hohe Stein an diesem Platz. Archäologisch ist er als Menhir anerkannt, und seine Lage auf der Hochebene, mit einem großartigen Ausblick bis in die Schweiz, übt eine besondere Faszi-

nation aus. Diese Lage berechtigt auch zu der Annahme, daß sich hier einst eine Richtstätte befand. Der Gewannname selbst, nämlich » Langenstein«, deutet auf eine sehr alte Bezeichnung hin.

Menhir von Nöggenschwiel – der »Langenstein«

Nördlich von Nöggenschwiel begegnet man noch einem Gewann mit dem Namen »Kurzer Stein«. Um welchen Stein es sich hier einmal gehandelt hat, ist nicht mehr bekannt. Ob der lange und der kurze Stein in Beziehung zueinander gestanden haben? Wir wissen es nicht, jedoch scheint es sinnvoll. Doch auch die Beziehung des »Langenstein« zu dem wesentlich bekannteren Menhir von Tiengen ist in Fachkreisen mehr als nur eine Vermutung. Ganz in der Nähe des »Langenstein« befindet sich übrigens eine kleine Wallfahrtskapelle. In ihr zeigt sich wieder die Verbindung von Kirche und Stein auf Plätzen mit kultischer Bedeutung in vorchristlicher Zeit. Die Kapelle selbst ist der heiligen Apollonia gewidmet. Sie war eine Märtyrerin aus dem 2./3. Jahrhundert, der bei einem Pöbelaufstand unter Mißhandlungen die Zähne ausgeschlagen wurden. Man schleppte Apollonia zur Richtstätte, wo sie lieber den Feuertod starb als das Christentum ablegte. Im Lauf der Zeit wurde die sogenannte »Schutzpatronin der Zahnärzte« zu einer beliebten Volksheiligen. So wurde auch die im Volksmund »Zahnkäppele« genannte Apolloniakapelle zu einem Wallfahrtsort der Zahnleidenden.

Die jetzige Kapelle geht auf das 18. Jahrhundert zurück. Ihr Ursprung liegt vermutlich in wesentlich früheren Zeiten, und somit darf angenommen werden, daß sie in Beziehung zum »Langenstein« gestanden hat.

Wie beim Menhir von Horn auf der Insel Höri, den wir später noch kennenlernen werden, erkennt man auch am Nöggenschwieler Menhir bei genauerem Hinschauen ein Gesicht, das über eine seiner Kanten verläuft. Spielt uns die Phantasie hier einen Streich, oder waren es tatsächlich menschliche Hände, die den Stein mitgeformt haben?

Ⓦ Über Höchenschwand oder Waldshut nach Nöggenschwiel. In der Mitte des Dorfes befindet sich eine Wandertafel, auf der die Kapelle und der »Langenstein« eingezeichnet sind. Der Menhir steht nur wenige Meter neben der Straße nach Höchenschwand.

Der Menhir von Leutkirch – Namensgeber im Kirchhof

Bodenseekreis

Menhir von Leutkirch

Leutkirch hat seinen Namen daher, daß es für die Leute in den umliegenden Dörfern Pfarrkirche war. Nicht mehr als ein paar Häuser bilden heute den Ort bei Salem. Im Vorgarten der idyllisch gelegenen Kirche steht der 1 m hohe Stein, dessen Herkunft im Dunkel liegt. Die Namen der umliegenden Dörfer, Obersten-, Mittelsten- und Unterstenweiler weisen jedoch darauf hin, daß Leutkirch schon in sehr alten Zeiten religiöser Mittelpunkt war.

Die auf den ersten Blick nichtssagende Silbe »sten«, gewinnt besondere Bedeutung, wenn man weiß, daß »sten« ursprümglich für »Stein« stand. In den alten Ortsnamen um Leutkirch lebt wohl immer noch »der Stein« mit seiner früheren kultischen Bedeutung fort. – Kultstein und Gotteshaus sind eine Symbiose eingegangen. Generell stehen die meisten der alten Kirchen auf alten Kultplätzen. Der Ort strahlt, sein Charme nimmt augenblicklich gefangen.

Ⓦ Über Salem nach Leutkirch. Von dort hinauf zur Dorfkirche. Nun geht es zu ihrem Hauptportal, von dem aus man den idyllisch gelegenen Stein erblickt.

Menhir in Seefelden

Bodenseekreis

Menhir von Seefelden – alter keltischer Kultstein

Das Interessante an diesem Stein ist, daß er direkt an der Friedhofsmauer bei der Kirche lehnt.

Ob zur Kirche oder auf den Friedhof, täglich gehen die Leute an ihm vorbei, aber kein Einheimischer weiß etwas über ihn. »Der Stein stand schon immer da«, bekommt man zu hören, will man etwas Geschichtliches über ihn wissen. Die Historie der Mauer, an der er lehnt, ist da schon ein bißchen bekannter.

Schon im neunten Jahrhundert hat die Einfriedung als Wehrmauer gedient. Im unteren Teil des Wehrturmes, dem heutigen Kirchturm, befand sich einst eine Gerichtsstätte. Sogar der heilige St. Gallus soll in diesem unteren Teil des Turmes eine Messe gehalten haben. (Siehe: Kirchen als Orte der Kraft / Kirche Seefelden, Seite 172.)

Könnte er reden, so würde der Stein uns von den Pilgerzügen nach »Santiago de Compostela« berichten, die im elften Jahrhundert auch durch Seefelden führten. Wie in Leutkirch, so ist auch in Seefelden eine Kirche in unmittelbarer Nähe des Steins. Die kultische Bedeutung über Jahrhunderte hinweg ist somit klar gegeben. Wie lange vor dem Kirchenbau mag er wohl schon dagestanden haben?

W Über Birnau am Bodensee nach Seefelden, das unterhalb des Klosters liegt. Der Menhir lehnt direkt an der Kirchenmauer in Seefelden und ist somit leicht zu finden.

Der »Menhir« bei der Nellenburg, Stockach

Kreis Konstanz

Die Archäologen sind zwar der Meinung, daß es östlich von Tiengen keine Menhire mehr gäbe, der Petersfels bei Engen und das Kesslerloch bei Thayngen/Schaffhausen beweisen jedoch immerhin, daß die Region um den Bodensee seit der Altsteinzeit besiedelt war. Nun müßte die Archäologie erklären, warum es hier nicht auch Menhire geben sollte?

Oben bei der Nellenburg bei Stockach befindet sich ein Stein, dessen Geschichte zwar völlig unbekannt ist, sein Erscheinungsbild aber durchaus auf eine keltische Herkunft hinweist. Versteckt steht er auf einer Wiese neben einem Walnußbaum. Von allen Seiten aus betrachtet hat der recht massige Stein von ca. 1,5 m Höhe die Form eines Dreiecks. Seine Spitze weist gen Himmel und läßt den Betrachter aufwärts schauen. Schon nach wenigen Schritten genießt man einen herrlichen Höhenblick auf die Gegend um Stockach. Der Stein verleitet zum Verweilen. Nicht nur Radiästheten werden die harmonisierende Wirkung des Platzes erfahren. Ein echter Wohlfühlplatz.

Menhir bei der Nellenburg, Stockach – Ort mit starker Strahlung

Ⓦ Beliebig nach Stockach. Von dort zum Höhengasthaus »Nellenhof«. Vom Parkplatz des Nellenhofs gehen wir zunächst 50 m in südöstlicher Richtung, dort befindet sich ein Holzkreuz unter zwei Laubbäumen. An diesem Kreuz nun links vorbei. Nach ca. 30 m sieht man linker Hand auf der Wiese den Stein neben einem Walnußbaum stehen.

Menhir auf der Insel Höri – der Stein mit dem Gesicht

Kreis Konstanz

Es gibt zwar verschiedene Arten von Menhiren, doch findet man vor allem in Großbritannien, Frankreich, Spanien und Portugal »Langsteine«, die immer wieder die gleichen Formen aufweisen. Oftmals wirken sie wie eine Faust mit ausgestrecktem Zeigefinger, der in den Himmel weist. Bei manchen Steinen läßt sich bei genauerem Betrachten sogar ein Gesicht entdecken, teilweise deutlich, dann wiederum nur schemenhaft. Da gibt es

Gesichter im Profil und solche, die uns von vorne anblicken, weibliche und männliche Gesichter, die wohl in vorchristlichen Zeiten ihre ganz eigenen Bedeutungen hatten. Leider bleiben uns diese verschlüsselt. Hinzu kommt noch, daß die Verwitterung die Formen und Bearbeitungsspuren im Laufe der Zeit unkenntlich gemacht hat. Lassen Sie Ihrer Phantasie freien Raum, mit der allein die ursprüngliche Gestalt dieser Steine gesehen werden kann.

Menhir von Horn – der Stein mit dem Gesicht

In Horn am Bodensee befindet sich ein Stein, dessen Herkunft wir bei den Kelten suchen. Er trägt ein Gesicht. Da er sich nicht mehr in stehendem Zustand befindet, muß man sich in die Horizontale begeben, um es zu entdecken. Mit Blickrichtung zur alten Scheuer, vor der er liegt, zeigt er uns Stirn, Augen und Nase, also ein liegendes Gesicht, das in den Himmel schaut. Es ist anzunehmen, daß der Stein vor Zeiten bearbeitet wurde. Ob er umgestürzt wurde oder von allein umfiel, ist unklar.

Ⓦ Beliebig auf die Insel Höri am Bodensee und von dort nach Horn. Auf Höhe der Kirche in Horn biegen wir nun von der Hauptstraße in die Weilerstraße ein. Am letzten Haus der Straße befindet sich rechts eine Bootswerft. Daneben steht eine alte Scheuer. Vor ihr liegt der Stein.

Der eingemauerte Stein von Betenbrunn

Bodenseekreis

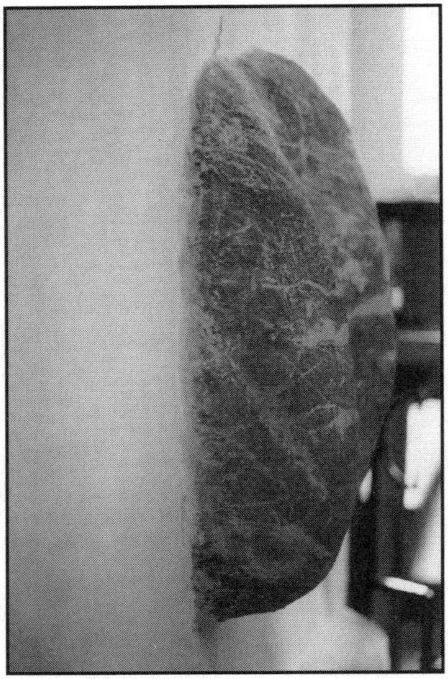

Ein Stück vorchristlicher Mythos in der Kirche

Ein Teil des Findlings schaut aus der Wand der Wallfahrtskapelle in der Kirche von Betenbrunn. Über ihm befindet sich eine spätgotische Pieta. Die Wallfahrtslegende erzählt von einem schwedischen Söldner, der mit seinem Säbel das Gnadenbild zerschlagen wollte, aber abgeglitten sei. Noch heute ist sowohl am Haupt der Figur als auch in dem Stein deutlich eine Kerbe zu sehen.

Auch in der Galluskapelle, neben der Kirche zu Rorschach (Schweiz), findet sich ein ähnlich eingemauerter Stein. Um ihn ranken sich, ähnlich wie beim Betenbrunner Stein, Legenden. Dies spricht für seine Bedeutung als Kultstätte in alten Zeiten. Die Betenbrunner Geschichte, in der die keltische Muttergöttinnenverehrung eine deutliche Rolle spielt (siehe: Kirchen als Orte der Kraft / Betenbrunn), läßt darauf schließen, daß es sich auch hier um einen Menhir oder zumindest ein Stück davon handelt.

Ⓦ Beliebig nach Salem, das östlich von Überlingen liegt und von dort über Heiligenberg nach Betenbrunn. Die Kirche befindet sich in der Mitte des Ortes.

Der »Lange Stein« von Tiengen

Kreis Waldshut

Wer hat nicht schon von Kultstätten wie Carnac oder Stonehenge gehört, sie auf Fotos oder sogar »live« gesehen? Nach wie vor gibt es keine schlüssige Theorie, die erklärt, wie es möglich war, solche Steinriesen ohne die Hilfsmittel der heutigen Technik aufzurichten.

Doch auch in der Region unseres Buches gibt es einen Stein, der von seiner Größe und Mächtigkeit jederzeit mit den Steinen der großen Kultplätze in Frankreich und England mithalten kann: der »lange Stein von Tiengen« bei Waldshut, ein Menhir, wie es in Baden-Württemberg keinen anderen von vergleichbarer Größe gibt.

Durch seine Lage treffen die Gegensätze zwischen Alt und Neu besonders aufeinander, denn wer vermutet schon einen Kultstein genau zwischen zwei Fußballplätzen? Wo heute die Fußballanlage des FC 08 Tiengen in der Landschaft steht, befand sich früher die Wutach mit mehreren Armen, die eine Art Flußdelta bildeten.

Auf einer Insel zwischen zwei solchen Armen hat er gestanden. Sein Standort selbst ist gleichgeblieben, nur das Umfeld hat sich geändert, etwa durch Eindämmung und Flurbereinigung der Wutach und dem Bau der Schul- und Sportanlagen. Seine kultische Bedeutung als Gebets- und Opferstätte in keltischer Zeit ist nur wenigen Einwohnern bekannt, die Antwort auf die Frage eines Auswärtigen nach dem »Langen Stein« ist meist ein Bericht über die enorme Größe von gut vier Metern Höhe.

Seine Bedeutung als außergewöhnlicher Stein ist bis ins Mittelalter verbrieft. Er diente als Landmarke, und vor ihm tagten die Hohen des Gerichts. Wie viele Todesurteile hat er wohl im Lauf der Zeit miterlebt?

Heute steht der Stein gleich neben einem Fußballtor. Alles dreht sich hier ums runde Leder, nicht mehr um ihn. Doch immer noch bringt er die Leute allein durch sein Erscheinungsbild zum Staunen, auch wenn man seine Geschichte nicht kennt.

Von Blumberg aus kommend fährt man das Wutachtal bis nach Tiengen hinunter. In der Mitte des Ortes befindet sich eine größere Ampelanlage. Danach folgen wir der Ausschilderung »Sportanlagen«. Als nächstes kommt nun das Schulzentrum. Wieder begegnet uns ein Schild »Sportanlagen«, doch wir biegen nicht nach rechts ab, sondern fahren geradeaus in Richtung des Schildes »Parkplatz Sportanlagen«. Hier stellen wir das Auto schließlich ab.

Menhir von Tiengen – »Kultstein« zwischen zwei Fußballplätzen

Nun sind es nur wenige Meter zum Ufer der Wutach. Schauen wir von dort nach links, fällt uns schon die große Holzbrücke auf, die über sie führt. Nun über die Brücke und dann nach rechts. Nach wenigen Metern sieht man schon den Fußballhartplatz und den Steinkoloß auf der gegenüberliegenden Seite des Spielfeldes neben dem linken Torpfosten stehen.

Der Blindestein am Rohrhardsberg im Schwarzwald

Schwarzwald -Baar-Kreis

Es war eine kleine »Odyssee«, diese keltische Opferschale auf dem Blindestein zu finden. Er hat uns dann aber so beeindruckt, daß wir Ihnen die

Geschichte um seine Suche erzählen wollen, um Ihnen Lust auf diese Wanderung zu machen.

Zeitig, an einem strahlenden Augustmorgen, machten wir uns auf den Weg in den mittleren Schwarzwald, in der sicheren Annahme, daß wir den Schalenstein problemlos finden und die Qualität des Platzes in Ruhe feststellen können. Der Tag versprach sehr heiß zu werden. Seit fast drei Wochen hatte es keinen Tropfen mehr geregnet, und die Schwarzwaldbäche führten auffallend weniger Wasser als sonst.

Der »Ochsenhof«, ein hochgelegener, sehr alter Hof am Rohrhardsberg war zunächst unser Ziel. Zur Sicherheit, um nicht falsch zu gehen, erkundigten wir uns noch einmal nach dem Weg zum Blindestein. Freundlich lud uns der Hofbesitzer in die gute Stube, wo wir den Anblick der alten Balken, der Täfelung und aus den Fenstern die Weite des Schwarzwaldes genossen. Vor dem Haus sprudelte ein Brunnen, der uns mit seinem reinen, klaren Wasser herrlich erfrischte.

Höchster Punkt des Blindesteins, auf dem sich die Opferschale befindet.

Mit einer wie wir glaubten präzisen Wegbeschreibung ausgestattet, traten wir entdeckerfreudig den Weg in den Wald an und freuten uns schon auf den Augenblick, in dem sein dichtes Grün den Stein preisgeben würde.

Anlaß zur ersten Meinungsverschiedenheit, der im Verlauf der nächsten Stunden noch viele folgen sollten, gab eine Weggabelung, von der aus drei Wege in den Wald hineinführten. Den mittleren Weg beschritten wir zunächst ein Stück weit, kehrten aber wieder unschlüssig um, da er abwärts führte und uns dies nicht sinnvoll erschien. Welcher von den dreien war wohl der richtige Pfad, der zum Blindestein führte? Wir erprobten die anderen Wege, doch auch diese wollten nicht so recht auf die Wegbeschreibung passen. Niemand weit und breit, den wir nochmals fragen konnten!

Weit über eine Stunde war vergangen, als wir unerwartet und mitten im Wald lautes Motorengeräusch hörten. Endlich jemand, den wir fragen konnten, dachten wir erleichtert. Ein Fahrzeug des Karlsruher Vermessungsamtes tauchte auf dem stark ausgewaschenen, holperigen Weg auf und blieb prompt zwischen sperrigen Wurzeln stecken. Die Reifen drehten durch, daß es rauchte. Der Motor heulte auf. Wir eilten herbei und halfen mit, das Fahrzeug zu schieben, bis es wieder festen Grund fand.

Auf die Frage nach dem Standort des Blindesteins luden uns die Landvermesser zum Mitfahren ein. Sie hätten in diesem Gebiet zu tun, hieß es, und die interessante Felsengruppe im Wald sei ihnen natürlich bekannt. Gerne stiegen wir zu und ließen uns ein ganzes Stück über Landwirtschafts- und Forstwege chauffieren. Am »Eckle« angekommen, entließ man uns an einer Stelle, von der aus der Weg zum Blindestein führen würde.

In Hülle und Fülle bot uns nun der Wald seine grünen Schätze an. Boden, Wasser, Licht und Luft hatten hier einen grünen Teppich aus Moosen, Flechten und Farnen geschaffen. Langstielige Blütenpflanzen ragten überall empor: der geschützte rote Fingerhut (Digitalis purpurea).

Als dann vor uns die ersten größeren Felsen auftauchten, fieberte in uns der Wunschtraum, sogleich auf dem mächtigsten zu stehen. Dieser, mit seinem Anflug von Grün, konnte nur der Blindestein sein, so schroff und fremdweltig, wie er aufragte! Um ihn herum türmten sich Steine in allen Größen und Formen, von Zeiten, Wind und Wasser glatt geschliffen, uralt. Hier, zwischen bizarr geformten Baumstämmen, die der Gewalt der Steine ihre eigene Kraft entgegengesetzt hatten, würden wir sie finden, die Schale! Und während wir von Stein zu Stein höher kletterten, zogen vor unserem geistigen Auge Phantasiebilder von unseren keltischen Vorfahren vorüber.

Doch wie groß war die Enttäuschung, als wir, auf dem höchsten Punkt des Felsens angekommen, nicht die geringste Spur einer schalenähnlichen Vertiefung entdecken konnten.

Ein weiteres Mal wurde die Beschreibung aus der Tasche gezogen und vorgelesen. Sie paßte auf den Platz, auf das Gefels, nur nicht auf den Umstand, daß der Schalenstein fehlte. Ganz oben auf dem Gipfel sollte dieser liegen. Konnte es sein, daß der Stein fortgeschafft worden war? Gestohlen? Nein, bei dieser Vorstellung mußten wir dann erst einmal über uns selbst lachen und kehrten auf den Boden der Tatsachen zurück. Wir befanden uns auf dem falschen Gipfel, dem falschen Fels! Da waren ja noch so viele andere Felsen, die es nun zu erklettern und abzusuchen galt.

Und so stiegen wir wieder hinunter, schauten umher, kletterten kreuz und quer und lasen uns gegenseitig immer wieder die Beschreibung vor, um festzustellen, daß wir doch an der richtigen Stelle gewesen sein mußten. War es möglich, daß wir den Schalenstein tatsächlich übersehen hatten? Konnte es sein, daß die Schale im Moos versunken war?

Ein zweites Mal stiegen wir hinauf, suchten auf Knien unter jedem Strauch, tasteten moosige Stellen nach Vertiefungen ab. Alles blieb aber beim alten, nur daß die Sonne höher stieg und die rasch zunehmende Tageswärme sogar im Wald zu spüren war. Ziellos forschten wir weiter, einfach so, ohne klare Vorstellung, wie ein Wanderer, der sich ohne Kompaß im Nebel verirrt hat. Endlich beschlossen wir, zum »Eckle« zurückzukehren. Noch einmal wollten wir den Weg, Schritt für Schritt, exakt nach der Beschreibung, nachvollziehen. Das fotokopierte Papier, das uns zu narren schien und dennoch unser einziger Anhaltspunkt war, war vom vielen Auseinanderfalten schon brüchig und die Schrift blaß und unleserlich geworden.

Wiederum schien das Ziel zum Greifen nahe. Wiederum blieb der Erfolg aus. Es war zum Verzweifeln und offensichtlich sinnlos, weiter nach dem Schalenstein zu forschen. Sollten wir nicht doch besser die Suche aufgeben?

Über fünf Stunden waren wir nun schon umsonst unterwegs. Entmutigt, müde und mit etlichen Schrammen und blauen Flecken an Armen und Beinen ließen wir uns auf schattigem Moos nieder und packten unser Vesper aus. Zu trinken hatten wir nichts mehr. Da lag der Gedanke an den »Ochsenhof-Brunnen« nahe und mit ihm kam die Erleuchtung. Hatte der Ochsenhofbauer nicht auch von einer Gruppe Felsen im Wald oberhalb seines Hofes gesprochen? »Geistfelsen« hatte er sie genannt. War es möglich, daß die Landvermesser diese Geistfelsen mit dem Blindestein verwechselt hatten? – Wie Schuppen fiel es uns von Augen. Augenblicklich sprangen wir hoch, packten unsere Sachen zusammen, und machten uns auf den Weg zurück zum Auto.

Über dieselben für uns verbotenen Forstwege, wie sie die Vermesser gefahren waren, erreichten wir ein weiteres Mal das »Eckle«. Und jetzt, kurz nach ein Uhr, sahen wir auch schon das Schildchen mit der blauen Raute des »SV«, nach der wir bisher vergeblich gesucht hatten. Keine zehn Minuten mehr waren wir also vom Blindestein entfernt. Voller Ungeduld und Spannung verließen wir den Wagen. Da passierte es! Gleichzeitig hatten wir die Türen ins Schloß geworfen und dabei die Verriegelung betätigt. Der Zündschlüssel aber steckte noch, und zu alledem war auch die Kameratasche mit Ausrüstung und dem Reserveschlüssel im Kofferraum eingeschlossen.

Völlig perplex und mit einem flauen Gefühl im Magen starrten wir auf das Auto. Alle seine vier Türen waren verschlossen, und es gab auch keinen Zugang zum Werkzeugkasten. Nicht nur auf unsere Dummheit schimpften wir, sondern auch auf die alten Kelten, obwohl sie nichts für unsere mißliche Lage konnten. Die große Hitze und der Durst taten ein übriges, um unsere Begeisterung für den nahen Blindestein zu dämpfen. Schalenstein hin, Schalenstein her, ein Autoschlüssel wäre uns jetzt lieber gewesen! Da standen wir wie Hänsel und Gretel mitten im Wald!

So sehr wir uns auch die Augen aus dem Kopf schauten, wir fanden nicht den geringsten werkzeugähnlichen Gegenstand, mit dem wir uns an einem Fenster hätten zu schaffen machen können. Ringsum nur Holz und

Steine. Schweren Herzens entschlossen wir uns, ein hinteres Seitenfenster mit einem Stein einzuschlagen. Beim zweiten Versuch, nachdem wir einen faustgroßen Stein gegen einen brotlaibähnlichen eingetauscht hatten, krachte die Scheibe mitsamt dem »Tatwaffe« ins Wageninnere. Ein Splitterregen ergoß sich. Sitze und Boden waren überzogen von winzigen Scherben, die es nun aufzusammeln galt. Die leere Kameratasche fungierte als Behältnis. Natürlich blieb es nicht aus, daß wir uns die Finger zerschnitten.

Jetzt nahte die letzte Etappe. Zehn Schritte nach der Wegmarkierung mit der blauen Raute führte uns der Weg in den Wald hinauf zu einer etwa zehn Meter hohen Felsengruppe: der Blindestein. Wir waren am Ziel. Unter einem grünen Behang aus Fichten und Ebereschen, die aus dem nackten Stein zu wachsen schienen, fieberten wir dem Augenblick entgegen, in dem einer von uns den Schrei ausstoßen würde: »Gefunden!« Eine schwache, schalenähnliche Mulde auf einem der Felsen enttäuschte uns jedoch auf ein Neues, und wir fragten uns: »Ist dies alles? Haben wir hierfür sieben Stunden Zeit und ein Autofenster geopfert?« Die Antwort hieß: »Nur nicht so schnell aufgeben! Los! Weitersuchen!«

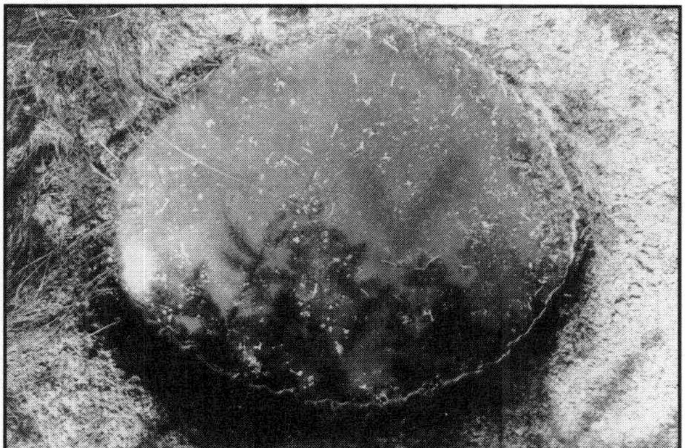

Die Opferschale auf dem Blindestein am Rohrhardsberg bei Schonach

Und da ertönte auch schon der Ruf: »Ich habe sie gefunden! Hier! Hierher!« – Auf der waagrechten Fläche eines zuoberst liegenden Steines, dem höchsten Punkt der Felsengruppe, fanden wir die Schale! Die Mühe hatte sich gelohnt. Ein großes, schwer zu beschreibendes Glücksgefühl stieg in uns auf. Es war, als flüstere eine Stimme: »Nur wer sich redlich bemüht, hat Anteil am Geheimnis dieses Platzes. Komme immer, wenn es Dir schlecht ergeht und wenn Du aufgeben willst!«

Wie groß war unser Erstaunen, nicht nur über die nahezu geometrisch runde Vertiefung von etwa 30 Zentimetern Durchmesser und 15 Zentimetern Tiefe im harten Gestein, sondern über das Wasser, das in ihr stand, und in dem sich der Himmel spiegelte. Wie war es möglich, daß an dieser Stelle, nach Wochen extremer Trockenheit und Hitze, das Wasser nicht verdunstet war? Noch dazu, wo der Schalenstein der Mittagssonne ausgesetzt war? Dies ist übrigens ein Phänomen, das sich auch bei anderen Opferschalen, so sie nicht einer Bearbeitung durch Menschen späterer Jahrhunderte ausgesetzt waren, wiederholt.

Gestärkt an Leib und Seele, obwohl wir an diesem Tage kaum etwas gegessen und getrunken hatten, kehrten wir zum Auto zurück. Die kaputte Scheibe, die uns unter anderen Umständen sicher beschäftigt hätte, sie war nicht mehr wichtig. Wichtig war allein, daß wir die Schale gesehen hatten. Zuversicht und körperliche Leichtigkeit wirkten noch lange nach und verebbten erst nach Tagen. Schon der Gedanke an diesen Platz erzeugt in uns auch heute noch ein Glücksgefühl.

Berechtigterweise wird wohl der Leser nach den näheren Zusammenhängen fragen. Die Antworten geben die Grenzwissenschaften Radiästhesie und Geobiologie. Umfangreiche Versuchsreihen haben erwiesen, daß Steine ein Kraftfeld besitzen. Sie sind eine Art »Gedächtnis der Natur«. Man spricht von einer »Polarität der Steine«, wobei der Rutenausschlag nach »rechts« als positiv und der nach »links« als negativ definiert wird. Meßergebnisse werden in Polarkoordinaten beschrieben, das sind bestimmte Linien, die den Reaktionsabstand in Abhängigkeit von der Winkelstellung des Steines darstellen.

Versuche ergaben, daß Steine unter dem Einfluß kosmischer Strahlen, wie sie als Bündel unter dem Modell einer hölzernen Modell-Cheopspyramide auftreten, eine Vergrößerung des von ihnen ausgehenden Kraftfeldes erfahren. Bei einer wissenschaftlichen Untersuchung eines zu einer Pyramide geschliffenen Quarzes zeigte es sich, daß auf neutralem Feld die beiden Polachsen genau durch die Diagonalen der quadratischen Grundfläche der Pyramide verlaufen. Beim Verlagern der Quarzpyramide auf ein Energiezentrum verlaufen dann in Richtung der einen Polachse die Maximalpunkte des Kraftfeldes. Die Pyramide als Hohlkörper ergibt die größten Reaktionsabstände. Die Lage der Grabkammer innerhalb der antiken Cheopspyramide auf einem Drittel der Gesamthöhe läßt darauf schließen, daß die alten Ägypter um das Geheimnis dieser Pyramidenkraft wußten. Waren die antiken Pyramiden vielleicht mehr als nur Grabstätten der Pharaonen? Waren sie eine Art Kraftwerk, deren Energie für kultische Zwecke genutzt wurde?

Zurück jedoch zu »unseren« Steinen: Sie wirken als Verstärker der in der Natur überall anzutreffenden Energiezentren, ganz gleich ob sie nun kosmischen oder tellurischen Ursprungs sind.(Tellur: lat. »tellus« = Erde / Verwandtschaft mit dem Element »Selen«). Nicht nur der Mensch der Vorzeit hat dieses Strahlungsmilieu bewußt erlebt, auch in der Antike bis hin zur Barockzeit wußte man um Orte, an denen eine hochpotenzierte Energie vorhanden war.

Rudolf Steiner, der Begründer der Geisteswissenschaft »Anthroposophie«, bezeichnet die Erde als ein Wesen, aus dessen Tiefe nicht überall das Gleiche zu seinen Bewohnern hinaufstrahlt. Neben elektrischen und magnetisch-physikalischen Kräften gibt es nach Steiner Reaktionszonen, in denen sich »übersinnliche«, ätherische Kräfte offenbaren. Dort, wo nach Steiner diese lebensfördernden Kräfte des Ätherischen vorherrschen, kann der Mensch höhere geistige Wirklichkeiten kontaktieren. Tellurische Ströme, d. h. Erdströme wirken geistig auf den Menschen. Seit Menschengedenken nehmen diese Erdwirkungen einen besonderen Platz ein.

Die Wallfahrt entstammt der vorchristlichen Zeit. Prähistorische Kultanlagen und alle geschichtlich datierten sakralen Bauten befinden sich ausnahmslos an Orten, die hochgradige Energie aufweisen, meist dienen unterirdische Wasserschleifen als Verstärker. Die Häufung keltischer Opferplätze über solchen Mäandern, insbesondere im süddeutschen Raum, ist offensichtlich. Verstärkt wird dabei die Strahlung durch unterirdisch ringförmige, nach Süden offene Einbauten von ferromagnetischem Material. Diese wirken als selbständige Schwingkreise. Sie haben großen Einfluß auf die hochfrequente Bodenausstrahlung und ermöglichen die Messung einer oberirdisch nicht sichtbaren Kultstätte. Mit technischen Meßfühlern lassen sich heute die unterirdischen Zustände feststellen, sie eröffnen den Weg zu wissenschaftlich archäologischer Auswertung.

Solche Energiewirbel oder -quellen gibt es auf der ganzen Welt. In Amerika nennt man sie »Vortexe«. Hier können tiefgreifende persönliche Erfahrungen gemacht werden. Ihre positive Anregung fördert die inneren Harmonien, und es können Antworten auf komplizierte Lebensprobleme erfahren werden. Indem wir unser innerstes Wesen den Naturelementen öffnen, sie erfahren und fühlen, geben wir die in uns aufgestauten, schädlichen Kräfte zur Umwandlung an das Universum zurück.

Begriffe wie »Umkehr« oder »jemanden zur Umkehr bewegen« sind eng verwandt mit dieser energetischen Wandlung. Umkehren wohin? Umkehren, zurück zum Ursprung, zu Stein und Quelle, zu dem Platz, von dem aus der Weg durch einen höheren Instinkt wieder überschaubar und eine klare Sicht der Dinge ermöglicht wird. Um solch einen Platz zu finden, muß man Anstrengungen unternehmen und womöglich etwas opfern.

Wir haben uns am Blindestein sehr wohlgefühlt. Hier erfuhren wir Kräfte, die auch das Rad unseres Lebens drehen, und die ein Wiederverbinden mit dem Geist, der in allem ist, im eigentlichen Sinne der »religio« (von lat. »re-ligare«: wiederverbinden), stattfinden ließen.

Ⓦ Beliebig nach Schonach. Von Schonach aus zur Wilhelmshöhe hinauf und das Prechtal in Richtung Elzach hinunter. Etwa 3 km nach der Wilhelmshöhe bei der Straßenserpentine am Mühlebühl folgen wir dem Schild »Skilift Rohrhardsberg«, an dem wir links abbiegen. Parkmöglichkeit bei der Skiliftanlage.

Nun machen wir uns auf in Richtung Blindestein. Ein Asphaltweg mit dem Sperrschild »Anlieger frei« führt uns an der Skipiste vorbei. An diesen Weg halten wir uns bis zum Ochsenhof. Dort befindet sich eine Bushaltestelle. Den Ochsenhof lassen wir links liegen. Hier teilt sich der Asphaltweg, und wir schlagen links ein. Jetzt geht es in Rich-

tung des blau gerandeten Schildes »Gasthaus Schwedenschanze«. Kurze Zeit später teilt sich der Weg erneut. Diesmal wird der rechte Weg, der zum Waldrand führt, beschritten.
Am Waldrand stoßen wir auf ein braunes Schild »Schonach«. Von hier aus sehen wir drei Wege, die alle in den Wald hineinführen. Wir halten uns an den mittleren und gehen rechts vorbei an dem grün-weißen Sperrschild. Nun immer in Richtung des Schildes »Gschasikopf – Oberprechtal 10 km / Siebenfelsen – Jach – Elzach 8 km«.
Nun halten wir uns stets auf diesem Weg, bis nach ca. 20 Min. eine Wegkreuzung erreicht wird. Geradeaus geht es weiter bis zum Schild »Am Eckle 1020 m.ü. d. M«. Etwa 10 Schritte hinter dem Schild fällt an einem Baum die Markierung mit der blauen Raute des SV ins Auge. Dort führt zu unserer Linken ein nur schwach ausgeprägter Pfad steil aufwärts in den Wald.
Dieser Pfad wird benutzt, und nach ca. 5 Min. müßten wir am Blindestein, einer ca. 10 Meter hohen Felsengruppe auf der bewaldeten Anhöhe, angekommen sein. Am besten geht man um den Blindestein herum und versucht von der Hinterseite aus den Felsen zu besteigen. Am höchsten Punkt des Felsens, unter einer Tanne versteckt, liegt die geheimnisumwitterte Vertiefung, die uns ganz besonders zur Mittagszeit bei schönem Wetter – die Sonne spiegelt sich im Wasser – in ihren Bann zieht.
Rückweg: Zurück in Richtung »Am Eckle 1020 m.ü. d. M«. Mit Blickrichtung zur Kreuzung nehmen wir den linken Weg. Nach ca. 50 m führt ein undeutlicher Weg rechts in den Wald hinein. Dieser wird bis zu seinem Ende mit dem bereits bekannten Schild »Schonach« begangen. Unterwegs türmen sich beeindruckende Gesteinsmassen neben uns auf, die unsere Aufmerksamkeit verdienen: die Geistfelsen. Vom »Schonach«-Schild aus schlagen wir wieder den Weg zum Ochsenhof und zurück zur Skiliftanlage ein. Wanderzeit ca. 3-4 Stunden.

ZEUGEN KELTISCHER KULTUR: KELTENWÄLLE UND VIERECKSCHANZEN

Keltisches Oppidum: Der Altenburger Keltenwall im Klettgau

Altenburger Keltenwall – Schutzwall eines ehemaligen Oppidums

Ihren Ursprung haben die Kelten in der späten Bronzezeit um etwa 1200 v. Chr. Von den frühen griechischen Geographen als »Keltoi« bezeichnet, gehörten bereits um 1000 v. Chr. West- und Süddeutschland zum Stammgebiet der Kelten, das sich über Ostfrankreich und bis zur Tschechoslowakei hin erstreckte. Im Laufe von Jahrhunderten zogen keltische Stämme von diesem Kerngebiet aus bis nach Italien, Griechenland und Kleinasien. Der Brief des Apostels Paulus im Neuen Testament an die Galater richtet sich an niemand anderen als jene ausgewanderten gallischen bzw. keltischen Söldner und Kriegsverbündeten, die von Paulus zum »rechten Christenglauben« und zum »Evangelium« geführt worden sind. Noch heute heißt eine Landschaft nach ihnen »Galatien«. (»Gallien« ist der römische Name Frankreichs.) Andere Stämme siedelten an der französischen Mittelmeerküste und fanden den Weg bis nach England und Irland.

Spuren einer bedeutenden Zivilisation, die in Fürstengräbern und Großgrabanlagen einzigartige Kunstwerke hinterlassen hat, tauchen aus dem

Dunkel der Geschichte auch in Südwestdeutschland auf. Ab Mitte des 2. Jahrhunderts v. Chr. entstanden in Baden-Württemberg größere keltische Siedlungen, von denen heute noch im Klettgau in der Nähe von Schaffhausen am Rhein ein 750 Meter langer Wall zu sehen ist. Am westlichen Rheinufer, an einer aus der Schweiz kommenden und zum Hegau verlaufenden alten Handelsstraße, entstand hier ein sogenanntes keltisches »Oppidum«, das von 120 bis 15 v. Chr. besiedelt war. Funden nach, wie zum Beispiel Ölamphoren und Keramik aus den Mittelmeerländern, muß der Ort ein bedeutendes Handelszentrum gewesen sein. Die lateinische Bezeichnung »Oppidum« bzw. »Oppida« (Plural) entstammt Julius Caesars Beschreibung gallischer Städte und bedeutet grundsätzlich einen befestigten Platz.

Am östlichen Ortsrand der Gemeinde Altenburg, nur wenige Meter nach den letzten Häusern, erhebt sich der Wall »Schanz«, der die Halbinsel nach Norden hin vollständig abriegelte und auf den sich der Ortsname beziehen dürfte. Zunächst begegnen wir einem von hohen Wacholderbüschen flankierten Feldkreuz, bezeichnend für den Versuch, eine ehemals heidnische Stätte zu christianisieren.

Restaurierter Wallkern

Nur wenige Schritte entfernt öffnet sich uns der vorgeschichtliche Wall ein Stück weit und offenbart sein teilweise rekonstruiertes Innenleben, ein hölzerner Verbund von insgesamt etwa siebzigtausend Meter Balken, meist in der Form von Rundholz, wozu rund 7000 Bäume gefällt werden mußten. Auf drei zuunterst liegenden Reihen von Längsbalken mit jeweils einem Abstand von ca. zwei Metern wurden vier Meter lange Querbalken im seitlichen Abstand von einem Meter mit langen, eisernen Nägeln befestigt. Eine Mauerstärke von ca. vier Metern war damit möglich. Nach oben setzte sich dieses Gitterwerk in der Regel bis zu fünf Metern Höhe fort. Aufgefüllt wurde die hölzerne dreietagige Konstruktion mit Geröll. Ihre Frontseite begrenzte eine Setzmauer aus Bruchsteinen und die Rückseite bildete eine schräg ansteigende Rampe aus Erde. Auf dem Grat des Walles befand sich ein Wehrgang. Bemerkenswert ist auch das Gewicht der etwa 30 Zentimeter langen und 1,5 Zentimeter starken und 300 bis 400 Gramm schweren Nägel: Ein Kilometer Wall erforderte 3000 Nägel mit einem Gesamtgewicht von etwa einer Tonne.

Mit der Lebensweise der Kelten, ihrem Aussehen und mit ihren kultischen und weltlichen Gebräuchen haben sich bereits die antiken Geschichtsschreiber befaßt. Als kühn im Kampf und von barbarischer Wildheit werden die keltischen Krieger beschrieben. Bei Diodor heißt es: »Ihr Aussehen ist furchterregend, der Ton ihrer Stimme tief und äußerst rauh. Im Gespräch drücken sie sich kurz und rätselhaft aus und deuten manches nur an. Sie erlauben sich viele Übertreibungen, um sich selbst zu erheben und andere herabzusetzen. Auch sprechen sie gerne in einem drohenden, stolzen, feierlichen Ton. Sie haben eine scharfe Urteilskraft und zum Lernen fehlt es ihnen nicht an Begabung ... Bei Tisch geraten sie häufig über Kleinigkeiten in Streit und fordern einander zum Zweikampf heraus«, fährt Diodor fort. »Denn das Ende des Lebens achten sie für nichts.«

Mit Mut und Todesverachtung kämpften junge, zu Männerbünden geordnete Krieger. Gefürchtet waren besonders jene Keltenscharen, die im Auftrag eines »heiligen Frühlings« auszogen, um ihre Heimat nie wiederzusehen. Ein heiliger Frühling war ein kultisches Ereignis, das die Bevölkerungszunahme verhindern und sozialpolitische Erleichterung schaffen sollte. Alle Knaben, die in der Zeit eines heiligen Frühlings zur Welt kamen, wurden darauf vorbereitet, nach 17 bis 20 Jahren ruhmvoll im Kampf zu fallen. Darunter waren Blutsbrüdergruppen, die sich mit Eisenketten zusammengeschlossen opferten und dabei dem Feind hohe Verluste zufügten. Die frühkeltischen Krieger kämpften nackt, ihre Nacktheit war von religiös-magischer Bedeutung, und auch die Galater der pergamesischen Bildhauer sind noch ganz nackt. Erst spätgallische Statuenfunde stellen vollgepanzerte Krieger dar. Fest steht jedenfalls, daß zum kultischen Kriegsbrauchtum der Kelten die Kopfjagd gehörte. In den Aufzeichnungen von Strabon, nach Poseidonios, heißt es:

»Zu ihrer Torheit gehört auch der barbarische und fremdartige Brauch, der meist den nördlichen Völkern eigen ist, daß sie, aus der Schlacht zurückkehrend, die Köpfe der getöteten Feinde über den Hals ihrer Pferde hängen, mit sich nehmen und vor der Haustüre annageln ...«

Von Diodor erfahren wir: »... die blutige Rüstung geben sie ihren Dienern und lassen sie unter Jubelgeschrei und Siegesliedern zur Schau tragen.«

Wie die Schnitter zogen die keltischen Helden in den Kampf, um Köpfe zu ernten, und auch auf ihren Streitwagen führten sie Kopftrophäen mit. Nur so erklären sich die vielen einzelnen Schädelfunde in La Tene am Neuenburger See in der Schweiz. Durch eine Unwetterkatastrophe muß ein ganzer Kriegstransport in den Fluß gespült worden sein.

Nicht nur die antiken Griechen, sondern auch inselkeltische Mythologie und Archäologie bestätigen den sogenannten Kopfkult, dessen Wurzeln bis in die Steinzeit reichen. Wie schon die frühen Völker sahen die Kelten im Kopf den Sitz aller Lebenskräfte. Er war Sitz der unsterblichen Seele, Verbindung zum Übersinnlichen und damit zur »Anderswelt«. Der vom Körper getrennte Kopf eines Gefallenen stand dem keltischen Besieger als Schutz zur Verfügung. Der sterbende König Balor, eine irische Sagengestalt mit dem verderbenbringenden Zyklopenauge mitten auf der Stirn, empfiehlt seinem Besieger Lug, sich zur Steigerung der Eigenkräfte Balors abgeschlagenes Haupt auf das seinige zu setzen. Lug mißtraut diesem Rat und setzt Balors Haupt auf eine Steinsäule; aus dem abgetrennten Kopf dringt Gift, das den Stein in vier Teile zersprengt.

Die Köpfe ihrer verstorbenen Vornehmen balsamierten die Kelten mit Zedernöl ein. Über Generationen hinweg bewahrte man diese als kostbarsten Schatz in Kästchen auf, der nicht einmal mit Gold aufzuwiegen war. Der menschliche Schädel, um 180 Grad gedreht, ergibt einen Behälter. Und damit haben wir den Kessel als Symbol für das Unsterbliche und die Verbindung zum christlichen Gral. Sogar in Vorratsgruben wurden zuunterst Köpfe gefunden, die vermutlich die Fruchtbarkeit des Saatgutes bewirken sollten. An Kultstätten und Heiligtümern fanden sich Köpfe als Weihegeschenke für die Götter, sogenannte Votivgaben, ebenso in Quellen, Mooren und Schächten. Auf letztere werden wir später zurückkommen. Auch Funde von kopflosen Skeletten und Gräber mit überzähligen Schädeln sind Zeugen des Kopfkultes.

In der Zurschaustellung von Köpfen in Tempelnischen und Säulenhallen sahen die Kelten eine Kraftreserve. So erklärt sich auch der Brauch, Menschenköpfe über der Haustür anzubringen. Der auf den Steinpfeiler gesetzte Kopf hat sich bis in die heutigen Tage in der Steinmetzkunst fortgesetzt und ist – wohlgemerkt – in den Kapitellen der christlichen Kirchen vertreten (lat. capitellum: Köpfchen, oberer Abschluß einer Säule).

Beschrieben wurde immer wieder der Goldreichtum der Kelten. Der goldene Halsring, der sogenannte »Torque« (Sammelname für feste Halsringe) war bei den Vornehmen von großer Bedeutung und gleichzeitig religiöses und weltliches Symbol der Macht. Dem römischen Kaiser Augustus boten sie solch einen Halsreifen an, der etwa 50 Kilogramm gewogen haben soll. Gefunden wurde in der Tat 1928 ein riesiger Silberreifen bei Trichtingen in der Nähe von Rottweil. Getragen werden konnte dieses Prunkstück nicht, es war ein Weihe- oder Ehrengeschenk oder auch Rangabzeichen. Das keltische Kunstschaffen widmete sich jedoch nicht nur Schmuck und kostbar gestalteten Gebrauchsgegenständen, sondern gleichermaßen der Poesie und der Musik. Für Lieder und Gesänge waren die »Barden« zuständig, die eine eigene Berufsgruppe darstellten und Kriegs- und Raubzüge begleiteten.

Die wichtigsten Persönlichkeiten neben den keltischen Fürsten waren jedoch die »Druiden«, die großen Anteil an der Regierungsmacht hatten. Sie gehörten einer Priesterkaste an, die alles Wissen und alle Geheimnisse um kultische Gebräuche bewahrte. Ihr Wissen schrieben sie nie auf, sondern gaben es mündlich und in Versform von Generation zu Generation weiter. Antike Autoren bezeichnen die Druiden auch als Philosophen. Das Studium in der Druidenschule soll bis zu 20 Jahren gedauert haben.

Viele Funde bestätigen die großen Leistungen der Kelten auf wirtschaftlichem Gebiet, deren Grundlage der Ackerbau war. Getreide und Obst gab es im Überfluß. (Die Kirsche brachten übrigens die Römer mit, und somit verdanken wir ihnen bis zum heutigen Tage das berühmte »Schwarzwälder Kirschwasser«). Auch das Pflugmesser, das sogenannte »Sech«, ist eine keltische Erfindung. Zusammen mit dem Räderpflug hatten die Kelten damit eine den südlichen Kulturen weit überlegene Pflugmaschine. Im französischen Wort »Charue« für Pflug steckt noch heute das keltische »carruaca«.

Genau so vielfältig und ausgereift war der keltische Wagenbau und ein weit ausgedehntes Straßennetz mit zahlreichen Rasthäusern und Umspannplätzen, das den Kelten regen und weitreichenden Handel erlaubte. Nachgewiesen ist, daß die Römer nach der Eroberung des keltischen Siedlungsraumes ihre Straßen vielfach auf altkeltischen Verbindungswegen anlegten.

Begeben wir uns nun auf einen dieser alten Pfade, der schon vor 4000 Jahren von der Donau nach dem Schwarzwald führte. Teilweise bildete er die Landesgrenze zwischen Württemberg und Baden. In der Nähe von Tuningen auf der Baar verlassen wir dieses alte »Römersträßle« und machen uns auf die Suche nach einer keltischen Viereckschanze.

In Südwestdeutschland gehörte zu den vier großen keltischen Städten neben Altenburg das östlich von Freiburg im Breisgau bei Kirchzarten-Burg liegende Oppidum Tarodunum, eine 6 km lange, ein Gebiet von 190 Hektar umschließende Befestigung mit teilweise bis zu 15 m hohen, offenbar künstlich angeböschten Rändern über den Wiesengründen der

Dreisam-Quellflüsse. Ein sprachgeschichtlicher Zusammenhang mit den Ortsnamen Zarten und Kirchzarten offenbart eine St. Galler Urkunde von 765, die von »Zarduna« und von »marcha Zardunensis« spricht. Kleinere Oppida aus dem 5. Jahrhundert v. Chr. wurden auf dem Münsterberg von Breisach im Breisgau und auf dem Limberg bei Obersasbach im nordwestlichen Vorgelände des Kaiserstuhls erkannt. Das Oppidum Burgstall bei Finsterlohr-Creglingen im Main-Tauber-Kreis mit einem typischen »Zangentor« mit einer 31 m langen Torgasse wurde wohl eher im 1. Jahrhundert v. Chr. als Fliehburg benutzt. Mit über 1660 Hektar Fläche stellt das Oppidum »Heidengraben« bei Grabenstetten/Erkenbrechtsweiler auf der Schwäbischen Alb bei Urach die größte Befestigungsanlage ihrer Zeit in Mitteleuropa dar. 1980 wurde eine Zangentoranlage bei Erkenbrechtsweiler durch Grabung freigelegt und restauriert. In diesen zurückgesetzten, nur durch Torwege erreichbaren sackartigen Zugängen konnten die Feinde von beiden Mauerkronen aus leicht angegriffen werden.

DIE KELTISCHE »VIERECKSCHANZE« ODER »NEMETON«

Erst durch die Luftbildarchäologie gelang es, einige Forschungslücken über das Vorkommen der keltischen Viereckschanzen zu schließen. Anlagen, die früher nur dem Zufall ihre Entdeckung verdankten, lassen sich heute aus der Luft erkennen. Es wird vermutet, daß die oberirdisch sichtbaren Schanzen, wie auch andere Bodendenkmäler, nur einen Rest des einstigen Bestandes darstellen. Von der französischen Atlantikküste bis nach Böhmen erstreckt sich ihr Verbreitungsgebiet, und in Süddeutschland häufen sich die Schanzen besonders zwischen dem Rhein im Westen und dem Inn im Osten. In Baden-Württemberg kommen sie massiert östlich und westlich des oberen Neckars vor, ebenso entlang der Donau. Die ältesten Wallanlagen sind vor etwa sechstausend Jahren entstanden, zu einer Zeit, da die Landwirtschaft ihre erste Blüte anstrebte.

Besonders auffallend sind die wenig exponierten Lagen der Schanzen im Gelände. Häufig befinden sie sich an flachen Hängen, auf flachen Kuppen und im flachen Land. Ihre Nähe zu Quellen oder Wasserläufen ist nicht zu übersehen. Seltener finden sich auch Anlagen auf Berghöhen und in engen Tälern.

Beschäftigen wir uns zunächst einmal mit der Form der Schanzen, die in der Regel die Grundform des Quadrats oder eines nur wenig vom Quadrat abweichenden Rechtecks aufweisen. Charakteristisch ist aber nicht etwa ein streng rechteckiger oder quadratischer Grundriß, sondern eher eine Unregelmäßigkeit der Seitenlängen, aus der sich auch Trapeze, Parallelogramme und unregelmäßige Vierecke ergeben. – Diesem Viereck oder Quadrat liegt das gleichschenklige Kreuz zugrunde. Es symbolisiert das himmlische »Sonnenrad« und die irdische Fruchtbarkeit. So ist es ein Zeichen für das bestellte Feld, das die Alten für Jahrtausende in die Landschaft geschrieben haben. Dieses alte Zeichen für Fruchtbarkeit heißt: Das Leben geht weiter. – Bis zum heutigen Tage ist es weitergegangen, und es liegt an uns, ob seine »Urschrift« auch in künftige Generationen hinübergerettet wird.

Kehren wir aber erst einmal wieder zurück, und zwar an die Stelle, an der sich der Zugang bzw. das Tor der Anlage befand. In der Regel läßt sie sich an einem Einschnitt im Wall erkennen. Häufig befinden sich die Tore in der Mitte einer Längsseite und sind nach Osten ausgerichtet. Die obere Breite der Wälle ist unterschiedlich und beträgt zwischen 8 und 25 Metern. Auch waren die eingefriedeten Anlagen oftmals umgeben von einem Graben, den im Torbereich eine Brücke überspannte.

Rekonstruktionen haben ergeben, daß die Torgassen zum Teil bis zu 3 Meter breit und 5 bis 8 Meter tief waren. Derartige Gruben lassen starke Pfosten vermuten, die einst einen hochgezogenen Bau trugen: das Torhaus mit einem Sattel- oder Walmdach, an das sich ein weiterer oder auch mehrere Innenbauten mit unterschiedlichen Grundrissen anschlossen.

Ausgrabungen bestätigen nachhaltig die Annahme, daß die Schanzenanlagen zu kultischen Zwecken genutzt wurden. Sie waren geweihter Bezirk, zu denen hauptsächlich Priester Zutritt hatten. Hier fand ein Austausch zwischen realer und übersinnlicher Welt statt. Der heilige Ort, an dem die Ströme der Erde mannigfaltig und mit einer Art »kosmischem Instinkt« erfahren wurden, ermöglichte ein geistiges Erwachen, das dem erdgebundenen Körper half, seine Schwächen abzulegen. Ein solcher Ort bildete die Mitte zwischen zwei Welten. »Nemeton« nannten die Kelten diese künstlich abgegrenzten Stätten. »Nemed« oder »Nemeton« steht für »hochheilig« oder »Kultstätte«.

Grabungsergebnisse im schwäbischen Ehningen (Landkreis Böblingen) widerlegen die bisherige Annahme eines von Gebäuden nahezu freien Raumes innerhalb der Schanzen. Aus der geringen Größe der Grundrisse ist hier jedoch zu schließen, daß die einstigen Gebäude nicht dem Wohnen gedient haben können.

Auffällig ist auch in Ehningen das Lageverhältnis der drei Gebäude. Die Verbindung ihrer Mittelpunkte bildet ein gleichseitiges Dreieck, und eine Halbierung des im Mittelpunkt eines Gebäudegrundrisses liegenden Winkels zieht durch das gegenüberliegende Tor.

Unter den Keramikfunden aus den Viereckschanzen fallen sogenannte »Briquetagetiegel« auf. Hierbei handelt es sich um dickwandige Formsalzgefäße, in denen das Salz transportiert wurde. Um an den Formsalzblock zu gelangen, mußten die Tiegel zerschlagen werden. Auch Reste von importierten Weinamphoren gehören zu den Funden, die für die Datierung der Schanzen wichtig sind. Am häufigsten vertreten ist die grobe keramische Gebrauchsware. An manchen Gefäßen fanden sich Reste von schwarzem Birkenpech, das vermutlich zum Verschließen und Dichten benutzt wurde. Auch Römisches kam in Viereckschanzen zutage, was auf die Zweckentfremdung der Heiligtümer durch die römischen Invasoren schließen läßt. Man nimmt an, daß die Anlagen von der Mitte der 2. Hälfte des 1. Jahrhunderts v. Chr. an nicht mehr von den Kelten benutzt worden sind.

Eine wesentliche Rolle bei der Deutung der Anlagen spielen Schächte, in denen periodisch Blut- und Fleischopfer dargebracht wurden, wie Lagen von Holzkohle und stark eiweißhaltiges Material enthüllen. Manche solcher »Kultschächte« besaßen eine bemerkenswerte Tiefe von bis zu zwanzig Metern und waren mittels einer Leiter begehbar. Sie stellten die Verbindung zu den Elementen, zur Fruchtbarkeit der Erde und zum Totenreich dar; ganze Bäume wurden in manchen gefunden.

Von besonderer Bedeutung sind die Funde aus einem in den untersten zwei Metern sorgfältig mit Holz verkleideten Schacht in Fellbach-Schmiden im Rems-Murr-Kreis im Gewann Langen (unmittelbar nördlich des Sport- und Freizeitgeländes an der Straße von Schmiden nach Hofen). Hierbei handelt es sich um ein geschnitztes Holzschwert, das vermutlich in den kultischen Bereich gehörte. Hochwertige Zeugnisse keltischer Kunst stellen drei bis zu 87 Zentimeter hohe Tierfiguren aus Eichenholz dar: Zwei Ziegenböcke und ein Hirsch. Die Frage nach der ursprünglichen Verwendung dieser Holzplastiken tut sich auf. Gehörten sie etwa zu einem Brunnenhaus über der Schachtmündung? Standen sie frei oder überdacht?

Auch ein Holzeimer und ein Gerät, passend zu einer hölzernen Schöpfvorrichtung, bestätigen, daß es sich bei dem Schacht um einen Grundwasserbrunnen handelte.

Kultschächte lassen sich auch unabhängig von Viereckschanzen finden, insbesondere im Südosten Englands und in Frankreich. Die Schachtinhalte sind sich mehr oder weniger ähnlich. Neben Tongefäßen, Holz-, Bronze-, Ton- oder Steinstatuetten gehören Geweihe, Tier- und Menschenknochen sowie Schädel dazu.

Was aber hat sich innerhalb dieser Schanzen abgespielt? Wie sah ihre eigentliche Bestimmung aus? Zur Beantwortung dieser Fragen können wir nur auf Symbole und Szenen aus der großartigen keltischen Kunst zurückgreifen: allem voran auf den einzigartigen Kessel von Gundestrup aus vergoldetem Silber, der 1897 beim Torfstechen im Moor bei Ars in Jütland, Dänemark, gefunden wurde und der ein absolut einmaliges Kultdokument darstellt. Die in Treibarbeit ausgeführte Motivik zeigt den keltischen Hirschgott Cernunnos im Buddhasitz. Ein Hirschgeweih charakterisiert ihn, und er ist der Gott, in dessen Hörner sich die Wachstumskräfte zu erkennen geben. In der einen Hand hält er einen Ring, in der anderen den Kopf einer Schlange, und andere Götter und Göttinnen tragen alle den »Torque«, den keltischen Halsreif.

Cernunnos galt als Gott des Reichtums, aber auch als Gott der Unterwelt oder Anderswelt, der die im Tode gefangenen Lebenskräfte wieder freigibt und mit Hilfe der Muttergöttin Pflanzen, Tiere und Menschen wieder Gestalt annehmen läßt. Somit spielt der Hirsch in der keltischen Mythologie eine ganz besondere Rolle. Er sichert dem Toten den Weg in die jenseitige Welt und wieder zurück. Die reich verzierten Platten des Prunk-Kultgefäßes weisen Symbole und Szenen aus der keltischen Religion auf. Bemerkenswert ist auch die Darstellung des Delphins auf dem Kessel: Ein Mensch reitet auf diesem Meerestier. Als Retter der menschlichen Seele und Wegbegleiter ins Jenseits spielte der Delphin auch bei den Kelten eine Rolle.

Eine der Reliefplatten des Kessels (Nationalmuseum Kopenhagen) zeigt den Aufbruch eines von Teutates aufgestellten Heeres. Teutates galt als einer der keltischen Hauptgötter bzw. Stammgötter in Gallien. Mit dem Heer will er der Muttergöttin und dem Gott Esus, die von dem keltischen Himmelsgott Taranis verfolgt werden, zu Hilfe kommen. Der mythologische Hintergrund ist in einem keltischen Jahresfest zu Ehren der Muttergöttin und des Esus zu suchen, bei dem Kriegszüge veranstaltet, eine Art Maibaum umhergetragen und Menschen geopfert wurden. Diese Riten sind Inhalt des Reliefs: Links ertränkt ein übergroßer Druide einen kleinen Menschen in einem Wasserfaß.

Im oberen Teil der Szene bilden vier Reiter, angeführt von einer Schlange, die Spitze des Zuges. Ihre Helme symbolisieren verschiedene Gottheiten. Im unteren Teil der Darstellung tragen Soldaten den »Maibaum« auf ihren Lanzenspitzen. Den Schluß des Zuges bilden Musikanten mit gallischen Kriegshörnern.

Nach der Überlieferung war Taranis ein dem Jupiter gleichgesetzter keltischer Himmelsgott, der jedoch als grausam galt und zu dessen Besänftigung Menschen in einem hölzernen Trog verbrannt wurden. Taranis (Taran: Donner), der Herr über Blitz und Donner, der Gott mit dem Sonnen-/ Blitz-Rad, er begegnet uns wieder im altnordischen Thor bzw. gemeingermanischen Donar, und bis auf den heutigen Tag ist er in den bereits erwähnten Feuerradbräuchen und im Ritual des Scheibenschlagens lebendig geblieben. Eine weitere Szene auf dem Kessel von Gundestrup zeigt Taranis, wie er im Begriff ist, das Rad zu schleudern: Symbol für himmlisches Feuer zur Befruchtung des irdischen Wassers, immer wieder in Verbindung mit der gehörnten Schlange, dem keltischen Fruchtbarkeitssymbol.

Den gallischen Hauptgott Esus, zuweilen auch der Gott mit den Mistelblättern, bringt der römische Dichter Lukan (39-65 n. Chr.) ebenfalls mit blutigen Opfern in Verbindung. Er berichtet von Menschen, die man erhängte, um sie dem Gott zu opfern. Unklar ist, ob die »Commenta Bernensia« (Berner Scholien) aus dem 4. Jahrhundert nach Chr. – sie beschreiben die Opfervorgänge für Taranis, Teutates und Esus – richtig interpretiert wurden, indem sie von in Bäumen aufgehängten, rituell Verwundeten berichten, die von zurückschnellenden Ästen zerrissen wurden.

Ziemlich sicher ist, daß Menschenopfer geschehen sind. Grauenhaft ist für uns die Vorstellung, daß Menschenopfer mit Kannibalismus verbunden waren. An manchen Opferstätten wurden nur Tier- und keine Menschenknochen gefunden, vereinzelt aber zeigen menschliche Knochenfunde Spuren von Messerschnitten auf. Das bedeutet, daß diese Opfer verspeist wurden, jedoch nicht aus Hunger, sondern als Teil einer kultischen Handlung. Auf diese Weise vereinigte man sich mit den Toten und nahm deren Kraft auf.

So ist auch das kultische Königsopfer in alter Zeit bei vielen Völkern verbreitet gewesen. Der König wurde geehrt und führte ein Leben in Reichtum und Glanz, doch wußte er, daß er eines Tages geopfert werden würde, um zum Wohlergehen seines Volkes zu sterben. Aus dem alten Mexiko ist bekannt, daß dort, wenn der Regen nicht zur rechten Zeit eintrat, junge Mädchen freiwillig ins Wasser sprangen, im festen Glauben, daß sie sofort ins Paradies kommen und so den notwendigen Regen erwirken würden.

Bei den Juden wurde der Glaube an die Notwendigkeit des Erstlingsopfers in einer geläuterten Form durch den Opferganges Mariens mit ihrem Kind zum Tempel dargestellt. Wahrscheinlich ist die rituelle Beschneidung eine noch bestehende, aber verdrängte und vergessene Reminiszenz an das Knabenopfer.

Kräfte der Elemente, der Gestirne und der Fruchtbarkeit, in ihnen manifestierten sich die keltischen Götter. Mit dem Opfer versuchten die Kelten, diese Mächte günstig zu beeinflussen, und so stellte ihre Opferhandlung, nicht anders als bei den heutigen Christen, die Verbindung mit dem Göttlichen her. Durch den Akt der Hingabe wurde das Geopferte über alles Profane (lat. profanus: ungeheiligt) hinausgehoben und wurde selbst zum Heiligen. Diese Wechselwirkung war und ist in den meisten Kulturen vorhanden, doch, laut Caesar, spielte bei den ausgesprochen religiösen Kelten das Opfer eine ganz besonders große Rolle.

Die Forschung nimmt an, daß heidnische Riten bzw. Kultkessel die Vorläufer des späteren christlichen Gralsgedankens darstellten und gleichzeitig Ausgangspunkt für eine reiche Sagenbildung waren, die sich um Becher und Trinkgefäße rankt.

Im Kessel sahen die Kelten ein Sinnbild für Fülle, Weisheit und Wiedergeburt. Seine magischen Kräfte ergeben sich aus der Verbindung mit den Elementen Feuer und Wasser als Spender aller lebenserhaltenden Prozesse. Der Ur-Kessel ist nichts anderes als der Schoß der Muttergöttin. Kein Fürst kam in der Anderswelt ohne Kessel aus. Der berühmte Bronzekessel des Fürsten von Hochdorf aus der Hohenasperggruppe bei Ludwigsburg (Stuttgarter Landesmuseum) faßt ca. 500 Liter. In einem Grabhügel der Bronzezeit, von dem die Sage erzählt, es würden dort die Unterirdischen, die Trolle und Zwerge mit einem Prunkkessel feiern, wurde von den Archäologen in der Tat ein Kesselwagen gefunden. Ein weiterer bedeutender Fund aus der Bronzezeit zwischen 1400 und 1200 v. Chr. ist ein mit Goldblech überzogener Kultwagen in Spielzeuggröße, der nach seinem Fundort in einem Moor bei Trundholm in Dänemark benannt ist: Trundholmer Sonnenwagen. Hierbei handelt es sich um ein Pferdchen, das eine Sonnenscheibe auf einem Wagen zieht. Es wird angenommen, daß Miniaturen dieser Art über die Felder gezogen wurden, um reiche Ernte von den Göttern zu erflehen.

Der Glaube an ein Leben nach dem Tod in einem unterirdischen Totenreich bestimmte wesentlich die religiösen Vorstellungen der Kelten und rechtfertigte für sie die Menschenopfer. Antike Schriftsteller (u. a. Caesar) berichten vom Glauben an die Seelenwanderung und die Rückkehr der Toten zu ihrem Stamm in Gestalt eines neugeborenen Kindes. Es herrschte der Glaube an eine phasenhafte Entwicklung des Weltgeschehens, Phasen, die durch zyklisch wiederkehrende Vernichtungswellen ausgelöst werden. Die Überzeugung der Kelten von der Unzerstörbarkeit der Seele jedoch ging so weit, daß sie Geld oder Schätze in der Gewißheit hergaben, diese in einem anderen Leben wieder zurückzubekommen.

Sonne, Mond, Meer und Bäume, besonders die Eiche, sowie einige Tierarten verkörperten die Naturkräfte, die als heilig und magisch galten. Besonders ausgeprägt waren der Wasserkult und der Baumkult. Die Eiche war ein Baum des Lebens, den nicht nur die Kelten, sondern später auch die Germanen verehrten. Eichenhaine galten als Kultzentren. Mit der Eiche verband sich die Vorstellung, daß sie Landschaften und ihren Bewohnern Schutz gewähre. Unter den Vögeln galt die Krähe als heilig. In ihrer Gestalt nahm die irische Göttin Badb an Schlachten teil.

Von besonderer Bedeutung sind die weiblichen Göttinnen und die Einheit von drei Muttergöttinnen. Mit letzteren werden wir uns eingehender in einem anderen Kapitel befassen.

Kulthandlungen wurden in Viereckschanzen bzw. Tempeln und in heiligen Hainen ausgeführt Solche Stätten galten als der Ort, wo der Geist das Stoffliche durchdringen kann. Sie wurden von den keltischen Priestern gehütet und nur zu besonderen Festzeiten geöffnet; ihre Wälle sollten die Menschen zurückhalten, den strahlenden Platz zu betreten; den Ort, an dem ein kosmischer Rhythmus den Pulsschlag der Erde bestimmt. An ihm erlangten die vorchristlichen Priester ihre Einweihung, hier stiegen sie in den Rang eines Druiden auf.

Die Legende erzählt von einem stufenweisen Einweihungsweg von Heiligtum zu Heiligtum, an dessen Ende die Wiedergeburt stand. Dasselbe taten auch die griechischen Philosophen, indem sie von einem ägyptischen Tempel zum anderen pilgerten. Ein harmloses Kinderspiel, das »Tempelhüpfen« oder »Hinkespiel«, ist vielleicht noch ein Rest einer Erinnerung an diese einst so bedeutsamen, streng vorgeschriebenen Wanderungen der Druiden. Bei diesem Spiel müssen die Kinder, auf einem Bein hüpfend, einen Stein durch eine Folge von Feldern hindurchbringen.

Druide heißt so viel wie »Hochweiser«. Nur durch Erziehung, Ausbildung und Novizitat gelangte man in diese hoch angesehene keltische Priesterschaft, und die Herkunft aus einem gehobenen Stand war wohl Voraussetzung. Geleitet wurde die Kaste von einem obersten Druiden. Als Hüter der Religion waren die Druiden im Besitz einer Geheimlehre, die sie ihren Schülern über Jahrzehnte hinweg nur mündlich überlieferten und von der wir nur wenig wissen. Dem toten Buchstaben als Träger für das lebendige Wort mißtrauten sie.

Durch Kosmos- und Naturbetrachtung kamen sie ihren Gottheiten näher. Sogar die Heiligen der frühen irischen Kirche pflegten diese Anschauungen weiter. Der Missionar Columban von Luxueil und Bobbio (gest. 615) predigte: »Wer den Schöpfer kennenlernen will, lerne seine Schöpfung kennen.« Diese Naturbeobachtungen machten die Druiden zu Astronomen, Astrologen und zu Mathematikern. Sie errechneten komplizierte Kalender und bestimmten günstige und ungünstige Tage. Auch Caesar sah in den Druiden in erster Linie Männer des Geistes, die nicht nur den Dienst der Götter versahen, sondern ungeheuren Einfluß auf das soziale und politische Leben nahmen. Sie wurden zum Hauptträger eines keltischen Nationalgefühls. Neben den für uns nicht begreifbaren Menschenopfern, die sie zu ganz bestimmten Zeitpunkten in Tempeln, Hainen und Viereckschanzen zelebrierten, gehörten die Tieropfer ebenso zum kultischen Ritual. Das wohl vornehmste Opfer war das Pferd. Sein Fleisch wurde im kultischen Kessel gekocht, und das gemeinsame Mahl war ein hochrangiges Ereignis.

Zu allen Zeiten gab es in der ganzen Welt Kulturen, die Menschen für einen höheren, religiösen Zweck opferten. Auch die den »barbarischen« Kelten gegenüber sendungsbewußten Römer zählen mit ihren Opfern in den Arenen dazu. Das riesige Ausmaß an Menschenopfern, wie sie die antiken Autoren beschrieben haben, kann den Kelten bis heute nicht nachgewiesen werden. Einzelne Menschenopfer sind jedoch in den ehemals keltischen Ländern bezeugt. Skelette stehen im Zusammenhang mit Kultstätten, Schädel mit Verletzungsspuren und gut erhaltene Moorleichen. So zum Beispiel der »Lindow man« aus einem Moor von Manchester, der 1984 beim Torfstechen gefunden wurde. Die Keltologin A. Ross untersuchte den Fall sorgfältig und kam zu dem Schluß, daß das Opfer nach druidischem Ritual Teutates, Taranis und Esus übergeben worden war, um die drohende römische Invasion abzuwehren. Der »Lindow man« könnte ein junger Aristokrat gewesen sein, der sich freiwillig zum Wohl der keltischen Welt geopfert hat; Anzeichen körperlichen Widerstandes waren nicht festzustellen. Nach einem betäubenden Schlag auf den Hinterkopf, durch eine gewundene Schnur stranguliert, wurde er mit geöffneter Halsschlagader in einem wassergefüllten Moorloch versenkt.

Der Versuch, sich übersinnliche Kräfte zunutze zu machen, um in Schicksale von Menschen und in solche von ganzen Völkern einzugreifen, hat sich fortgepflanzt. Mit Amuletten und Votivgaben, wie sie nicht nur in keltischen Landen üblich waren, versuchte und versucht der Mensch, das Dunkle zu bannen und sich die Fülle eines lichtvollen Lebensstromes zu sichern. Symbolische Bilder sind letztendlich nur durch das innere Auge erfaßbar, und so lassen sich zwischen Mythos und Symbolik keine scharfen Grenzen ziehen. Die Auseinandersetzung mit dem Heidentum und den christlich-abendländischen Traditionen sind jedoch ein Weg zurück zu unseren Wurzeln, und hinter so manchen unserer heimischen Gewannbezeichnungen wie »Schwedenschanze«, »Riesenschanze«, »Sachsenschanze«, »Heidenstädtle«, »Burgwall«, »Byburg« oder »Buschel« (von Burgstall) verbergen sich jene uralten Geschehnisse, über die sich der Schleier der Zeit gebreitet hat.

Aus Anlaß des 1200jährigen Bestehens der Gemeinde Tuningen auf der Baar (1997) soll ein Keltenweg mit 17 Stationen gestaltet werden. Ausgangspunkt soll der Ortskern von Tuningen sein. Der 7 km lange Wanderweg wird an einer Keltenschanze und an keltischen Grabhügeln vorbeiführen und zeigt unter anderem ein künstlich aufgeschüttetes Keltengrab. Informationstafeln werden den Besucher auf die keltische und römische Besiedlung der Region hinweisen. Der »Keltenweg« wird zu allen Jahreszeiten begehbar sein. Die Eröffnung scheitert derzeit noch an fehlenden Geldmitteln.

Armring aus Goldblech

Karlsruhe
Malsch
Pforzheim
Rastatt
Calw
Strassburg
Offenburg
Freudenstadt
Frankreich
Viereckschanze Neukirch
Rottweil
Emmendingen
Viereckschanze Trossingen
Villingen-Schwenningen
Viereckschanze Tuningen
Freiburg
Tuttlingen
Viereckschanze Mühlhausen-Ehingen
Konstanz
Friedrichshafen
Lörrach
Viereckschanze Brombach
Waldshut
Altenburger Keltenwall
Bodensee
Basel
Schweiz
1 Kreis Karlsruhe
2 Enzkreis
3 Kreis Rastatt
4 Kreis Calw
5 Kreis Freudenstadt
6 Ortenaukreis
7 Kreis Rottweil
8 Kreis Emmendingen
9 Schwarzwald-Baar-Kreis
10 Kreis Tuttlingen
11 Kreis Breisgau-Hochschwarzwald
12 Kreis Lörrach
13 Kreis Waldshut
14 Kreis Konstanz
15 Bodenseekreis
16 Bodensee

Viereckschanze »Heidelburg« oder »Schänzle«

Tuningen im Schwarzwald-Baar-Kreis

Tuningen, Schwarzwald-Baar-Kreis, »Heidelburg« oder »Schänzle«

Bereits in der Karte des »Königreichs Württemberg« von 1849 ist diese Viereckschanze unter dem Begriff »Redoute« eingezeichnet (frz.: redoute / lat. reductum Zufluchtsort). Gut überschaubar zeichnet sich die sehr gut erhaltene Anlage im Fichtenhochwald ab. Der ringsum laufende bis 2 Meter hohe Wall wird fast durchweg von einer Grabenmulde begleitet. Genau in der Mitte der Nordostseite befindet sich die Torlücke. Der Grundriß der Schanze ist trapezförmig, ihre Seitenlängen betragen 69, 79, 62 und 81 Meter. Drei heute verfallene schmale Gräben, die der Entwässerung des Innenraumes dienten, durchschneiden den Wall. Der Wald, in dem die Schanze liegt, trägt den Namen des einstigen Ackergewannes »Heidelburg«, ein Name, der sich mit Sicherheit auf die Anlage bezieht.

In der Urflurkarte von 1839 ist dieser Name bereits eingetragen. Dort wird der Wald westlich des Weges »Schänzle« genannt, ohne daß die Anlage eingezeichnet ist. Im »Haldenwald« entspringen zahlreiche Rinnsale, die zum Krähenbach und Sieblengraben, einem Nebenbach des Kötenbachs ziehen. Beide Bäche fließen der Donau zu.

(I) 2,1 km östlich der Kirche von Tuningen im Gemeindewald Distrikt IV Haldenwald, Abteilung 2 Schänzle, 785 m über NN.

Doppelschanze

Trossingen im Landkreis Tuttlingen

Nördlich von Trossingen steigt die Keuperstufe von der Flußniederung des Neckars um 80 bis 100 m. Zahlreiche tief eingeschnittene Bäche verleihen ihr ein unruhiges Relief. Erlenbach und Hagenbach fließen mit ihren Nebenbächen nicht dem Neckar zu, sondern der Prim. Auf einem dieser durch Erlenbach im Norden und Hagenbach im Süden gebildeten und nach Osten schwach einfallenden Rücken liegt die zweiteilige Schanze oder sogenannte »Doppelschanze«.

1927 wird die Anlage zum ersten Mal von dem Heimatforscher L. Wilhelm erwähnt. Die größere der beiden Schanzen wird durch einen West-Ost verlaufenden Weg halbiert. Ihre Nord- und Südseite sind nur noch als Außenböschungen zu erkennen, doch zeigen West- und Ostseite schwache Randwälle. An den letztgenannten Seiten ist den Gräben ein äußerer Wall vorgelagert. Die Anlage bildet ein Trapez. Die Seitenlängen betragen im Norden 77 m, im Osten 75 m, im Süden 74 m und im Westen 82 m. Dies ergibt einen Flächeninhalt von 0,61 ha. Der erwähnte Waldweg führt durch eine ziemlich breite Lücke von ungefähr 12 m, deren Wangen flach gegen den Weg einfallen. An dieser Stelle dürfte das antike Tor gestanden haben. An der Südwestecke ragt die besonders eindrucksvolle Außenböschung 2,4 m hoch auf.

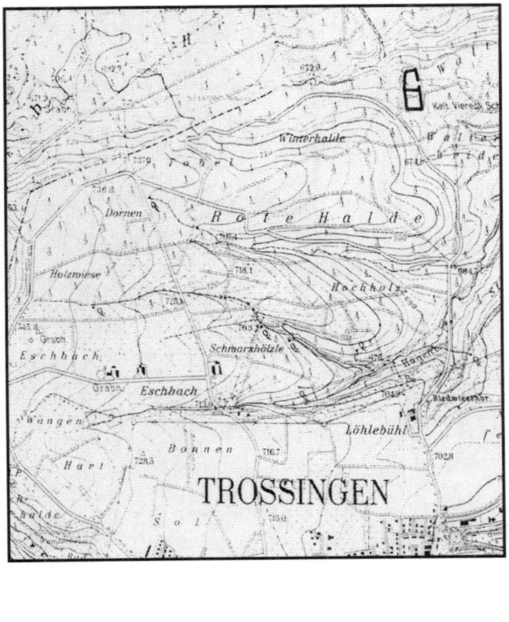

Trossinger Schanze

Die sich nördlich anschließende kleinere Schanze ist weniger gut erhalten, doch sind ihre flachen Wälle, mit Ausnahme der Nordseite, deutlich erkennbar. Wegen der Hanglage ist die Innenböschung gelegentlich höher als die Außenböschung. An der Südseite befindet sich ein Graben, der an die Nordseite der größeren Anlage grenzt. Beide Anlagen nutzten diesen Graben gemeinsam. Die Ecken der kleinen Schanze erscheinen meist überhöht und das Tor dürfte an der Ostseite gelegen haben. Die Seitenlängen betragen: Norden 49 m, Osten 86 m, Süden 76 m, Westen 75 m. Der Flächeninhalt beträgt etwa 0,52 ha.

(I) 3 km nördlich des Bahnhofs von Trossingen im Wald »Waltersweide«. 673 bis 682 m über NN.
Archäologische Denkmäler in der Umgebung: 1,4 km südwestlich der Schanze liegen genau vor dem Waldrand des »Schanzhölzle« vier Grabhügel mit einem Durchmesser von 8 bis 13 m; ihre Höhe beträgt 0,2 bis 0,3 m. Zwei weitere Gruppen von je zwei Grabhügeln mit 14 bis 40 m Durchmesser und 0,3 bis 2,0 m Höhe liegen etwa 2 km südwestlich der Viereckschanze im Wiesengelände des Gewannes »Eschbach«. – Eine weitere Viereckschanze befindet sich 1,4 km nordöstlich bei Aldingen-Aixheim. Sie gehört zu den kleinsten Anlagen im Land, doch sind ihre stark verflachten Wälle in voller Länge erhalten. (2,1 km westlich der Kirche von Aixheim im Staatswald, Distrikt IX Eichhoferwald, Abteilung 7, Stockacker. 707 m über NN.)

Viereckschanze »Mühlhausen-Ehingen«

im Landkreis Konstanz

Die Gemarkung von Ehingen erstreckt sich überwiegend in den nordwestlichen Teil des »Singener Beckens«, eine Niederung, die von 400 m über NN am Untersee, der südlichen Zunge des Bodensees, auf ca. 500 m am nordwestlichen Ende bei Engen ansteigt. Flache Erhebungen, Endmoränenbögen, Schotterfelder und feuchte, moorige Stellen kennzeichnen diese Landschaft. Hauptsächlich entwässert wird sie vom Hepbach und Saubach und der Radolfszeller Aach, die den Saubach bei Singen aufnimmt. An der Grenze zur Gemarkung Mühlhausen liegt das Naturschutzgebiet »Bruckried«. In dieses Gebiet stößt von Osten her eine schmale Waldspitze mit dem Namen »Hardt« hinein. Der nördliche Waldrand wird von einem Feldweg begleitet. Vor dem gegen Nordwesten gerichteten Waldrand entdeckte die Luftbildarchäologie 1983 im Ackerland die Schanze, deren Gräben sich durch positiven Bewuchs im Getreidefeld abzeichnen. Sichtbar ist lediglich ein im Wald liegender Teil der Südwestseite. Die Seitenlängen der Anlage betragen im Nordosten ca. 75 m, Südosten ca. 85 m, Südwesten ca. 90 m und im Nordwesten ca. 85 m. Der Flächeninhalt beträgt etwa 0,68 ha.

Ⓘ 1,2 km östlich der Kirche Ehingen und 0,5 km südwestlich der Autobahn A 81 im Pfarrwald »Ehingen«, Distrikt Hardt. 468 m über NN.
Archäologische Denkmäler in der Umgebung: Ungefähr 1 km nordöstlich liegt im Wald »Dohlen« ein Grabhügel. – Etwa 0,4 km westlich zeichnet sich im Luftbild ein Kreisgraben ab, möglicherweise ein Grabhügel. 250 m nordöstlich der Schanze lassen Luftbilder einen geradlinigen, 800 m langen, hellen Streifen erkennen (negativer Bewuchs), der in nordwest-südöstlicher Richtung hinzieht. Es könnte sich um eine römische Straße handeln.

Viereckschanze »Heidenstädtle«

Neukirch im Landkreis Rottweil

Ausgangspunkt ist der Weiler »Vaihinger Hof«. Ungefähr 0,5 km westlich davon zieht sich der etwa nordsüdlich verlaufende Rand des Vaihinger

Waldes hin. Er nimmt die Hälfte der Hochebene ein und geht in Hangwald über. Im Schutz jenes Waldes liegen in nur etwa 300 m Abstand zwei Viereckschanzen.

Die nördliche Schanze »Heidenstädtle« liegt etwa 150 m vom Wiesentalbach entfernt. Ihr Nordhang neigt sich zum Erlengraben. In halber Hanghöhe entspringen mehrere Quellen. Ein Netz von Gräben, vor allem in der Umgebung der Anlage, zeigt das Bemühen, den staunassen Tonboden zu entwässern.

Die sehr gut erhaltene Anlage ist durch Fichtenwald den Blicken zwar weitgehend entzogen, jedoch erreichen ihre Wälle noch Höhen über der Grabensohle von mehr als 2 m. Ihre vier Ecken sind bis zu 3 m kräftig überhöht. Das Tor lag in der Mitte der Ostseite. Orientiert ist die Anlage nahezu genau nach den Himmelsrichtungen. Die Seitenlängen betragen im Norden 86 m, im Osten 90 m, im Süden 85 m und im Westen 89 m. Der Flächeninhalt beträgt 0,76 ha.

ⓘ 2,0 km nordwestlich der Kirche von Neukirch und 0,8 km westlich des Weilers Vaihinger Hof, im Staatswald Distrikt V, Vaihinger Wald, Abteilung 1 Erlengraben. 699 m über NN.
Archäologische Denkmäler in der Umgebung: Ca. 300 m südlich liegt eine weitere Viereckschanze in den Waldabteilungen »Städtle« und »Kreuzöschle«. Rund 500 m südsüdöstlich beginnt eine Gruppe von fünf bis sechs Grabhügeln. In einem der Hügel wurden mehrere Bronzeringe gefunden, die der jüngeren Hallstattzeit entsprechen.

Viereckschanze »Brombach«
im Landkreis Lörrach

Es war der Brombacher Landwirt H.D. Kaufmann, der die Viereckschanze auf dem Dinkelberg bei der Kreuzeiche entdeckte. Die Anlage ist nur noch teilweise erhalten. Süd- und Ostseite sind mit ihren Ecken in ganzer Länge vorhanden, wenn auch von der Kreisstraße unterbrochen. Wälle und Gräben sind schmal, ein Tor ist nicht mehr sicher zu erkennen. Die Form dürfte ein Trapez gewesen sein: Sichtbar im Norden noch 8 m, im Osten 66 m, im Süden 54 m und im Westen noch 16 m. Flächeninhalt etwa 0,42 ha.

Von Brombach führt in südöstlicher Richtung ein schmales Sträßchen auf den Dinkelberg, der sich ca. 200 m über die Talsohle erhebt. Bei der Kreuzeiche überquert das Sträßchen einen flachen Sattel, der die Wasserscheide zwischen den Einzugsgebieten von Hochrhein und Wiese bildet. Es trifft auf die Kreisstraße K 6333, die Lörrach und Adelhausen verbindet. Im Winkel dieser zwei Straßen befindet sich das Quellgebiet des »Tannengraben«. In der Quellmulde liegt die Viereckschanze an dem von Südosten nach Nordwesten einfallenden Hang. Die Lage der Brombacher Viereckschanze über einer Quellmulde ist auffallend. In Baden-Württemberg gibt es weitere vier Anlagen, die in Mulden liegen, verglichen werden kann Brombach jedoch bestenfalls mit der Schanze Sauldorf-Boll, in deren Innenraum hin und wieder Wasser austritt.

(I) 3,3 km südöstlich der Kirche von Brombach und 2,5 km westlich der Kirche von Adelhausen im Stadtwald von Lörrach, Distrikt IX Brombacher Allmend, Abteilung 6 Hirzenlache. 416 m über NN. Archäologische Denkmäler in der Umgebung: Ungefähr 800 m nördlich liegen auf einem Geländerücken, unmittelbar südlich der sogenannten Römerstraße, zwei Grabhügel im Abstand von etwa 400 m. Der östliche Hügel ist geöffnet; in ihm wurde ein Steinkammergrab freigelegt. Die Bezeichnung »Römerstraße« in Verbindung mit der Römerstätte im Gewann »Wellental« kam erst um die Jahrhundertwende in Gebrauch. Die früheren Bezeichnungen lauten »Altweg« oder »Rheinfelder Weg« und könnten auf alt-keltische Straßen hinweisen.

Alte Bäume am Goetheanum, Dornach, Schweiz

Die Eremitage der hl. Odilie, Arlesheim, Schweiz

Menhir auf dem »Bühlhölzle« bei Degernau, Kreis Waldshut

Blick vom Mägdeberg zum Hohenkrähen, im Vordergrund die beiden keltischen Opferhügel

Keltisches Druiden-Heiligtum, St. Jean les Saverne im Elsass

Mausoleum im Hardtwald, Karlsruhe

etwa 1000jährige Gerichtslinde auf einem Michalelsheiligtum, Grün im Harmersbachtal, Ortenaukreis

MUTTERKULTE UND KIRCHE

Mythische Traditionen in der Gegenwart: Matronen und Bethen

Madonna im Strahlenkranz, Betenbrunn, Bodenseekreis, stilisierte Form der ursprünglichen Madonna im Ährenkranz, die an die vorchristliche Muttergöttinenverehrung erinnert.

Warum sind die meisten Heiligtümer der Muttergottes geweiht, wo doch Gott als der Vater das Zentrum der biblischen Religion darstellt? Birne und Apfel, die Mutter und Kind der Gnadenstatue in den Händen halten, sind alte Fruchtbarkeitssymbole aus jenen versunkenen Zeiten, in denen den Menschen die eigentliche Zeugung durch den Mann noch nicht bewußt war. In jenen Zeiten glaubte man, daß die Lebenskräfte der Natur in direktem Zusammenhang mit der Fruchtbarkeit der Frau stünden. So würden zum Beispiel Frauen fruchtbar, wenn sie einen »heiligen« Stein berührten oder einen bestimmten Baum oder eine Quelle aufsuchten. (Viele Jahrhunderte später sollte es Kaiserinnen geben, die zu Fuß ins österreichische Mariazell pilgerten, um Kinder zu erflehen.) Jedenfalls war der Vater als Zeuger unbekannt, er war lediglich der Gatte der Frau, und bis in die jüngste Zeit hinein hat es Naturvölker gegeben, die den Zusammenhang von Geschlechtsverkehr und Zeugung nicht kannten.

Die Frau als Spenderin des Lebens göttlich zu verehren ist so alt wie die Menschheit. In der Urzeit vermehrte sich die Menschheit nur langsam. Die

Menschen waren den Naturgewalten preisgegeben und die Sterblichkeitsrate bei Kindern war groß. Kinder zu haben bedeutete Sicherung von Arbeitskraft und spätere Versorgung. Kein Wunder also, daß Kinderlosigkeit als Schande und Fruchtbarkeit als Segen galten. Die Bibel berichtet von den Sorgen kinderloser Frauen wie Sara und Elisabeth. Und ausgerechnet dort, wo im 4. Jahrhundert das Dogma von der Gottesmutterschaft Mariens verkündet wurde, nämlich in Ephesus, hatte die »Große Mutter« als verehrungswürdig gegolten.

Die »Große Mutter« oder »Erdmutter« in Maria lebt sie weiter, obwohl der heutige Mensch seine Daseinserfahrung längst nicht mehr durch die Natur macht, sondern sie häufig nur noch als meßbares und manipulierbares Rechenobjekt erlebt. Die großen alten Muttergottheiten Griechenlands, Kleinasiens und Ägyptens wurden als Erdmutter verehrt: Demeter, Kybele und Isis. Und daß viele berühmte Marienenstatuen schwarz sind, wie die der Madonna in der weltberühmten Kathedrale von Chartres, oder in den Kultbildern von Altötting und Tschenstochau, verwundert uns nicht; sie entsprechen den archaischen Vorstellungen für Fruchtbarkeit: Schwarze Erde. In der Gestalt »Unserer Lieben Frau« vereinigen sich die samstägliche Erdmutter im Ährenkleid, die sonntägliche Sonnenfrau im Strahlenkranz und die montägliche Frau, den Mond zu Füßen, Sterne über dem Haupt oder auf dem Mantel, der als Himmelszelt ausgebreitet ist.

In der Ostkirche fand Maria in der »Hagia Sophia«, der Heiligen Weisheit, ihre Entsprechung; diese wurde mit Maria gleichgesetzt. Man spricht von »Sophiologie« als einer Lehre von der Weisheit, die bei den Kirchenvätern beginnt und insbesondere in Rußland heute noch weiterlebt. Nicht nur in Ikonen, sondern auch in der christlichen Kunst des Mittelalters und der Neuzeit begegnet sie uns. Evangelische Mystiker wie Jakob Böhme sprechen von ihr, in den Visionen der Augustinerin Anna Katharina Emmerich oder Emmerick (Clemens Brentano hat ihr Leben dichterisch aufgezeichnet) taucht sie auf, Andeutungen finden sich in der jüdischen Kabbala, im Hinduismus, im Buddhismus und in anderen Religionen. Sie ist die mütterliche Seite Gottes, ein universales Bewußtsein im Prinzip der Dreifaltigkeit. Sie ist verwandt mit der Personifikation der Schöpfung. In Judentum wie Christentum tritt sie als schöne junge Frau auf. Im Judentum ist es »Chokma«, die eng verwandt ist mit der Gestalt der »Schechina«, die auf Erden umherwandert, bis das Reich erfüllt ist. Beide sind die weiblich-verhüllte Gestalt Gottes. Auch im Christentum ist dieses Bild geläufig.

Juan Luis Vives, spanisch-jüdischer Humanist und Christ, schreibt zu Anfang des 16. Jahrhunderts aus seiner Kenntnis der Kabbala und der Bibel: »Als Gott die Welt und die Gestalt des Universums, das sich dauerhaft von einem Ende zum anderen erstreckt, wunderbar einrichtete und dem Ungeformten die Form, dem Ungeordneten die Ordnung und den Ort gab, war nämlich ein allerschönstes Mädchen dabei, das man bald die Weisheit Gottes, bald die Wahrheit Gottes, bald das Wort Gottes und auch Gott selbst nannte.«

Wie aus vertrauten Augen blickt uns in diesem Zusammenhang Friedrich von Hardenbergs Dichtung an. Er, der sich mit Recht »Novalis« (Entdecker von Neuland der Seele und des Geistes) nennt, hat in einem ahnungstiefen, in die Schächte der Vergangenheit hinabreichenden Wissen Verse hinterlassen, die von Licht und Hoffnung glänzen:

Ich sehe dich in tausend Bildern,
Maria, lieblich ausgedrückt,
Doch keins von allen kann dich schildern,
Wie meine Seele dich erblickt.

Ich weiß nur, daß der Welt Getümmel
Seitdem mir wie ein Traum verweht,
Und ein unnennbar süßer Himmel
Mir ewig im Gemüte steht.

Diese »tausend Bilder«, wir finden sie überall in den nichtprotestantischen Kirchen. Sie dokumentieren die Nähe zum uralten Mythos mit einem verschlungenen Symbolgehalt, der viel älter ist als jedes Kirchenbauwerk. In

Maria begegnet uns die weit zurückreichende Urquelle des Lebens, um die sich nicht nur Bilder und Bauten, sondern landauf, landab unzählige Orts- und Flurnamen ranken. Der Geschichts- und Sprachforscher Richard Fester hat schon vor vielen Jahren entdeckt, daß sich in frühen, von der Vereisung freigebliebenen Siedlungsgebieten, Orts- und Flurnamen mit der Silbe »beth-« häufen. In der Gegend von Lourdes, wo sich der Mensch schon früh niedergelassen hat – vorgeschichtliche Steinwerkzeuge und Knochen aus den Espelügen-Grotten sind Zeugen – wimmelt es geradezu von solchen Namen. Doch wir brauchen gar nicht so weit zu reisen. Ein Blick in das Postleitzahlenbuch der Deutschen Bundespost offenbart uns eine ganze Reihe solcher »Bethen«-Orte. »Bethanien, Bethau, Bethel, Bethen, Bethenhausen, Bethingen, Betten, Bettendorf, Bettenhausen, Bettingen, Bettmar« usw. sind Ortsnamen, in denen die »Bethen« oder das Verbum »beten« stecken. (Beth ist abzuleiten von keltisch bit-u, lateinisch vivere, griechisch bios, d. h. immerwährend, ewig, lebendig.) Im Hebräischen ist »Beth« mit »Haus« gleichzusetzen. (Von Beth-El, dem Haus Gottes, wo Jakob nach seinem Traum einen Stein aufgestellt hat, war schon die Rede.) Die Behausung oder das Haus mit seinem Herd, mit seiner Schutzfunktion und Wärme, war schon in der frühen Menschheitsgeschichte ein Symbol für die Frau.

Wer sind die »Bethen«? – Um diese Frage zu beantworten, greifen wir auf ein 1936 veröffentlichtes Büchlein des Heidelberger Bibliothekars Hans Christoph Schöll zurück. Der Titel lautet: »Die drei Ewigen – Eine Untersuchung über germanischen Bauernglauben«. Im Vorwort schreibt Schöll: »Diese Arbeit gilt dem Nachweis einer weiblichen Dreifaltigkeit, die in der bisherigen Darstellung der germanischen Mythologie keinen Platz gefunden hat.« Vermutlich bis zur Völkerwanderung (2. und 1. Jahrtausend vor Christus) hatte eine Dreiergruppe von Göttinnen ihren festen Platz in der Glaubensvorstellung der damaligen Menschen, so weist es Schöll nach. Neben vielen anderen Belegen findet er in einem Halbrelief im Dom zu Worms (Baubeginn war das Jahr 996) die alten Namen der christianisierten ehemals heidnischen Göttinnen: »Sa. Ambede, Sa. Willebede, Sa.

Worbede«. Sie lächeln von einem Scheingrab herab, doch war niemals jemand unter dem Stein bestattet. Von Südtirol über Bayern bis ins Rheinland und nach Luxemburg gibt es etwa dreißig Kirchen mit solchen Scheingräbern oder Altären dreier heiliger Frauen. Bemerkenswert ist, daß Ambede, Willebede und Worbede trotz ihrer Titel »Sancta« in keinem katholischen Heiligenkalender zu finden sind.

Was aber haben nun diese drei heiligen Frauen mit den »Bethen« zu tun? Die Antwort liegt im »pagus Ambitivius« (Ambeth-Gau), so hieß die Gegend zur Römerzeit, und für Worms selbst stand »Borbetomagus«.

Schöll ist den ursprünglichen Namen der Göttinnen-Dreiheit auf die Spur gekommen, sie heißen »Ambeth«, »Wilbeth« und »Worbeth«. Die Verwandtschaft zu den Inschriften im Dom zu Worms tritt deutlich hervor. Lautverschiebungen und Abschleifungen haben wohl später Schreibweisen ergeben wie die von »Ainbeth«, »Einbeth«, »Annabeth« usw.; sie alle gehen jedoch auf die ursprüngliche »Ambeth« zurück. »Worbeth« ist auch als »Borbet« überliefert; ihr Name steckt in »Borbetomagus«, dem späteren »Worms«.

Schöll, der seine Arbeit über die Göttinnen-Dreiheit von Erde, Sonne und Mond im Jahr 1936 publiziert hat, fand leider nur wenig Anerkennung. Unter Hitler, der das männlich heldenhafte Germanentum hochstilisierte, hatten weibliche Göttinnen keinen Platz. Schölls Forschungen folgen den Spuren der »Bethen-Tradition durch die frühe Geschichte, deren Weiterentwicklung über die Zwischenstation der keltischen »Matronen« (Muttergöttinnen), die bis in die christlichen Kirchen unserer Tage reicht. Anfangs scheint die Erdmutter eine Sonderstellung eingenommen zu haben; die beiden anderen, Sonnen- und Mondgöttin, gesellten sich vermutlich später dazu.

Der Mensch hatte von Beginn an eine starke Neigung zu Trinitäten, wie Darstellungen beweisen. Er hat sie übrigens noch, man braucht nur an diverse Abkürzungen für Parteien, Firmen und sonstige Einrichtungen zu denken. In den archäologisch ausgewerteten Höhlen finden sich Spuren von Trinitäten in Form von drei Punkten, drei Strichen und später Dreiecken. Jedenfalls scheint es, als wären die späteren Dreifrauengruppen wie die keltisch-gallischen Matronen, die nordgermanischen Nornen und die altrömischen Parzen niemand anders als die wiedergeborenen »Drei Ewigen«, das uralte mütterliche Element.

Eine Kirchensynode im 6. Jahrhundert verbot den Brauch der »incantationes«, mit dem die Göttinnen beim Sammeln von Heilkräutern angerufen wurden. Immer wieder mußte das Verbot erneuert werden. Papst Gregor der Große faßte die Sache geschickter an. Er empfahl den im Jahr 601 nach England entsandten Missionaren »anstelle und am Tag von heidnischen Opferfesten Kirchweihen zu feiern und anstelle von heidnischen Heiligtümern christliche Kirchen zu setzen«. Mit seinem »Ekkehard« belegt Scheffel diese Empfehlung.

Anläßlich der Liptinischen Synode in Belgien im Jahr 743 wurde das Beten bei Quellen, Brunnen, Steinen, Bäumen und an Kreuzwegen erneut ins Visier genommen, dazu gehörten auch Götzenbilder aus Teig, sogenannte »Gebildbrote«. Die Tradition war jedoch wiederum stärker, worauf Kaiser Karl der Große das »Beten bei den Steinen« bei Todesstrafe verbot. In mittelalterlichen Hexenprozessen spielte das Wort »böten« eine lebensbedrohende Rolle. Wurde eine Frau überführt, »gebötet« zu haben, so war ihr das Todesurteil sicher. Die »Bethen« (oder das »Beten«) und die Steine – hier rücken sie wieder eng zusammen. Nahe genug jedenfalls, um zu fragen, ob ein Pfarrer seine christliche Gemeinde auffordern darf: »Laßt uns beten!«?

Gräfin von Bredow erzählt in »Kartoffel und Stippe«, daß in ihrer Heimat Ostpreußen manche alte, weise Frau noch »gebötet« habe, um Heilung für an Gürtelrose erkrankte Menschen zu erwirken. Zu Beginn unseres Jahrhunderts haben die sogenannten »Braucher« im badisch-fränkischen Hinterland im Stall bei krankem Vieh »die drei höchsten Namen angerufen«. Dabei wollten sie aber unbedingt alleingelassen werden.

Wäre dies nötig gewesen, wenn die »Braucher« tatsächlich »Vater, Sohn und Heiligen Geist« angerufen hätten? – Wohl nicht. Dreifaltigkeit oder Trinität haben übrigens einen weiblichen Artikel.

Doch nicht nur mit Verboten wurde gegen den alten Mythos gekämpft, viel klüger war es, die drei Frauen zu taufen. Aus ihnen wurde die Heiligengruppe von Catharina, Margarethe und Barbara. Und da stellt sich auch schon die Frage: »Könnte es ein weiterer Versuch gewesen sein, die drei Bethen in der Verehrung der drei Könige durch männliche Personen zu ersetzen?« C – M – B – Stehen diese Buchstaben von alters her für Catharina, Margarethe, Barbara, und sind Caspar, Melchior, Balthasar nur ihre Stellvertreter? – Theologisch sind diese letzteren Namen höchst bedeutsam, sie entstammen den drei Sprachen, in denen auch die Kreuzinschrift Jesu abgefaßt war: Hebräisch, Griechisch, Lateinisch. Ende des letzten Jahrhunderts wurden in Altötting die drei Buchstaben über den Haustüren als »Christus mansionem benedicat« – »Christus segne dieses Haus« einigermaßen sinnfällig interpretiert. In einigen Gegenden Süddeutschlands hat sie das Volk als »Cathel machs Bett!« gedeutet; für uns heute eine erheiternde Sinngebung, die aber den »drei alten Damen« vielleicht recht nahekommt.

Der Religionsforscher und ehemalige Kirchenrat Theo Odenwald ist es, der die Zusammenhänge aufzeigt und ohne dessen Forschungsgrundlagen dieses Kapitel hier nicht möglich wäre. Die gesamte »Bethen«-Thematik, die hier aufgezeigt wird, ist eines seiner Themen. Seine gründlichen Forschungsergebnisse sind so trefflich formuliert, daß es nicht möglich ist, eine Steigerung und weitere Verdeutlichung zu erreichen. So darf an dieser Stelle, mit Herrn Odenwalds freundlicher Erlaubnis, auf sein Original »Drei Damen aus der Steinzeit« verwiesen werden.

Theo Odenwald berichtet von einer ursprünglich der »Einbeth« geweihten Kapelle in Gengenbach, die in den zwanziger Jahren unseres Jahrhunderts umgewidmet wurde; Patronin ist seitdem die »Perpetua«. – Zu deutsch ist sie »Die Ewige« und damit die uralte »Beth«. – Gleiches geschah in Adelhausen bei Freiburg mit der alten »Wiehre«-Kirche am St. Anna-Platz, von der es im Kirchenführer heißt: »Das erste Patrozinium der ehemaligen Lütkilchen zu dem alten Adelhusen, dem man spricht »Sant Einbetten Kilch«. Bemerkenswert ist vor allem, daß diese Kapelle der St. Einbeth auf dem St. Anna-Platz und in der Nähe der Dreisam (»drei-sam«) liegt. Ist dies bloßer Zufall oder steckt auch hier die Göttinnen-Dreiheit dahinter, so wie im württembergischen Plüderhausen? Dort befindet sich im Chorgewölbe der Kirche ein gotischer Schlußstein: Drei nackte Frauen halten sich an Haaren und Füßen und bilden einen Reigen. Dieser Dreifrauenstein befindet sich an einer vorchristlichen Kultstätte. In ihm wird die Urerinnerung an die Erdenmutter immer wieder zum Leben erweckt; ein tiefschichtiges Symbol für Geburt, Reife und Sterben.

Theo Odenwald übersetzt den Begriff mit »Weiler«, dessen übliche Erklärung sich in »römische Villa« erschöpft. Kein Mensch im alemannischen Sprachraum sagt jedoch »Weiler«, vielmehr sagt man »Wil«. Besonders in der Schweiz gibt es die »Wil«-Orte. Die Frage, ob so mancher dieser Orte seinen Namen von der Wilbeth hat, ist logisch. Da ergibt sich auch sogleich ein etymologischer Zusammenhang mit dem Hegau-Berg »Hohentwiel«. In Scheffels »Ekkehard« begegnet er uns als »hoher Twiel«. Im ersten Kapitel schreibt Scheffel: »Als Denkstein stürmischer Vorgeschichte unserer alten Mutter Erde sehen jene schroffen malerischen Bergkegel in die Niederung ...«

Fährt man den Hegau hinauf in Richtung Randen, erhebt sich links ein deutlicher Hügel mit einem Wasserbehälter darauf. An diesem Reservoir befindet sich die Inschrift: »Worberg, 802 m«. Etwas weiter, östlich von Grimmelshofen, gibt es einen weiteren Worberg, und etwa 800 m südlich davon befindet sich der »Wyhlhof«.

Zu Silvester, am Neujahr- und Dreikönigstag wird im badischen Randegg und in Gottmadingen »gebetelet« (mit einem »t« geschrieben). Im Volksmund wurde dies zum »Bettelgang«. Dieser Brauch findet sich noch viele Male im übrigen Verbreitungsgebiet der Bethen, die sich vor allem im Süden und Westen Deutschlands und in Frankreich nachweisen lassen. In Norddeutschland gibt es kaum Spuren eines Bethen-Kultes; sie fehlen überall dort, wo eine frühe Besiedelung während der Eiszeiten nicht möglich war. Wenn man die Zeitläufte in der Menschheitsentwicklung seit der jüngeren Altsteinzeit vor etwa 100 000 Jahren bis in die heutigen Tage bedenkt, wird einem die Mächtigkeit der nie ganz vergessenen Muttergottheiten erst bewußt. Im bäuerlichen Brauchtum, oft überformt, waren sie immer anwesend. Manchmal treten sie als Fides, Spes und Caritas auf. In Südtirol begegnen sie uns in Meransen als Aubet, Cubet, Quere, und in Schildthurn im bayerischen Landkreis Rottal-Inn wiederum als Einbeth, Wilbeth und Warbeth. Kunigundis, Mechtundis und Wibranda sind weitere Varianten. (St. Galluskirche, Eichsel bei Rheinfelden.)

Zahlreiche Ortssagen ranken sich um die »drei Jungfrauen« oder »waldschenkenden Fräuleins«, die wohl in alten Zeiten Wohltäterinnen gewesen sind, und für die an manchen Orten noch Messen gelesen werden, zum Beispiel in Hilzingen am Montag nach der Kirchweih. Der Mägdeberg mit seinem »Offerenbühl« (Opferhügel) im Hegau spricht für sich selbst. Eine andere Überlieferungsgruppe ist in den drei Königstöchtern erhalten, des weiteren in drei »wilden« Frauen oder heidnischen Fräulein, drei »salige« Fräulein oder einfach Schwestern. In einem alten schwäbischen Kinderreim leben sie weiter:

»Hotte, hotte, Rößle,
in Schtuegert schtoht e Schlößle,
in Schtuegert schtoht e Dockehaus,
gucked drei alte Jungf're raus:
Die eine schpinnt Seide,
die andre dreht Weide,
die dritte näht en' rote Rock
für onsern liabe Herre Gott.«

In der hessischen Version treten die drei heiligen Frauen noch deutlicher hervor:

»Sonnche, Sonnche, scheine,
Maria Kathareine,
zu Frankfurt in 'em Boppehaus
gucke' drei Marien raus:
Die an' spinnt Seire,
die anner' dreht Weire,
die dritte schließt s' Himmelche auf.«

Auch in Bayern hat sich ein Spruch erhalten, in dem uns die Heiligen Frauen mit ihren unterschiedlichen Attributen begegnen:

»Die mit dem Turm, die mit dem Wurm
und die mit dem Radel,
das sind die heiligen drei Madel.«

Gemeint sind hier die Erdmutter Ambeth mit dem Wurm und die Worbeth mit dem Sonnenrad. Die Gestalt des »Madel mit dem Turm« ist nicht so leicht durchschaubar. Theo Odenwald knüpft an folgende Legende an: »Barbara, Tochter eines reichen Mannes, verlangte von ihrem Vater, daß er ihr ein Badehaus mit drei Fenstern baue, nicht etwa mit zweien, wie geplant ...« - Die Zahl »Drei« verweist hierbei auf die alte Mond-Symbolik, den Vollmond, den aufgehenden und untergehenden Halbmond. Somit dürfte es sich bei dem »Turm-Madel« um niemand anderes als um die alte Mondgöttin Wilbeth handeln.

Erwähnenswert ist auch das Brauchtum des sogenannten »Gebildbrotes«. In Durlach und seiner näheren Umgebung, in Karlsruhe und weiter nördlich bis Bruchsal, bäckt man in der Adventszeit den »Dambedei«, ein Brot in Form eines Menschen (»dei« bedeutet auf mittelhochdeutsch »Teig«.) Im alemannischen Sprachraum werden die Geschlechtswörter mehr oder weniger verschluckt und das hört sich dann so an: Der Karl wird »de Karle« und die Marie ist »d'Marie«. Theo Odenwald sieht den Ursprung dieses Gebildbrotes im »d'ambeth's-dei«, dem Teig der Ambeth. Ein weiteres Gebildbrot führt uns ebenso eindeutig auf die Spuren der alten drei Bethen: Das mit drei Mandeln bestückte Frankfurter Beth-Männchen, von dem schon Frau Rat Goethe in einem ihrer Briefe berichtet hat.

Die genannten Bezüge sind nur das Kernstück einer verblaßten Überlieferung. Vielfältiges ließe sich noch zur Verehrung der drei Müttergöttinnen anreihen. Das kosmisch-mütterliche Geschehen, es ist allgegenwärtig. In der Bindung an Flußschleifen, »heilige« Berge, Quellen, Bäume und Höhlen zeigt sich immer wieder die Erdhaftigkeit der »drei Ewigen«.

Abschließend noch die prophetisch anmutenden Worte einer der bemerkenswertesten Frauengestalten der Geschichte, nämlich der heiligen Hildegard von Bingen (1098-1179), Ärztin und Äbtissin des Benediktinerklosters Rupertsberg. Sie schreibt über die Schöpfung:

»Ich, das feurige Leben der Gottwesenheit, flamme dahin über die Schönheit der Felder. Ich leuchte in den Wassern. Ich brenne in der Sonne, im Mond und in den Sternen. Und mit dem wehenden Wind – wie mit unsichtbarem Leben, das alles trägt – erwecke ich alle lebensgewaltig. Denn die Luft lebt im Grünen und Blühen.

Die Wasser fließen, als ob sie lebten. Auch die Sonne lebt in ihrem Lichte, und der Mond, wenn er abgenommen hat, wird vom Licht der Sonne entzündet, daß er wie aufs neue lebe. Auch die Sterne leuchten wie lebendig in ihrem Lichte. Die Säulen, die den ganzen Erdkreis umfassen, habe ich aufgestellt ... Das unversehrte Leben, das nicht von Steinen gebrochene, nicht aus Zweigen erblühte, nicht aus Manneskraft entsproßte, sondern alles, was lebt, hat seine Wurzel in mir.«

KIRCHEN ALS ORTE DER KRAFT ODER »DIE ERFÜLLTE SEHNSUCHT«

Die Sorgfalt, mit der unsere Urväter bedeutsame Stätten der Erde auswählten, um auf ihnen Göttin und Gott zu ehren, ist bemerkenswert.

Urgeschichtliche Kultstellen mit hohem Kraftpotential sind zum Teil schon sehr früh zerstört worden, indem man die Steine gesammelt oder vergraben hat bzw. wurden sie dämonisiert oder verteufelt. Das Volk aber vergaß die Plätze nicht. Bildstöcke, Kapellen und Kirchen wurden an ihnen errichtet. Besonders oft an Quellen und in der Nähe von Bäumen. Durch sie versuchte der Mensch teilzuhaben an den Kräften des Lebens, ja, sich dem Geheimnis des Lebens zu nähern.

Bei Bauwerken auf heiligen, starken Plätzen wurden deshalb strenge Regeln beachtet, denn nichts durfte den Kräftestrom zwischen Erde und Himmel stören. Auch Jesus suchte einen bestimmten Ort zum Abendmahl auf, und er sprach von der Zeit, die er abwarten müsse. Das Rechte soll am richtigen Platz zur richtigen Zeit geschehen, so lassen sich vielleicht seine Worte interpretieren.

Am heiligen Platz entspricht das Verhalten einem Ritual. Man nähert sich ihm in Ehrfurcht und Erwartung. Der Mohammedaner betritt seine Moschee zum Zeichen physischer Reinheit barfüßig, der katholische Christ reinigt sich kultisch mit geweihtem Wasser, bevor er sich ehrfurchtsvoll und auf Abstand bedacht dem Allerheiligsten nähert. Abstand wovon? Von Gott, oder etwa von einer Strahlung, mit der umzugehen er nicht befugt ist und die ihn treffen könnte wie ein Blitz?.

Als moderne Menschen fragen wir natürlich: »Was steckt dahinter?« Zu welcher Wirklichkeit gehören diese Kraftorte? Heute spricht man von den großen Verbindungslinien der Kraftorte, die über ganze Kontinente hinweggehen und auf denen die großen Kathedralen, die Pyramiden und antiken Tempel liegen, aber auch Stonehenge, Carnac oder der Ayers Rock. Sie werden als »Leylines« bezeichnet.

Die Systeme der Erdstrahlen sind kompliziert, und doch geht letztendlich eines in das andere über, und so kann es nicht anders sein, als daß konzentrierte Energiearten, die aus einer Energiequelle austreten, auf sämtliche Lebensformen, den Menschen eingeschlossen, wirken. Noch längst nicht sind uns alle Dimensionen einschließlich der Parapsychologie bekannt, in deren Bereich es allerdings viele Übertreibungen und Schwindeleien gibt.

»Die göttliche Brühl«, so nannte Beethoven in seinem Tagebuch die Landschaft um Hinterbrühl in Niederösterreich, in der er im Sommer 1818 verweilte. Er schrieb: »Ein kleines Haus allda so klein, daß man allein nur ein wenig Raum hat. Nur einige Tage in dieser göttlichen Briel. Sehnsucht oder Verlangen, Befreiung oder Erfüllung.« Zur Zeit der Kelten, vor über 2000 Jahren, waren dort die Hügel ringsum besiedelt, wovon zahlreiche Funde zeugen. Das ganze Gebiet um Brühl war einmal ein riesiges Kultgebiet mit starker Strahlung. Beethoven hat dies intuitiv erfaßt. Auch Schubert besuchte häufig die Brühl.

Nicht alle alten starken Plätze hat die Kirche übernommen, doch fast alle älteren Kirchen, bis in die Barockzeit hinein, stehen auf diesen Plätzen. In San Clemente in Rom stehen drei Kirchen übereinander. Die Strahlung ist dort gewaltig, und man hört die Wasser in der Tiefe rauschen. Die unterste der drei Kirchen war ein Mithrasheiligtum, also dem altiranischen Lichtgott geweiht. Das fließende, ziehende Wasser war wichtig für den Platz, an dem die früheren Baumeister eine Kirche errichteten. Es bestimmte die Plazierung des Altars.

Häufig findet sich in den alten Kirchen ein und dasselbe Richtungsschema: Vom »geosteten« Altar aus läuft eine Ost-West-Linie zum hinteren Ausgang, was an die keltischen Viereckschanzen erinnert. Der stärkste geomantische Punkt ist der Altar oder der Platz hinter dem Hochaltar; ein weiterer befindet sich unter dem Triumphbogen – dort verläuft eine Querlinie, auf der die Kanzel steht; Parallellinien verlaufen in den Nebenschiffen. Die alten Baumeister achteten auf den nach Osten, nach Jerusalem gewandten Altar: in ihm verkörperte sich die aufgehende Sonne Christus. So wurde bis in die Barockzeit hinein in diesem Sinne gebaut, und es wurden größte Schwierigkeiten nicht nur in Kauf genommen, sondern gemeistert, um eine Kirche dort hinzustellen, wohin sie gehörte. Ein Knick in der Achse einer gotischen Kirche zeigt nicht etwa das geneigte Haupt Christi am Kreuz an, sondern den Sonnenaufgang am Festtag des Kirchenpatrons oder den Verlauf der Strahlungslinie. Für die Tatsache, daß manche alten Kirchen nicht geostet sind, mag es verschiedene Gründe geben. So ist zum Beispiel St. Peter in Rom nach Westen gerichtet. Auch die Richtung nach Südosten galt bei alten Heiligtümern als günstig (St. Stephan in Wien). Entscheidend beim Bau war jedoch immer, daß der Altar im richtigen und starken Strahlungsfeld stand. Mit der Ausrichtung des Heiligtums konnten die tellurischen Ströme zweifellos geändert werden. Ein Beispiel hierfür ist die Kathedrale von Chartres.

Alle alten Altäre waren Umgangsaltäre, die Gläubigen konnten hintereinander in der Prozession durchziehen. »Circumambulatio« wird dies genannt, und mit diesem Akt wird die Wiedergeburt symbolisiert. Der Platz, an dem die eigentliche Kanzel steht, darf man ruhig als »Ort der Beredsamkeit« bezeichnen. Dort ist die Strahlung stark, sie teilt sich dem Prediger mit. Dieses »Aufladen« hält etwa eine Stunde an, gerade so lange, wie früher gepredigt wurde. Die Kanzeln und die Hochaltäre stehen inzwischen vewaist. Es wurden sogenannte Volksaltäre bzw. Pulte aufgestellt, von denen aus gepredigt wird. Die Gründe sind einleuchtend: Der Pfarrer soll nicht nur gesehen, sondern auch gehört werden. Sein Gesicht ist nicht mehr nach Osten und damit symbolisch zu Gott gewandt, sondern zur Versammlung, und seine Stimme tönt aus dem Lautsprecher. Das Mystische und das Rationale ringen hier miteinander. Indem der Volksaltar unter dem Triumphbogen liegt, wird auch er zu einem strahlenden Platz, da er auf der Ost-West-Linie steht. Dieses Wissen von der Geomantik wurde früher als Geheimwissenschaft weitergegeben, und nur wenige waren Eingeweihte.

In diesem Zusammenhang stellt sich nun die Frage: Sind die starken Plätze in den Kirchen gut oder schlecht für den Menschen? Sie sind gut und harmonisierend, wenn man sich an ihnen sozusagen kurzfristig auflädt, doch sind sie schädlich und können krank machen, wenn man zu lange verweilt. Auch Röntgenstrahlen oder Radiumstrahlen kann man nur dosiert aufnehmen. Aus demselben Grund haben die alten Meister solche stark strahlenden Punkte vor den Menschen abgeschirmt. Selbst vom Hohepriester durfte das Allerheiligste nur einmal im Jahr betreten werden. Eine weitere Frage tut sich auf: Waren oder sind dann die Priester nicht besonders gefährdet oder kann sich der menschliche Organismus mit der Zeit auf die Strahlung einstellen?

Aus dieser Frage heraus erklärt sich der Brustschmuck der jüdischen Hohepriester – Gewänder und Schmuck hatten ihren Sinn. Es ist anzunehmen, daß das weiße Unterkleid der Priester die Strahlung abhielt, und die Stola, die wie ein Hufeisen um den Hals liegend nach unten weist, hatte wahrscheinlich abschirmende und ableitende Wirkung.

Der eigentliche Sinn und Zweck des Manipels – ein Ärmeltuch, das die Priester bis zum letzten Konzil trugen – ist im Laufe der Jahrhunderte vergessen worden. Es wurde als Schweißtuch getragen, war jedoch ursprünglich ein kultisches Kleidungsstück. Der wesentlich längere Aufenthalt der Päpste und Bischöfe an solchen stark strahlenden Plätzen war nicht ungefährlich. So schützten sich in früheren Zeiten die Bischöfe nicht nur durch Kultschuhe, sie trugen auch doppelte Unterkleider; dazu das sogenannte Pallium, das der Papst ursprünglich allein tragen durfte, es dann aber auch den Erzbischöfen verlieh. Die weiße Wolle für diesen Umhang stammt von klostereigenen Schafen, sie wird am Fest der heiligen Agnes geweiht und von Nonnen verarbeitet. In den Kragen werden schwarze Kreuzchen gestickt, von dem je ein Band am Rücken und eines an der Brust herabhängt. Danach wird der Umhang feierlich geweiht.

Eine ganz besondere Stellung unter den großen Kathedralen nimmt die bereits genannte Kathedrale von Chartres in der Nähe von Paris ein. Es ist kein Zufall, daß diese Kirche dort hingebaut wurde, wo sie steht. Unter ihrem Hochaltar vereinigen sich sieben Quellen von links und sieben Quellen von rechts. Die Geschichte um die Schwarze Jungfrau von Chartres reicht weit zurück. Sie ist älter als die ersten Christen, die sie entdeckten, und als diese die Inschrift »virgini pariturae« auf dem Sockel lasen, muß die Verwunderung groß gewesen sein. »Geweiht der Jungfrau, die gebären wird«, bedeuten die lateinischen Worte. Die Statue aus Birnbaumholz war schon damals vom Alter geschwärzt, und offensichtlich lange vor der Geburt Christi von heidnischer Hand geschnitzt worden.

Der Wallfahrtsort Chartres ist also älter als das Christentum, vermutlich älter als das Keltentum. In jenen frühen Zeiten ging man schon auf Pilgerschaft. Die Erdwirkungen an Wallfahrtsorten regten die Erweckung des »Geistes« an und bescherten unseren Ur-Vorfahren religiöses Heil.

Erwähnt sei hier noch einmal der Begriff »religio«. Das lateinische »religare« bedeutet »wiederverbinden«. Jahrtausend auf Jahrtausend, Jahrhundert um Jahrhundert trotzten Pilger den Gefahren in unwegsamen Wäldern, mit Rudeln von Wölfen, in Sümpfen, in denen giftige Reptilien lauerten, ganz zu schweigen von erbarmungsloser Hitze, klirrender Kälte und schier unüberwindbaren Gewässern, um einmal am Wohnsitz einer Gottheit verweilen zu dürfen.

Die aus der Bewegung unterirdischer Wasser resultierenden Erdströme sind nicht die einzigen Kraftfelder. Andere entstehen durch Spalten im Erdreich, die durch ein Aufeinandertreffen unterschiedlicher Schichten entstanden sind; hierbei können aufgrund von Temperaturschwankungen starke Spannungen entstehen. Weitere Kraftströme kommen aus dem glühenden Erdinneren. Sie sind die Lebensströme der Erde und vergleichbar mit dem menschlichen Blutstrom, der jede unserer unzähligen Körperzellen mit Wärme und Nährstoffen versorgt. Wo diese Ströme auf- und heraustreten, dort ist die Erde fruchtbar, dort gibt es Leben und lebende Wesen.

Wenn ein Teil des menschlichen Körpers nicht mehr durchblutet wird, stirbt er ab. Dasselbe gilt für bestimmte Landstriche.

Im Burgenland, in der Nähe des Geburtsortes des großen Komponisten Franz Liszt und der Wirkstätte von Joseph Haydn, gibt es einen solchen Platz, an dem kaum etwas wächst und an dem kein Vogel singt. Auch kamen dort auf unerklärliche Weise Menschen zu Tode. Einheimische behaupten, daß dort noch bis vor wenigen Jahren die Muttergöttin erschienen sei. Die Assoziation zu Medjugorie ist gegeben. Die Gegend um Medjugorie ist ähnlich öde.

Ströme offenbaren in allen Kulturen das Leben. Als geflügelte Schlangen, auch als Vögel und als verführerische Sirenen wurden sie dargestellt. Ströme schlängeln sich durch die Landschaft wie lebensnotwendige Adern. Vielleicht kommt daher jener bildhafte Vergleich zwischen den Erdströmen und den Schlangen. Die alte gallische Bezeichnung für »Der Geist, der da weht« ist »Wouivre«. Mit »Wouivre« bezeichneten unsere Urahnen die über den Erdboden gleitende Schlange. Gleichzeitig galt der Name auch für jene unsichtbaren Ströme, die unsere Erde unterirdisch durchziehen. Die Schlange als ein Symbol für das Fließen, für das »Im-Fluß-Sein« sie ist ein einzigartiges Symbol, das Gegensätzliches verbindet, indem sie sich hindurchwindet. Das Steinzeitmonument im englischen Avebury in der Grafschaft Wiltshire stellt eine Schlange dar. Die Kelten machten sie durch das Aufsetzen eines Widderkopfes zu einem Kulttier.

Seit jeher wird die Schlange mit dem männlichen Glied aber ebenso mit der Nabelschnur verglichen. Ihr elastischer Schlund macht sie zur Verschlingerin, ihr Aufrichten dagegen zum Lebensbaum. Die Schlange vereint das männliche und das weibliche Prinzip: Muttergöttin und schöpferischer Gott der »Anderswelt«. Sie symbolisiert den bäuerlichen Fruchtbarkeits-Zyklus sowie den Wechsel von Wachen und Schlafen, von Tod und Leben. In ihren mehrfachen Häuten sahen die Alten die Wiederverkörperung. Den Himmel und Erde verbindenden Regenbogen und auch die Heilquelle verglichen sie ebenfalls mit der Schlange; sie war Ausdruck einer Achse, um die sich alles Leben dreht. In der biblischen Geschichte vom Paradies wird diese Einheit zersprengt.

Auch Goethe hat uns in seinem Märchen »Von der grünen Schlange und der Lilie« ein Bild hinterlassen, in dem »die menschlichen Seelenrätsel näher an die unermeßlich reiche Welt des Geisteslebens rücken« , so interpretiert Rudolf Steiner. »Es ist die Einstellung des Blickes auf die menschliche Seelenwelt, auf die Goethe geblickt hat«, fährt Steiner fort, »und aus deren Walten ihm – anstatt philosophischer Ideen – lebendige Geistgestalten entgegensprangen. Was in diesen Geistgestalten lebt, es lebt in der menschlichen Seele.«

Diese »Geistgestalten« begegnen uns dort, wo »der Geist weht« wo sich Erdströme und Luftströme miteinander verbinden, wo uns in der Mythologie Nixen und drachenähnliche Geschöpfe begegnen, dort richteten die Menschen Steine auf: die Menhire oder Fruchtbarkeitssteine. Unter all den heiligen Stätten jedoch, die Steine, Dolmen oder Tempel trugen, übertraf im Abendland eine den Ruf aller anderen: das heutige »Chartres« im früheren »Lande der Carnuten«. Der Historiker und Domherr Bulteau schreibt über Chartres: »Dort, im Herzen Galliens, befand sich das höchste Heiligtum der Druiden, war ihre oberste Gerichtsstätte, der große Eichenhain-Tempel. Mit einem Wort: hier war ein Mittelpunkt des Druidentums.«

Ein weiteres Mal begegnen wir der Schlange, und zwar in der christlichen Ikonographie, der kultischen Darstellung heiliger Personen und ihrer Geschichte. Die heilige Jungfrau oder »Notre Dame« setzt den Fuß auf den Kopf der Schlange, auf den Kopf der »Wouivre«, also auf den »Geist, der da weht«, auf die »Quelle allen Lebens«, und somit auf die »Heilquelle«. An solchen Orten errichteten die Heiden ihren »Dolmen«, eine große bis monumentale Grabkammer. Diese Dolmenkammer bedeutete den Eingang in die »Anderswelt«. Über den Dolmen, der aus mehreren Trag- und ein bis zwei Decksteinen besteht, und insbesondere über die Kathedrale von Chartres schreibt der Forscher Claudel: »Der Stein ist so gespannt, daß man ihn mit dem Fingernagel zum Klingen bringen kann. Das Geheimnis liegt in der Berührung mit dem Wasser, wie sie alle mehr oder weniger großen Kirchen haben; somit werden die »Gotteshäuser« zu Musikinstrumenten«. In den großen Kathedralen, vor allem in den gotischen, sind Schub und Gewicht des Gewölbes genau aufeinander abgestimmt. Man könnte dies mit einer Sprungfeder vergleichen, die sich, ähnlich einer Harfensaite, in Spannung befindet. Diese Spannungsgesetze entsprechen den Bildegesetzen des Pflanzenwachstums – schauen wir uns nur einen Grashalm an –; sie beinhalten das Wissen um die kosmischen Proportionen und das Eichmaß. Dieses Wissen um das richtige Maß, um den gemeinsamen Nenner zwischen Mensch und Welt, der Großmeister der Templer, er besaß es schon zu jener Zeit, die wir heute »finsteres Mittelalter« nennen. Er trug den Stab der Meister aller Baumeister, den »Abacus«, der der oberen Platte auf dem Säulenkapitell entspricht.

In diesem Zusammenhang fällt eine Darstellung am Nordportal der Kathedrale von Chartres auf: Mose trägt eine Tempelsäule, an der in Gestalt eines geflügelten Drachen die »Wouivre« emporklettert. Man bedenke die Einmaligkeit dieser Verschmelzung: Mose am größten Druiden-Heiligtum! – Von ebenfalls größter Bedeutung sind die Positionen der Marien-Kathedralen aus dem zwölften und dreizehnten Jahrhundert in Frankreich. In einem Gebiet, das Belgisch-Gallien, die Champagne, die Picardie, die Ile-de-France und Neustrien umfaßt, bilden eine Anzahl dieser alten Marienkirchen auf dem Erdboden fast genau die Konstellation des Sternbildes der Jungfrau nach, unter ihnen Bayeux, Amiens, Reims, Chartres, Evreux. Aber auch die Benediktinerabteien in der Normandie bei Caux zeichnen auf dem Erdboden das Sternbild des Großen Bären nach. Und die Anlage der Felder, die Glastonbury in Somerset umgeben, wo sich der Überlieferung nach die Insel Avalon mit dem druidischen Gralsbrunnen und dem Artusgrab befunden haben soll, entspricht den zwölf Zeichen des Tierkreises, wie man jüngst entdeckt hat.

Zurück jedoch zu jenen Templern: Wer waren diese? Die Geschichte erzählt von neun frommen und gottesfürchtigen französischen Rittern von hoher Herkunft, die im Jahre 1118 von König Baudouin und den Stiftsherren vom Heiligen Grabe zu Jerusalem die Erlaubnis bekamen, ihren Orden zu gründen, und zwar – dies ist das Besondere – ausgerechnet an der Stelle, an der einst Salomos Tempel gestanden hatte, und der zu dieser Zeit mit einer neuen Residenz überbaut war. Die offizielle Aufgabe der Ritter war der Schutz der Jerusalempilger. Es ist jedoch offenkundig, daß diese Ritter von Bernhard von Clairvaux, dem heiligen Bernhard, nicht zum Bewachen von Straßen ins Heilige Land entsandt wurden; ihre eigentliche Aufgabe ist woanders zu suchen. Zum heiligen Bernhard ist zu sagen, daß er, der Schutzherr der Templer, auch der Schöpfer der Idee der gotischen Kathedralen war und wohl als die markanteste Persönlichkeit geistigen Standes im Abendland gelten kann.

Was aber suchten jene neun Ritter, zu denen später noch ein zehnter stieß, auf dem »Masjid-el-Aksa«? In der Bereitwilligkeit, mit der König, Hofstaat und die Mönche vom Heiligen Grab die Residenz freigaben, um den Rittern ungestörten Zugang zu den Überresten des Salomonischen Tempels zu verschaffen, könnte der Schlüssel des Rätsels liegen. Die Templer, sie begannen archäologisch zu arbeiten, indem sie die riesigen Pferdeställe Salomons unter dem Tempelplatz freilegten. Dies ist belegt in den Aussagen des Kreuzfahrers Johann von Würzburg. Er schreibt: »Ein Pferdestall so wunderbaren und riesigen Ausmaßes, daß er an die zweitausend Pferde oder fünfzehnhundert Kamele aufzunehmen vermöchte.«

Die Suche der Templer galt aber nicht nur den baulichen Überresten des einstigen Tempels, sondern den heiligsten und kostbarsten Tafeln des Gesetzes: der uralten Bundeslade, einen Schrein aus harzreichem Akazienholz, innen und außen mit Goldblech verkleidet; gefährlich für den Unbefugten, da er durch eine Art »metallener Antennen«, in der Form von Cherubimen, die Eigenschaften eines elektrischen Kondensators besaß. Reichte die elektrische Ladung aus, um einen Menschen zu töten – wie Usa, der es laut biblischer Geschichte wagte, die Bundeslade zu berühren? Moses, der die Steintafeln mit dem Gottesgesetz in der Lade verschloß, ließ diese zunächst von Leviten, den jüdischen Tempeldienern aus dem Stamm Levi, bewachen. Diese, als Bewacher des Allerheiligsten, hatten die Aufgabe, Eindringlinge abzuwehren.

»Du hast alles geordnet mit Maß, Zahl und Gewicht!« spricht der weise Salomo von Gott. Könnte dies heißen, daß die Tafeln die Weltenformel enthalten haben? Den »LOGOS«? Der von Gott inspirierte Mose hat dieses Wissen auf dem Sinai zu Formeln verdichtet, die er mit dem »Finger Gottes« in Stein geschrieben hat. Sind es die ewig gleichen Formeln, die auch heute unser Leben bestimmen? Formeln, die von Anbeginn des Kosmos und unserer Erde festgelegt waren, ohne die eine Cheopspyramide nur ein riesiger Steinhaufen wäre, und ohne die eine zu groß oder zu klein geratene Stimmgabel nicht den Ton »a« ergäbe? Das gültige Maß, eben jener gemeinsame Nenner von Mensch und Welt, es scheint in Gestalt des grünenden Aaronstabes zusammen mit den Gesetzestafeln in die Lade gelegt und in den Ruinen des Salomonischen Tempels begraben worden zu sein.

Die Erbauer des Salomonischen Tempels, der Pyramiden Ägyptens, und die Schöpfer der abendländischen Gotik, sie mußten Zugang zu heiligen Formeln und Weisheiten gehabt haben, die mehr hervorgebracht haben als nur reine Baukunst. Sie vermochten mehr, als Kraft und Widerstand zu berechnen, sie besaßen mehr als die Kenntnis von Zahlengesetzen, sie kannten die Gesetze der psychophysischen Zusammenhänge, der Wechselbeziehungen zwischen Körper und Geist. In ihren Werken spiegelt sich uraltes, erhabenes Geheimwissen wider; aus der verborgenen Bundeslade, im Kessel von Gundestrup, im Dolmen von Chartres und aus anderen magischen Plätzen blickt es uns an.

Welch eine Geisteskraft, welch ein Wissen, über das diese namenlosen Baumeister verfügten, denen ein Maß und ein Seil genügt hatten. Ein Maß jedoch, das kein beliebiges war, sondern der kosmischen Konstellation entnommen war: Das zwölfknotige Druidenseil mit seinen dreizehn gleichen Abschnitten. Dieses läßt die Konstruktion verschiedener geometrischer Figuren auf dem Erdboden zu. Aus zwölf Abschnitten ergibt sich zum Beispiel das pythagoräische Dreick, und mit Hilfe von 13 Abschnitten läßt sich ein gleichschenkliges Dreieck, das dem Pyramiden-Dreieck annähernd gleich ist.

Es war Mose, der durch die Tafeln des göttlichen Gesetzes das Maß für die Tempelsäule vorgegeben hat. Der erste Schritt beim Bau eines Tempels oder einer Kathedrale bestand in der Errichtung einer Säule im Zentrum des heiligen Ortes. Sie galt als die Vermittlerin zwischen Himmel und Erde, als Visierpunkt für die Bewegungen der Planeten und des Tierkreises, und das Verhältnis der Erde zu den Gestirnen wurde durch sie bestimmt. Um die Säule herum wurde der Bau errichtet. Ihre Höhe war maßgeblich für seine Dimensionen. Aus der Länge der sie umwandernden Sonnenschatten ergaben sie sich. Mit dem Schatten der Tempelsäule wurde auch der Platz abgegrenzt, auf dem später der Kult vollzogen wurde. Aus dieser inneren Umgrenzung ergab sich die erste geometrische Figur, die sogenannte erste »Tafel«; ihre Maße wurden ebenfalls vom Schatten der Säule bestimmt, und in ihren Proportionen verbirgt sich eine geheime Tradition.

Der Zimmermann Raoul Vergez, Verfasser zweier Bücher über seine Bruderschaft und Restorator der meisten im Zweiten Weltkrieg in der Normandie und der Bretagne beschädigten Kirchtürme, bemerkt zu dieser Tradition: »Drei Tafeln haben den Gral getragen: eine runde Tafel, eine quadratische Tafel und eine rechteckige Tafel. Alle drei haben denselben Flächeninhalt; ihre Zahl ist 21...«

Um dieser Zahl auf die Spur zu kommen, lese man sie anstelle von 21 als 2 und 1. Diese Zahlenproportion lag den ägyptischen und griechischen Tempeln und auch dem Salomonischen Tempel, bis auf sein Allerheiligstes, zugrunde. Auch der Chor der christlichen Kirchen ist rechteckig. Das Rechteck mit den Seitenverhältnissen 2:1 hat die Diagonale Wurzel aus 5. Nun verlängern wir diese Diagonale um die Breite 1 der rechteckigen Figur und teilen daraufhin die neue Strecke durch 2, so erhalten wir wiederum eine Strecke, deren Zahlenwert (hinsichtlich 1) den Goldenen Schnitt ergibt.

Die »Hagia Sophia« von Konstantinopel und die galloromanischen Tempel orientierten sich an der quadratischen Tafel, und über der runden Tafel erbauten die Tempelritter ihre Rundkirchen. Der Bogen der runden Tafel war maßgebend für die Standorte der großen Pfeiler zwischen Chor und Vierung (Teil des Kirchenhauses, in dem sich Lang- und Querhaus durchdringen).

In den großen alten Bauwerken begegnet uns unter vielem anderen noch eine weitere, herausragende Genialität ihrer Meister: die geometrische Tonleiter. Die Verteilung der Töne in den Gewölben sind haargenau berechnet worden. Überall sind harmonische Beziehungen zwischen Raum und Klang erkennbar. Alles hängt miteinander zusammen, und zwar in mathematischen Proportionen, die in Architektur übersetzt wurden. Das Gewölbe ist nicht nur Ausdruck von Harmonie, sein Bogen entspricht auch dem Kreis, der einen Fünfstern umschreibt und damit den Menschen. Man denke an die Darstellung von Leonardo da Vincis Kreis, der die materiellen Formgesetze des Menschen beinhaltet. Genau dieselben begegnen uns im göttlichen Einheitsgesetz.

Sichtbarer, und damit begreifbarer, ist für uns in jeder Kirche der Altar: Er ist der Abendmahlstisch des Christentums, der uns den Weg weist zu jenen drei Tafeln, die den Gral tragen – so weiß es die Überlieferung. In der Sage von der Tafelrunde stellt der Gral das Trinkgefäß beim Abendmahl Christi dar, in dem Joseph von Arimathia das Blut des gekreuzigten Gottessohnes aufgefangen hat. Weitaus älter als diese christliche Version ist die keltische. »Gral« entspringt vermutlich dem keltischen Wort »Car« oder »Gar« – das bedeutet »Stein«, und »Gar-Al« oder »Gar-El« läßt sich als »Gefäß des Steins« oder auch »Stein Gottes« übersetzen. Mit dem »Stein Gottes« könnte auch der »Stein der Weisen« gemeint sein, in dem sich alle göttlichen und kosmischen Kräfte verdichtet haben. – Trägt der Mensch etwa diesen »Stein der Weisen« in sich, indem er durch den Einweihungsweg oder die »Wiedergeburt« selbst zur »Schale« werden, und den »Gral« fassen und damit geistig erfassen kann – allumfassend, mit allem verbunden, so wie das Wasser und das Feuer selbst im Symbol des Kessels?

Das irdische und das himmlische Feuer vereinigen sich in Luft und Licht, und so kann es nicht anders sein, als daß Kirchen häufig auf Hügeln und an Berghängen stehen, wo sie Himmel und Erde sichtbar verbinden. Mehr noch, in den Glasfenstern der Kirchen findet eine Umwandlung der Materie statt. Grün wird zu schwarz, schwarz zu weiß, weiß zu blau, blau zu purpur, und purpur zu gold. Das Glas wird zum Edelstein, indem es das Licht bändigt und ihm zugleich dient. Es ist das Instrument, auf dem das Licht seine unendliche Symphonie spielt. Es ist das leuchtende Auge eines Schöpfers und beruht wie die Gotik auf einer eigenen Wissenschaft: Ein Werk der Alchemie. Im Abendland taucht das echte Glas zu Anfang des 12. Jahrhunderts auf und verschwindet plötzlich gegen die Mitte des 13.

Jahrhunderts. Schon im 11. Jahrhundert gelang persischen Wissenschaftlern die Herstellung dieses besonderen Glases. Unter ihnen befand sich der Mathematiker und Philosoph Omar-i-Kajjam. Stecken in einem seiner Verse mehr als nur weise Worte? Etwa die Ahnung um den Inhalt jener von »Gottes Finger« geschriebenen Steintafeln der Bundeslade?

> *»Das Rätsel dieser Welt löst weder du noch ich,*
> *Jene geheime Schrift liest weder du noch ich. –*
> *Wir wüßten beide gern, was jener Schleier birgt,*
> *Doch wenn der Schleier fällt, bist weder du noch ich.«*

Licht ist eine Verbindung von Wellen verschiedener Länge und energiegeladenen kleinsten atomaren Teilchen (Korpuskeln), die im Sonnenlicht aktiv sind. Unsere Haut schützt sich gegen diese geballte Ladung durch die Bildung von Pigmenten. Dasselbe vollzieht sich im gotischen Fensterglas. Unter stärkster und ungehemmter Sonneneinstrahlung projiziert es nicht seine Farbe in den Raum, wie es bei gefärbtem Glas der Fall ist, sondern läßt nur eine diffuse Helligkeit durchscheinen, in der sich die Farbigkeit der Luft aufs wunderbarste enthüllt. In der Dämmerung leuchtet es nicht schwächer als am hohen Mittag.

Als »wahrhafte Wunder der Technik und Kunst« bezeichnet Regine Pernoud diese alten Fenster und führt weiter aus: »Das Glas ist weiß oder eher farblos; aber die Glasmacher haben aus dieser durchschimmernden Glasmasse – allein durch die Art des Brennens – mit Hilfe unterschiedlicher Dichten und mit Hilfe von Blasen innerhalb der Glasmasse ein perlmuttartig glänzendes Licht erzeugen können, das einen die triumphierenden Farben anderer Glasfenster vergessen läßt.« – Keine chemische Analyse hat diesen gotischen Fenstern ihre alchemistischen Geheimnisse zu entreißen vermocht. Und in all dem immer wieder der Stein, nicht nur in der Beziehung zum Glas, das er umschließt, der Stein in der Beziehung vom keltischen Kreuz bis zum Pfeilergrundriß an geistlichen Stätten; in der Dolmenkammer, in Krypta und Kirche ist er zum heiligen Gefäß geworden. Zunächst im Dolmen, dann später in der romanisch-gotischen Unterkirche, der »Krypta«, erfuhr der Mensch in der Meditation das Mysterium von Sterben und Auferstehen, eine Entsprechung zum Grab Jesu. Hier war er Gott an nächsten. Heilige und Könige hat man in diesem eigentlichen Zentrum der alten Kirchen bestattet, um sie an einem Ort des Friedens ruhen zu lassen, und in diesem Zusammenhang kann nicht geleugnet werden, daß auch Reliquien von Heiligen eine Strahlung besitzen. Im Buch der Könige heißt es: »Da sprach Salomon: Der Herr hat geredet, er wolle im Dunkel wohnen. So habe ich nun ein Haus gebaut, dir zur Wohnung, einen Sitz, daß du ewiglich da wohnest.« (1. Könige 8)

Die Frage bleibt, ob auch in den ägyptischen Pyramiden in erster Linie jene geheimnisvollen Riten vollzogen wurden, bei denen sich Menschen auf ihrem Einweihungsweg in eine Mysteriengemeinschaft symbolisch in das Grab legten, um dann gleichsam als neuer Mensch wieder aufzu(er)stehen? – In Hans Sterneders Buch »Also spricht die Cheopspyramide« erklärt der greise Lehrer und Meister seinem Schüler diese Mysterienwelt mit folgenden Worten: »Zu allen Zeiten der Menschheit haben Einzelne den Sinn des Lebens erkannt und sich den Einweihungsweg emporgerungen. Die Größten von ihnen haben den Himmel eingeteilt und Tierkreise geschaffen; sie haben Sterntempel aufgerichtet und Einweihungsstätten gebaut. Sie waren die Herren über sich und Herren der drei Welten. Und da sie sich mit dem schöpferischen, lebensspendenden Licht der Sonne – das in die Siebenheit der Farben zerfällt, in ihrer Gesamtheit aber weiß ist – vereinten, haben sie sich seit Urzeiten die Weißen Brüder genannt, was nichts anderes heißen soll, als: Wir sind die wissenden Söhne der Sonne.«

Das weihevolle Zeichen für die »Söhne der Sonne«, es ist das Henkelkreuz, das die alten Ägypter »Ankh« nannten; es bedeutet »Leben«. – Die Schlinge ist der Kopf des Menschen, die waagrechten Balken sind die ausgebreiteten Arme, und der senkrechte Balken ist der Leib.

Aus dem Morgenland kehren wir wieder zurück ins Abendland, zu den westfälischen Externsteinen, von denen schon die Rede war. Auch dort gibt es einen geheimnisvollen Steintrog, von dem Hans Sterneder schreibt, daß er einst, gleich dem Sarkophag in der Pyramide, dem Einweihungsweg diente. Nach Sterneder ist das Gefels der Externsteine in seiner Gesamtheit die Entsprechung der Cheopspyramide.

Stein, immer wieder aus dem Schoß der Erde emporgehoben, von Wasser und Wind geschliffen, gespalten, zerfurcht, in ihm versinnbildlicht sich ein unsterbliches Antlitz.

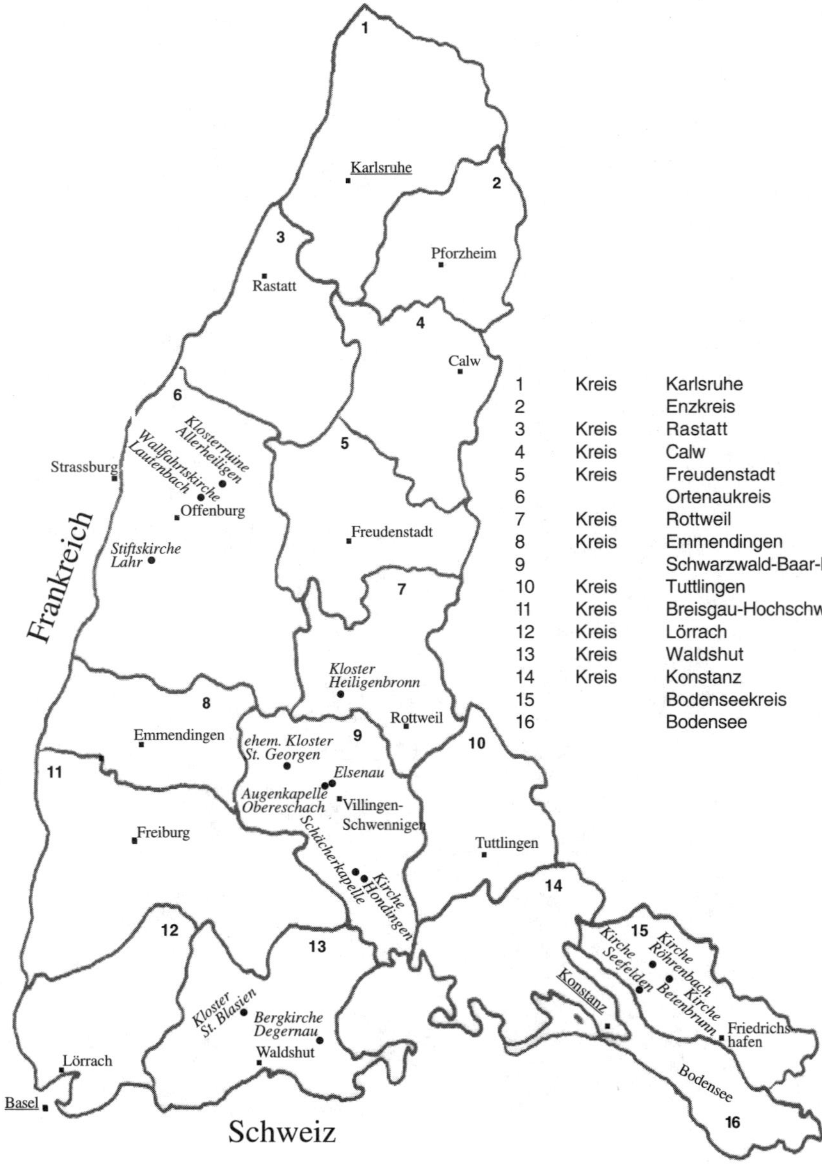

1	Kreis	Karlsruhe
2		Enzkreis
3	Kreis	Rastatt
4	Kreis	Calw
5	Kreis	Freudenstadt
6		Ortenaukreis
7	Kreis	Rottweil
8	Kreis	Emmendingen
9		Schwarzwald-Baar-Kreis
10	Kreis	Tuttlingen
11	Kreis	Breisgau-Hochschwarzwald
12	Kreis	Lörrach
13	Kreis	Waldshut
14	Kreis	Konstanz
15		Bodenseekreis
16		Bodensee

Die Klosterruine Allerheiligen, die Engelskanzel und die Allerheiligenfälle
bei Oppenau / Ottenhöfen im Ortenaukreis

Klosterruine Allerheiligen seinem Namen entsprechend, ist das Kloster »allen Heiligen« gewidmet.

Ausgangspunkt für den Besuch der Allerheiligenfälle und der Klosterruine sind die Parkplätze am Fuß der Wasserfälle oder in Allerheiligen.

Informationstafel und Hinweisschilder führen schluchteinwärts zu den ersten Kaskaden der Wasserfälle. Über steile Felstreppen stürzen sich die gischtenden Wasser des Lierbaches rund 80 m in die Tiefe und überwinden auf einer horizontalen Entfernung von etwa 5 km Laufstrecke einen Höhenunterschied von nahezu 550 m. Am Fuß der einzelnen Fälle haben die strudelnden Wasser in geologisch langen Zeiträumen Vertiefungen gebildet, sogenannte ausgekolkte Strudeltöpfe. Eine Weganlage erschließt seit dem Jahr 1840 die früher unzugängliche Schlucht. Besonders zur Zeit der Schneeschmelze ist das Tosen der Wasser ein urgewaltiges Schauspiel. Bei Oppenau münden die Wasser in die Rench.

Wandert man den Lierbach aufwärts, so gelangt man zur zauberhaft gelegenen Klosterruine Allerheiligen, die unter den Klosterkirchen im nördlichen Schwarzwald eine besondere Stellung einnimmt. Gründerin war die Herzogin Uta von Schauenburg, deren unglückliche Ehe mit Welf VI. den

Ausschlag zur Klostergründung gab. Sie berief den Orden der Prämonstratenser, einen Gelehrtenorden, aus Frankreich nach Allerheiligen und stellte damit die Verbindung mit der französischen Gotik her. Die berühmte Kathedrale von Laon war das Vorbild besonders für das kleinere Allerheiligen, dessen Grundzüge jedoch dem Vorbild entsprachen. Die Bestätigungsurkunde des Klosters durch Kaiser Heinrich VI. stammt aus dem Jahr 1196, dem Todesjahr von Uta, deren Grab unbekannt ist. Gewidmet ist das Kloster allen Heiligen, daher der Name »Allerheiligen«. Es stellte das erste gotische Bauwerk im mittelbadischen Raum dar.

Die Legende berichtet von einem Traum, in dem Uta die heilige Ursula erschienen ist und ihr folgenden Rat erteilte: Ein Esel soll mit einem Sack Gold beladen und aus dem Tal geschickt werden. Dort, wo er den Sack abwirft, soll das Kloster entstehen. – Gesagt, getan, man folgt dem Rat, und so trottet der Esel mit dem Goldsack den Sohlberg hinauf nach Osten, der dem Wanderer den Ausblick in die Rheinebene und bei klarer Sicht bis Straßburg mit seinem Münster und in die Vogesen erlaubt. Als das Tier auf dem Bergrücken ankommt, empfindet es großen Durst; es scharrt mit den Hufen, und, siehe da, an dieser Stelle entspringt auch schon eine Quelle. Man hat die Quelle später gefaßt und mit einem Denkstein versehen, auf dem zu lesen ist: »Ward einst ein Esel durchgeführt, von dessen Huf der Quell herrührt.«

Eine ganze Weile noch trottet der Esel weiter. Dann befreit er sich von dem Sack. Zur großen Verwunderung seines Begleiters rollt der Goldsack jedoch zurück ins Tal. Dennoch versucht man an der Stelle, an welcher der Sack abgeworfen wurde, das Kloster zu bauen. Zweimal nacheinander verschwindet aber das Bauholz auf unerklärliche Weise und wird wieder im Tal gefunden. Beim dritten Versuch hält ein Zimmermann Nachtwache. Wiederum fliegt das Bauholz zu Tal, und der Zimmermann wird tot aufgefunden. Daraufhin wird das Kloster nun im stillen Lierbachtal errichtet. An der Stelle, wo der Esel das Gold abwarf, läßt die Herzogin eine Kapelle zu Ehren der hl. Ursula errichten. Nur noch ein Bildstöckchen erinnert daran, doch der Platz heißt heute noch Kapellenplatz.

Die Gründung eines Klosters war zu jener Zeit nicht nur eine Investition in materieller Hinsicht, sondern auch eine für die Ewigkeit. Der im Leben erworbene Reichtum würde fortbestehen, ja, sich vermehren, und in den künftigen Heilsempfängern durch das Kloster sahen die Gründer auch ihre Fürbitter am Tage des Jüngsten Gerichts. Mit der Gründung des Klosters Allerheiligen führte Uta von Schauenburg die Familientradition fort; Utas Großvater war der Gründer des Klosters St. Peter im Schwarzwald, und der Urgroßvater der Gründer des Klosters Hirsau (Auen der Hirsche).

Ehem. Klosterkirche von »Allerheiligen«, zerstört bei einem Brand 1804

Im Jahr 1470 wütete ein Brand und vernichtete das Kloster. Die Mönche planten die Verlegung des gesamten Klosters nach Lautenbach im Tal, wo sie zunächst eine prächtige Wallfahrtskirche errichteten. Sie steht bis zum heutigen Tag. Schließlich wurde das Kloster doch wieder an der alten Stelle aufgebaut. Eine Hallenkirche entstand, in der Mittelschiff und Seitenschiffe nahezu vereint waren. Die historischen Ereignisse wie Bauernkriege und der alles vernichtende Dreißigjährige Krieg bestätigten die Richtigkeit des Verbleibs des Klosters in der Abgeschiedenheit des Gebirges, eingehüllt von dichten Wäldern. Es hat in Kunst, Wissenschaft und Wirtschaft lange Zeit eine bedeutende Rolle gespielt. Eine große Bibliothek und ein Archiv sind seine Zeugen.

Die Geschichte des Klosters Allerheiligen endet jedoch jäh mit der Säkularisation im Jahr 1803. Es ist unfaßbar, daß das umfangreiche Kloster zu einer Fabrik umgebaut werden sollte. Der Himmel aber hatte Erbarmen mit dieser geweihten Stätte. Am 6. 6. 1804, am Fest des heiligen Norbert, schlug um zehn Uhr abends der Blitz in den Turm der Klosterkirche und zerstörte sie und einen großen Teil der Klostergebäude, die später niedergerissen wurden – die Kirche in Ottenhöfen ist aus den Steinen des Klosters erbaut.

Übriggeblieben ist auch der »Spukgeist« des Bruder Pauli, von dem die Sage erzählt, daß er von Abstinenz und Frömmigkeit nicht allzuviel gehalten habe. Kein Weib, das zum Kloster kam, war vor ihm sicher. Zur Strafe für seine Unmäßigkeit soll er bis auf den heutigen Tag in den Wäldern um Allerheiligen umgehen und die Leute mit allerlei Schabernack ärgern.

Im Verlauf einer Rundwanderung kommt man über einen schmalen Höhenweg auch an der Engelskanzel vorbei, einem imposanten Felskopf direkt über den Wasserfällen. Von dort aus schweift der Blick weit über das Lierbachtal und die Gebirgslandschaft. Auch um die Engelskanzel weben sich geheimnisvolle Geschichten. So zum Beispiel die Geschichte von einem jungen Mädchen, das auf der Flucht vor den Schweden während des Dreißigjährigen Krieges in ihrer Todesnot vom Felsen springt und von Engeln über das Lierbachtal getragen und gerettet wird. – Der Weg folgt zahlreichen Talbiegungen und führt nach etwa 5 km über einen Waldpfad abwärts zum Ausgangspunkt Parkplatz Allerheiligenfälle zurück.

Die Bergkirche bei Degernau
Kreis Waldshut

Ein ebenso herausragendes Zeichen für Degernau ist außer dem Menhir und dem Megalithgrab die Bergkirche und gleichzeitige Wallfahrtskirche zum »Heiligen Kreuz«. Hoch oben thront sie über dem Ort und kann gleichzeitig als Wahrzeichen für das Wutachtal angesehen werden. Indem wir uns über viele Stufen emporbegeben, treffen wir auf eine steinerne Tafel, die uns Auskunft über dieses sagenumwobene Fleckchen Erde gibt, auf dem die barocke Kirche (um 1712 - 1715) errichtet wurde.

Warum die Kirche nicht im Tal, sondern hoch oben auf dem Berg gebaut wurde, beantwortet eben jene Tafel, nach deren Aussage sich anno dazumal die Degernauer Bürger bei der Platzwahl gestritten und regelrecht zwei Parteien gebildet haben sollen. Die eine Partei wollte die Kirche im Tal wissen, die andere hoch oben auf dem Berg. Die »Talpartei«, die dem aufwendigeren Bergprojekt entgegenstand, wähnte sich jedoch spätestens dann ihres Sieges sicher, als mit dem Bau des Fundamentes begonnen wurde. Und auch die Zimmerleute richteten bereits ihr Holz zurecht.

Bergkirche von Degernau – ihren Standort hat die Kirche ein paar Raben zu verdanken.

Doch da flogen plötzlich ein paar Raben herbei, krallten sich einige Holzspäne und flogen mit ihnen auf den Berg, wo sie die Späne in Form eines Kirchturmes übereinanderschichteten. Die Dorfbewohner betrachteten dies als ein Zeichen Gottes, und so wurde die Kirche nun auf dem Berg gebaut, deren Patronin »Maria Himmelfahrt« ist. Den Kunstkennern weit über die Kreisgrenzen hinaus bekannt sind die Barockmadonna und der »Dreikönigs-Altar« der Bergkirche.

In ihrer Vorgängerkriche, die während des Dreißigjährigen Krieges zerstört wurde, befand sich einst eine Kreuz-Reliquie, die leider verloren ging.

Wir verbinden einen Besuch der Kirche mit der Wanderung zum keltischen Menhir. Wie schon bekannt, gelangt man nach dem Besuch des Megalithgrabes bald zu einem Bildstock. Nun nehmen wir jedoch den rechten Weg in Richtung Degernau, der uns genau zur Bergkirche führt. Danach können wir wieder zum Bildstock zurückkehren und uns von dort aus wieder an die Wegbescheibung nach Untereggingen halten (siehe »Der Menhir bei Degernau und das Megalithgrab« auf Seite 72).

Das in der Nähe gelegene Horheim ist ebenfalls ein alter Wallfahrtsort mit der Antoniuskapelle aus dem Jahre 1687, und in Ofteringen befindet sich das Kloster Marienburg, das bekannt ist für seine Gärtnerei und für die Herstellung pharmazeutischer Artikel nach alten, überlieferten Naturrezepten.

Die Wallfahrtskirche von Lautenbach

Ortenaukreis

Diese Kirche, von der bereits die Rede war, ist ein wahres Kleinod gotischer Kunst. Stolze Ritter und die Mönche des Klosters Allerheiligen haben sie errichtet. Zu ihrer Zeit bedeutende Künstler aus Straßburg sollen sie ausgeschmückt haben. Ihre Namen haben sich im Dunkel der Vergangenheit verloren.

Von der Firstlinie des mächtig aufstrebenden Gewölbes blicken die Wappen der ersten Stifter um das Jahr 1473 herab. Es sind dies die Mitglieder des Verbandes der Ortenauer Reichsritterschaft. In den Glasbildern zu beiden Seiten des Hochaltars begegnen sie uns in ihren Rüstungen und prachtvollen Gewändern.

Besondere Beachtung verdient ein Seitenaltar, ein echter Volksaltar, der den Heiligen der Holzhauer, den Bischof Wolfgang, im Schrein neben dem Heiligen des Zinstages, Bischof Martin, zeigt. In Wolfgang erkennt man die Züge des Landesherrn, dem damaligen Bischof von Straßburg. Und Martin, als Beschützer der Armen, trägt die Züge des Grundherrn von Schauenburg.

Glücklicherweise blieb das Gotteshaus in den Schreckenszeiten des Dreißigjährigen Krieges vor der Zerstörung bewahrt. Dies wurde als besondere Gnade empfunden. So wurde die Kirche später, in einer Zeit, in der rundum noch die Verheerungen des Krieges sichtbar waren, zum Mittelpunkt der Wallfahrer.

Das Kloster Heiligenbronn und die Wallfahrtskirche bei Schramberg

Schwarzwald-Baar-Kreis

Holzgeschnitzte Pieta aus dem Jahre 1442

Das Kloster liegt auf einer Hochebene, umgeben von der Ortschaft gleichen Namens. Sehenswert ist die Wallfahrtskirche aus rotem Sandstein; sie ist der Ursprung des Klosters und ihr Zentrum zugleich, und in ihrer Seitenkapelle befindet sich über dem Altar eine Rarität: eine holzgeschnitzte Pieta aus dem Jahr 1442. Diese Muttergottes-Plastik – sie hält ihren gekreuzigten Sohn in den Armen – beziehungsweise ihre Vorgängerin wird in Verbindung gebracht mit einem Wunder. Ein alter Hirte habe seine schlimmen Füße in den hier entspringenden Quell getaucht und sofort Heilung erfahren. Des weiteren soll eine blinde Frau ihre Augen mit dem Wasser der Quelle gewaschen und ihr Augenlicht wiedererlangt haben. In der Quelle habe man das Bild der Muttergottes gefunden. Dieses erste Bild verschwand jedoch wieder aus der Kirche, in die man es ehrfurchtsvoll gebracht hatte. Engel sollen es wieder an den alten Platz zur Quelle zurückgetragen haben.

So wurde dann im Jahr 1442 ein neues Bild der Schmerzensreichen Mutter in der Seitenkapelle aufgestellt, die genau über der Quelle errichtet ist, die auch heute noch nicht versiegt ist. Im Untergeschoß sprudelt sie noch nach Jahrhunderten und ist Anziehungspunkt für viele Pilger und Kranke. Um die Quelle herum hängen an den Wänden Tafeln mit unzähligen Gebeten und Bitten der Pilger, deren Hoffnung auf Hilfe einen tiefen Eindruck hinterlassen.

Mariengrotte bei der Klosterkirche Heiligenbronn

Es war der erste Vikar von Heiligenbronn, David Fuchs, der um die Mitte des neunzehnten Jahrhunderts die ersten blinden und gehörlosen Kinder in sein Haus aufnahm. Kurz darauf, im Jahr 1857, gründete er das Kloster. Inzwischen vollbringen die Schwestern vom Franziskanerinnenorden wahre Wunder: die Erziehung von blinden und gehörlosen Kindern, die durch die hingabevolle Betreuung der Schwestern vom »hoffnungslosen Fall« zum voll integrierten Erwachsenen in unserer Gesellschaft werden.

Seit Ende des 16. Jhds. besteht ein Markt, der jeweils an einem Samstag vor oder nach dem 8. September stattfindet.
Ein Wallfahrts-Gottesdienst mit Ansprache wird jeden Samstag, jeweils 9 Uhr, zelebriert.

Das ehemalige Kloster St. Georgen

Schwarzwald-Baar-Kreis

In einem Bildstein, dem berühmten Brigach-Relief, der 1898 beim Hirzbauernhof an der Brigachquelle gefunden wurde, vereinen sich keltischer und römischer Kult. Vermutlich stellt das Relief eine Quellgottheit und die Jagdgöttin Diana dar. Der Bildstein befindet sich im Landesmuseum Karlsruhe. In den Aufzeichnungen des St. Georgener Abtes Michael E. Gaiser aus dem Jahr 1628 findet sich ein Hinweis auf einen heidnischen Stein. Nach der Chronik Erich Stockburgers von Kloster und Stadt St. Georgen gab es einen »Heidenstein« an jener Stelle, die in früheren Zeiten »Scheitel Germaniens« genannt wurde. Hier entstand das Kloster St. Georgen. Ein zweiter Stein, der »heidnische Stein«, ist wohl jener, dem der Volksmund den Namen »Etternestein« gegeben hat. Er befindet sich nach Stockburger »an der Südspitze des Felsengrates, wo der oberste Teil des Hintertales aufwärts zieht.« Abt Gaiser vermutete in dem Stein eine Grenzmarkierung. In der Villinger Pirschgerichtskarte von 1607 sind die »Pirschgalgen« und ein »heidnischer Stein« noch eingezeichnet. Eine uralte Handelsstraße, die von Straßburg über Langenschiltach nach Rottweil führte, existierte schon während der Bronzezeit.

Beide Steine geben einen Hinweis auf die kultische Bedeutung der Region in vorchristlicher Zeit. Der Heidenstein dürfte schon vor Jahren bei einem Straßenbau zerstört worden sein. Nach dem heidnischen Stein haben wir ausdauernd gesucht. Es steht nicht mit letzter Sicherheit fest, daß wir tatsächlich fündig geworden sind, aber der von uns entdeckte Stein beim Grießhaberbauern ist mit hoher Wahrscheinlichkeit der gesuchte heidnische Stein. Er ist sehr schwer zugänglich, man muß einige Elektrozäune überwinden, um den nur mehr wenig aus dem Boden herausragenden, von Geäst überwucherten Fels orten zu können.

Als die Mönche am 13. Juni 1084 einen Platz für das Kloster suchten, starrten sie in »dichten, schauerlichen« Wald. Innerhalb einer Ringmauer entstanden der Klosterfriedhof sowie eine Kapelle, die dem hl. Michael geweiht war. Hier begegnen uns wieder einmal all jene Verknüpfungen, die für die Besonderheit einer Stätte sprechen – Quelle, Baum und Kirche, die den heilgen Platz symbolisierten. Auch die uns inzwischen gut bekannten heiligen drei Damen fehlen nicht. Von einem Hochaltar, der ins 14. Jhd. zurückreicht, blickten Maria, St. Barbara und St. Catharina herab (heute zu sehen in der Kunsthalle Karlsruhe). Noch heute ist der Platz, an dem das Kloster St. Georgen gestanden hat, ein Ort, an dem »der Geist weht«.

Über hundert Jahre ist es her, daß die Grabstätte des Abtes Georg I. von Asth beim Bau der Gerwigstraße gefunden wurde. Der Grabstein zeigt einen Teil der Gestalt des Abtes sowie sein Wappen. »Georgius B. Asth Abas hujus coenobii et inceptor« steht auf der Umschrift, und das bestätigt ihn als Gründer des Klosters St. Georgen.

In den Namen »Klostermühle« und »Klosterweiher« klingt bis heute noch alte Klostergeschichte nach, insbesondere im Weiher in der Silvesternacht. Die Sage erzählt von einer Glocke, die in der St. Wendelskapelle zu Oberkirnach hing, den Namen »Susanne« trug und die ins Kloster St. Georgen überführt werden sollte. Der Fuhrmann, der das schwerfällige Gespann mit der Glocke auf den Berg hochtreiben wollte, rief immer wieder: »Anne, Susanne, im Kloster muescht hange', ob's Gott lieb isch oder leid!« Sein Flehen nützte nichts, der Wagen machte sich plötzlich selbständig, raste talwärts und tauchte mit der Glocke im Klosterweiher unter. Seitdem hört man in der Silvesternacht die »Susanne« vom Grund des Weihers läuten.

Eine halbe Stunde östlich vom Kloster lag »Bruder Paulus seliges Häuslein«. In ihm hauste der vom Aussatz befallene Bruder eines St. Georgener Abtes. Jetzt ist dieser von einem auffallenden Wassergraben umgebene Platz im Ortsteil Bruderhaus bei St. Georgen-Peterzell zu finden. Es ist wahrscheinlich, daß sich hier ein Kultplatz befand, dafür spricht seine enorme Anziehungskraft.

Doch immer wieder sind es die Steine, die »Bände« sprechen. Die alten Grabplatten von der östlichen Mauer des St. Georgener Friedhofs wurden entfernt und befinden sich jetzt in der evangelischen Kirche, im Rathaus und im Lapidarium, im Keller der Gerwig-Schule. Auf diesen Steindenkmälern sprechen eingemeißelte Zeichen vom Pioniergeist der Äbte. Die hellen Pflastersteine auf dem Platz vor der Stadt-Bibliothek geben die Umrisse des ehemaligen Klosters wieder.

Durch den Einsatz einiger engagierter Bürger wurde 1996 ein Naturdenkmal, die 400jährige Kloster-Linde, vor der Säge gerettet. Vielleicht kann St. Georg, der auf der Portalseite der Gerwig-Schule eingemeißelt ist, in diesem Falle einmal nicht gegen den Drachen kämpfen, sondern für den kränkelnden Baum?

Ⓦ Zum heidnischen Stein: Ausgangspunkt ist St. Georgen, man fährt bis zum Parkplatz an der Straße vom Galgen zur »Geutsche«. Der heidnische Stein befidet sich etwa 500 Meter nordwestlich des Galgens auf einem bewaldeten Hang gegenüber dem Grießhaber-Bauernhof.

Die Augenkapelle in Obereschach

Schwarzwald-Baar-Kreis, bei Villingen

Brunnen der Augenkapelle

Die Kapelle liegt südlich der Verbindungsstraße Obereschach - Mönchweiler nahe dem Waldrand auf der Gemarkung Obereschach. Geweiht ist sie der heiligen Odilia, deren Geschichte in diesem Zusammenhang interessiert.

Es war gegen Ende des siebten Jahrhunderts, als der alemannische Herzog Athich sein blind geborenes Töchterchen töten lassen wollte. Die Mutter floh mit dem Kind in ein Kloster, in dem der Wanderbischof Erhard von Regensburg – ein Engel hat ihm den Weg gewiesen – dem Kind das Heilige Sakrament der Taufe spendete. Ein Wunder geschah – das Kind wurde sehend. Odilia oder Odilie wurde später zur Gründerin des Klosters Odilienberg im Elsaß. Am Fuß des Berges, der in vorchristlichen Zeiten eine Einweihungsstätte der keltischen Druiden darstellte, entstand eine weitere Gründung mit Spital und heilkräftiger Quelle. Johannes der Täufer soll Odilia in einer Vision die Quelle gezeigt haben.

Zurück jedoch zur Augenkapelle, wo sich unter dem Altarbild ein Hinweis auf das Alter der Kapelle findet. Übertragen heißt es dort: »Der Allerheiligsten Dreifaltigkeit zu Lob und Mariae der Mutter Gottes zu sondern Ehren, habe ich, Johann Hoch von Haigerloch, derzeit Pfarrer allhier, diesen Altar erbauen und aufrichten lassen. Anno Domini 1604.«

Doch nicht nur der Altar ist es, der unseren Blick auf sich zieht, sondern erst recht die Brunnengrotte im Inneren der Kapelle sowie die aus dem Barock stammende Figur der heiligen Odilia. Aber auch ein Kruzifix mit mächtigen Nägeln in den Wundmalen verwundert uns. Die Arme des Gekreuzigten sind mit Scharnieren am Körper befestigt, was dafür spricht, daß der Corpus jeweils am Karfreitag vom Marterholz abgenommen wurde, um durch eine symbolische Grablegung in der Kirche von Obereschach wieder aufzuerstehen, vielleicht lebt dieser Brauch noch einmal auf.

Schade ist es um die im Zusammenhang mit der heilkräftigen Quelle stehenden Votivinschriften, die noch lange nach dem Zweiten Weltkrieg an den Wänden der Kapelle hingen und von wundersamen Heilungen bei Augenkrankheiten zeugten. Leider sind sie nicht mehr auffindbar. Geblieben ist jedoch über dem Portal, unterhalb des Dreifaltigkeitsauges, ein eingemauerter Stein mit der Jahreszahl 1747, der als Hinweis auf die Bedeutung der Kapelle als Wallfahrtsort auch noch während der Barockzeit verstanden werden kann. Ein Ereignis von 1826 belegt die Wichtigkeit dieses christlichen Kultplatzes. – An Christi Himmelfahrt 1975 wurde die restaurierte Kapelle neu geweiht.

Die Wallfahrtsgrotte »Unsere liebe Frau von der Elsenau«

Schwarzwald-Baar-Kreis

Die Elsenau ist durch ihre rauschenden Wasser nicht nur Ort der Erfrischung, sondern mehr noch: Sie ist eine jener in die Landschaft geschriebenen »Krypten«, ein Raum zwischen Unten und Oben, eine Vermittlerin zwischen Kopf und Fuß, zwischen Seele und Körper. Und sie hat eine lange Tradition. In einem Opfergabenverzeichnis aus dem 16. Jahrhundert wird ein »Gnadenkirch-Altar unserer lieben Frauen in der uralten Kirch zu Cappel« erwähnt. Im Jahr 1684 ist von einer Kapelle »Maria Hilf zu den drei Linden« die Rede. Ihr ehemaliger Standort ist jedoch nicht bekannt. Es scheint ziemlich sicher zu sein, daß die Marienstatue auf dem rechten Seitenaltar der Kirche in Kappel aus dieser frühen Wallfahrtskapelle stammt.

In »Beiträge zur Geschichte der Gemeinde Niedereschach / 900 Jahre Kappel« berichtet Martin Reich vom Weilersbacher Pfarrer Augustin Rohrer, der Kappel mitbetreute und der den Wallfahrtsort schuf. Eine persönliche Erfahrung war ausschlaggebend – ihm widerfuhr Erhörung und Hilfe bei schwerer Krankheit.

Im Frühjahr 1888 wallfahrtete der Pfarrer nach Maria Einsiedeln in der Schweiz. Im Rückreisegepäck hatte er eine geweihte Lourdesmadonna, die er am 14. Mai 1888 unter eine hervorstehende Felsspalte in der Wolfsschlucht stellte. Die Einweihung der Gnadenstätte an Mariä Himmelfahrt im Jahr 1889 war überwältigend; um die 1500 Gläubige kamen von nah und fern.

Der Name »Elsenau« bezieht sich auf das »Elsenbächlein«, das durch die kleine Schlucht fließt, und auf den Gewannamen »Au«. Pfarrer Rohrer ist auf dem Weilersbacher Friedhof beerdigt.

Ⓦ Von Kappel her kommend auf der linken Straßenseite bis zu einer Parkbucht. Von dort aus führt ein Weg hinab zur Grotte.

Die Wallfahrtskirche in Betenbrunn

Bodenseekreis im Linzgau, südöstlich von Überlingen und 3 km hinter Heiligenberg

Im Kirchenführer von 1983 heißt es: »Der Name wird auf einen Brunnen der drei Beten zurückgeführt, die als Betreuerinnen der Toten von den Kelten verehrt wurden, oder auf einen Mann namens Betto oder auf einen heilkräftigen Brunnen. Vermutlich ist diese heidnische Mutterkultstätte schon früh von christlichen Missionaren in einen Ort der Muttergottes-Verehrung umgewandelt worden. 1275 wird »Bettenbrunnen« erstmals urkundlich im »Liber decimationis«, dem Abgabenbuch der Diözese Konstanz, erwähnt. Im Zusammenhang mit dem Zisterzienserkloster Salem und der Gemeinde Wintersulgen wird es im Jahr 1353 wiederum erwähnt, und als sich im Jahr 1373 die Franziskaner bei der baufälligen Kirche niederlassen, genehmigt Papst Gregor XI. den Bau einer neuen Kirche mit Turm. Um das Jahr 1388 übersiedeln die Franziskaner allerdings wieder nach Überlingen.

Der älteste Teil der Kirche, der inmitten des ummauerten Friedhofs steht, ist der Turm auf einem Sandsteinsockel. An ihn schließt sich das Langhaus an, an dessen Südseite sich unter einer Sonnenuhr der Grabstein von Prior Peter Hochrath aus dem Jahr 1572 befindet.

Nach dem schlichten Äußeren der Kirche überrascht die Festlichkeit des Innenraumes: Es ist das Gnadenbild der Madonna im Strahlenkranz, eine stilisierte Form der ursprünglichen Madonna im Ährenkranz. Diese Form kommt in der Kunstgeschichte nur während weniger Jahrzehnte im 15. Jahrhundert vor und wurde dann verboten. »Die Verwandtschaft mit der alten Erdmutter Ambeth war offenbar doch zu deutlich und gefährlich«, erläutert Theo Odenwald, indem er fortfährt: »Deshalb hat man aus den Ähren Sonnenstrahlen gemacht. Der linke Fuß steht auf einer Erdkugel. Ist es zu phantasievoll zu vermuten, daß auch dies ein Hinweis auf die alte Erdmutter Ambeth ist? Und die hatte nicht nur mit dem Tod, sondern sehr viel mit neuem Leben zu tun. Wundert es da noch, daß noch heute Wallfahrten am Tag der Ambeth stattfinden, und zwar Frauenwallfahrten um Kindersegen?«

Die ältesten erhaltenen Kultbilder von Betenbrunn befinden sich in der gleichzeitig mit dem Langhaus entstandenen Wallfahrtskapelle an der Nordseite. An der rechten Seitenwand der Kapelle ist eine spätgotische Pieta in ein Kriegerdenkmal einbezogen. Rechts darunter ist jener Stein eingemauert, der an die »drei Damen der Steinzeit« erinnert und damit an einen keltischen Menhir. (Siehe »Steinkulte«/Menhire)

Im Mittelpunkt des Kirchenplatzes stehen zwei Bäume und der Brunnen mit einer Mondsichel-Maria obendrauf, zu dem schon in vorchristlicher Zeit gewallfahrtet wurde. Hierzu schreibt Theo Odenwald: »Dieser Brunnen ist auf der Altartafel des Gnadenbildes in einem kleinen Medaillon dargestellt: Pilger knien um den Brunnen herum. Der Maler hat aber nun aus unerfindlichen Gründen die Röhren, aus denen das Wasser fließt, nicht so gemalt, wie es normal wäre, nämlich nach unten gebogen, sondern nach oben, so daß sie aussehen wie eine Mondsichel – oder Stierhörner. Stierhörner sind aber seit uralten Zeiten das Symbol für den Mond.

Der Ort Heiligenberg, der in der Nähe liegt, deutet ebenfalls auf Sakrales. Die Annahme, daß auf diesem Höhenzug schon in vorchristlicher Zeit eine heidnische Kultstätte gestanden habe, ist berechtigt. Als »Mons Sanctus« erscheint er in einer Urkunde des Klosters Petershausen (Konstanz) aus dem Jahr 994. Die Burg Alt-Heiligenberg bewahrte angeblich bis zu ihrer Zerstörung christliche Reliquien aus dem Heiligen Land. Vor allem Kranke wallfahrteten zu ihr. 1487 wurde im westlichen Schloßflügel eine Kapelle dem hl. Papst Felix I. geweiht. Sein Grab befindet sich unter dem Altar. 1586 kam eine Gruftkapelle mit künstlerisch wertvollen Grabdenkmälern hinzu.

Heiligenberg liegt in einer Höhe von über 700 m auf einem teilweise bewaldeten Bergrücken. Von hier aus hat man einen umfassenden Blick bis zur Alpenkette, und es wundert nicht, daß in dieser einzigartigen Lage früh gesiedelt wurde. Keltische Funde belegen dies. Von hier aus konnte man südlich gelegene Ländereien und Siedlungen übersehen und den herannahenden Feind rechtzeitig ausmachen. Am Steilabhang der Serpentinenstraße nach Heiligenberg trifft man auf altsteinzeitliche Funde, die schon in älteren Karten bzw. Meßtischblättern eingezeichnet sind.

Vom Schloß nach Osten wandernd, gelangt man durch Park und Laubwald zur »Klause Egg«, einer Einsiedelei aus dem Jahr 1256. Gotische und barocke Elemente sind erhalten geblieben. Seit 1971 wird die Einsiedelei von Eremitinnen aus dem Trapistenorden bewohnt und ist damit ihrer ursprünglichen Bestimmung wieder zugeführt.

Die Pfarrkirche St. Bartholomäus in Röhrenbach

Bodenseekreis, Friedrichshafen bei Salem

Röhrenbach liegt ca. 1,5 km nordöstlich von Heiligenberg an der Straße nach Wintersulgen zwischen Hügeln und Feldern. Ort und Kirche werden bereits im 12. Jahrhundert genannt. Die Rede ist von einem »Plebanus in Roribach«, was sich in »Bach zwischen Rohr oder Schilf« übertragen läßt. Seit dem Mittelalter ist St. Bartholomäus wegen ihrer zentralen Lage die sogenannte Leutkirche für die umliegenden Ortschaften. Die unteren vier Geschosse des weithin sichtbaren, wuchtigen Turmes haben mit ihren schmalen Fensterschlitzen und dicken Mauern etwas Wehrhaftes und gehen mindestens ins 13. Jahrhundert zurück. Die älteste erhaltene Glocke der Kirche ist mit 1483 datiert. Das Kirchenschiff ist in seiner Bausubstanz noch weitgehend gotisch, wenn auch Portal und Fenster nachträglich verändert wurden. Erhalten ist auch ein achteckiger Taufstein mit der Jahreszahl 1638 und dem Wappen Fürstenberg-Heiligenberg-Werdenberg.

Über den Seitenaltären neben dem Chorbogen befindet sich links eine Marienstatue der Ulmer Schule des ausgehenden 15. Jahrhunderts. Unübersehbar ist eine Mondsichel unter dem Kleidersaum, die aus der Distanz wie eine Gewandfalte wirkt. Bei näherer Betrachtung schaut uns aber nicht nur die Sichel, sondern aus ihrem Innenbogen ein Gesicht an – etwa die alte Mondgöttin Wilbeth? Auf der rechten Seite wird die hl. Anna mit dem Christuskind auf dem Arm und der kleinen Maria an der Hand dargestellt. Das Original dieser Gruppe aus der Spätgotik ist in der Schloßkapelle von Heiligenberg zu sehen.

Die Kapelle S. Joseph Sponsi BMV. in Echbeck

Bodenseekreis, in der Nähe von Heiligenberg

Rechts der Aach und der von Heiligenberg durch das Deggenhauser Tal führenden Straße liegt auf einem Hügel die Kapelle. Sie ist dem hl. Joseph und der Jungfrau Maria geweiht. Im Jahr 1259 wird der Ort als »Abbiuge« und 1275 als »Ahebuge« erwähnt, was sich in »Biegung der Aach« übersetzen läßt. Der Ort muß damals an einer wichtigen Straße, die durch eine Burg gesichert war, gelegen haben. Ein schmales rundbogiges Fenster im Chor weist auf eine Entstehung der Kapelle um das Jahr 1000 zurück, dessen Ecken durch größere Feld- und Tuffsteine gefestigt waren.

Besondere Beachtung verdienen der Auferstehungs-Christus aus der ersten Hälfte des 15. Jahrhunderts und das Wallfahrtsbild, eine holzgeschnitzte Pieta aus dem frühen 14. Jahrhundert. Zwei alte Votivtafeln zeugen von Gebetserhörungen. Eine neue kam 1982 dazu.

Die Wallfahrtskirche in Seefelden bei Birnau

Bodenseekreis

Außer dem Menhir, der sich gegen die uralte Umfassungsmauer lehnt und mit ihr verwachsen zu sein scheint, begegnet uns in der Kirche im malerischen Seefelden, unweit der berühmten Basilika Birnau, einiges Interessantes. Da ist zunächst einmal der Turm, ein alter Wehrturm aus dem 9. Jahrhundert – die zum Teil romanische Kirche selbst ist erst später angebaut worden. Im unteren Teil dieses Turmes befand sich einst eine Gerichtsstätte. Eine Schwurhand in der äußeren Leibung des Turmes im ersten kleinen Schießschartenfenster zeugt noch davon. Und die Legende berichtet vom Aufenthalt des hl. Gallus in Seefelden. In besagtem unteren Teil des Turmes soll er eine Messe gelesen haben, bevor er nach Überlingen weiterzog, wo er die Tochter des Herzogs Gunzor heilte. Auf der Spurensuche begegnet uns der hl. Gallus auf der Rückseite des neueren Altars zusammen mit der hl. Elisabeth.

Zur Zeit der Pilgerzüge des heiligen Jakob führte der Weg ebenso durch Seefelden. In diesem Zusammenhang verstehen sich auch die mit Jakobsmuscheln versehenen Rundbögen am Chor. Der Chor ist gotisch mit einem Netzgewölbe. Die Abschlußsteine stellen die Baumeister der Kirche dar. Die Kanzel stammt aus der Renaissance, der Taufstein ist barock, und die Beichtstühle hat der berühmte Meister Feuchtmayer aus Birnau geschaffen. Sehr alt und eine Besonderheit ist auch das Chorgestühl; es entstammt der Konstanzer Franziskaner-Kirche aus dem 12 Jahrhundert. Kostbare Einlegearbeiten an der Stirnseite stellen den hl. Franziskus und den hl. Antonius dar. Eine ganz außergewöhnliche und wunderbare Darstellung begegnet uns in der Plastik des hl. Martin. Er trägt eine Kappe, was sehr selten ist, und nicht wie sonst üblich, den Helm.

Seefelden gilt als die einstige Mutterkirche von Meersburg bis nach Überlingen. Ihre Patrone sind St. Martin, Johannes der Täufer und Elisabeth von Thüringen.

Das Kloster in St. Blasien
Kreis Waldshut

Im Kirchenführer »St. Blasien / Schwarzwald« heißt es: »Die Anfänge der Abtei reichen mindestens bis in die frühkarolingische Zeit, ins 8. Jahrhundert, zurück. Wenn auch die Gründungszeit sich aus den schriftlichen Quellen nicht ganz erhellen läßt, so ergibt sich doch, daß spätestens in dieser Zeit Einsiedler sich im Albtal niederließen.« Eng verbunden ist die Geschichte des Klosters mit der des Inselkloster Reichenau und insbesondere mit der des Klosters Rheinau. Und so seltsam es anmutet, ebenso verbunden ist St. Blasien mit der Industrialisierung des Schwarzwaldtales in seiner nachklösterlichen Zeit um 1809-1848.

Viele Blasius- oder Bläsiberge, Blasius-Kapellen und -kirchen finden sich in Deutschland. Es gibt jedoch nur ein St. Blasien, und dieses steht im Zusammenhang mit den Blasiusreliquien. Um das Jahr 855 hatten die Mönche des Klosters Rheinau die Reliquien aus Rom erhalten, von denen sie einen Teil in eine benachbarte Waldschlucht brachten, wo sie eine sogenannte »cella« unterhielten. Aus dieser Rheinauer Zelle ist die Abtei St. Blasien hervorgegangen.

Der Reliquienarmut des Abendlandes hat die Eroberung Konstantinopels durch den vierten Kreuzzug im Jahr 1204 ein Ende gesetzt. Es war der Mönch Antonius aus Nowgorod, der zuletzt Blasiusreliquien im Kloster Kalojohannes in Konstantinopel im selben Jahr gesehen hat. Es ist anzunehmen, daß die Blasiusreliquien in Brügge, Paris, Soissons, Corbie und Clairvaux Beutegut einer Plünderung von 1204 sind.

Wer war nun dieser heilige Blasius in der Frühzeit seiner Verehrung? Die Legende berichtet von einem wahrscheinlich um das Jahr 316 gemarterten Bischof von Sebaste, dem heutigen »Siwas« in der Türkei. Sein Kult war in Orient und Okzident verbreitet. In einer Mainzer Liturgie des 9. Jahrhunderts wird er angerufen. Vom Märtyrer bis zum späteren Volksheiligen spannt sich jedoch ein weiter Bogen der Geschichte. Reliquien und Legenden um Wunder des Heiligen sind dennoch zu Realien geworden, da sie den Menschen etwas bedeutet haben. Die Heilung des Knaben, der die Fischgräte verschluckt hat, und die Szene, in der ein Wolf einer armen Frau das zuvor geraubte Schwein zurückbringt, sind in der Unterkirche von San Clemente in Rom dargestellt. Das zentrale Motiv der Legende ist der Rückzug des Heiligen in die Bergeinsamkeit. Dort hilft er den wilden Tieren, schützt und heilt sie – heute gerade hätten wir ihn angesichts der Ausbeutung unserer Erde und der Meere bitter nötig. Blasius ist der Mittler und Fürsprecher am Thron Gottes, Nothelfer in Sorgen und Nöten des Alltags von Groß und Klein, Arzt für mancherlei Leiden wie Blasenerkrankungen, Patron vieler Stände und Berufe, Wetterheiliger und sogar Patron der Bläser und Hornisten.

Am 1. Mai 1525 überfallen 600 Hauensteiner das Stift St. Blasien. Auch die Waldshuter Kirche und andere haben sie verwüstet. Sechs Tage toben sie sich nun im Kloster aus, zerreißen Bücher und Handschriften, öffnen Gräber, um Leichname zu berauben.

Kaum ein Jahr später, am 11. April 1526, brennt St. Blasien. Ein Racheakt für die Hinrichtung des Kunz Jehle, dem Anführer der Hauensteiner. Zugleich bricht die Pest aus.

Es ist die Freiheit, die am Anfang der Beziehungen zwischen St. Blasien und den Leuten des Hotzenwaldes steht. Die Waldleute und Bauern wollten frei sein, als freie Menschen wollten sie den urbar gemachten Boden ihr eigen nennen. Ihre Altvorderen hatten sich durch mühsame Rodung aus Königsgut im Auftrag der Könige und Kaiser diese Freiheit erworben, die in der Regel an Besitz gebunden war.

Diesem Freiheitsgedanken im Innersten verwandt war der Schritt jener Männer, die gerade durch den Verzicht auf eigenen Besitz und durch die Bindung an ein Kloster frei sein wollten für den Dienst vor Gott und an den Menschen. Daß diese Klostergemeinschaft von Freien durch ihre selbstgewählte Ordnung enorme Kräfte entfaltete, versteht sich von selbst. Ihre Pionierleistungen in Bildung, Kunst und sozialer Fürsorge strahlten bis nach Böhmen und Niedersachsen, und somit geriet das Kloster in das Spannungsfeld der Mächtigen dieser Welt, Fremdeinflüsse, die sich in den oft harten Auseinandersetzungen zwischen dem Hotzenwaldvolk und St. Blasien zu erkennen gaben. In der tausendjährigen Geschichte des Klosters nehmen die gewaltsamen Auseinandersetzungen zwischen dem stolzen, rauhen Waldvolk und der Stiftherrschaft jedoch keine zwanzig Jahre in Anspruch. Das Wunschziel dieses Volkes war der eigene kleine Freistaat, der sich selbst verwaltete und das Kloster miteinbezog, und das gemeinsame Grundanliegen war die Freiheit.

In den bläsmischen Pfarreien des Hotzenwaldes, in Bernau, Blasiwald und Menzenschwand, in Urberg, Ibach und Schluchsee, in Höchenschwand, Nöggenschwiel, in Weilheim und Gurtweil, Todtnau und ganz besonders im Wallfahrtsort Todtmoos schlug das Herz des Volkes.

Breisacher Münster am Kaiserstuhl – aus dem Erdenschoß zum Licht

Die Geschichte des Domes reicht weit zurück. Der erste bedeutende Bau war das zwischen 1013 und 1036 erbaute Münster, eine Säulenbasilika. Nachdem im Jahr 1768 die Klosteranlage einem Brand zum Opfer fällt, machen sich Bauleute und Künstler erneut an die Arbeit und schaffen in zwölfjähriger Arbeit den am 21.September 1783 eingeweihten Dom und damit die größte Kirche des deutschen Klassizismus. Sie ist ein Meisterwerk mit einer auf Gleichgewicht und Ruhe eingestellten Harmonie und zählt zu den schönsten Kuppelbauten der Welt.

Besondere Würdigung verdient die einstige Orgel, die Ende der 60er Jahre des 18. Jahrhunderts von dem berühmten Orgelbauer Johann Andreas Silbermann als dessen größtes Werk für die Abteikirche St. Blasien erbaut und 1772 aufgestellt wurde. »Nach Aufhebung des Klosters wurde das Instrument im Jahre 1808 durch Großherzog Karl Friedrich schenkungsweise der damals im Baue begriffenen Stephanskirche der Residenz überlassen, wo es seit 1813, also über ein Jahrhundert, vorzügliche Dienste leistet.« Dies schreibt der »Organist & Erzb. Orgelbauinspektor F. Steinhart« in einem Brief vom 21. Januar 1917 an den Stiftungsrat von St. Stephan zu Karlsruhe.

Und er fährt fort: »...Wer sich in der Geschichte des Orgelbaues nur ein wenig umgesehen hat, weiß, daß der Name Silbermann unter den Orgelbaumeistern aller Zeiten an erster Stelle genannt wird. Johann Andreas Silbermann (der elsässische Silbermann) und sein Oheim Gottfried Silbermann (der sächsische Silbermann) erlangten unter den zahlreichen Orgelbaukünstlern der Familie Silbermann den höchsten Ruhm. Ja, Dr.(Albert) Schweitzer zu Straßburg nennt Johann Andreas Silbermann den größten Orgelbauer des 18. Jahrhunderts.«

Warum dieser Brief geschrieben wurde? – Hier spannt sich der Bogen nicht nur zur Karlsruher Stephanskirche, sondern in die Zeit des Ersten Weltkrieges. Es geht um die zinnernen Prospektpfeifen der Orgel (eine besonders starke Seite Silbermanns), die, auf Erlaß des Kriegsministeriums, in Gefahr sind, beschlagnahmt zu werden.

Mit den nun folgenden Worten schließt F. Steinhart seinen Brief: »Bei allem Interesse am Wohle des Vaterlandes und der Bereitwilligkeit, ihm gerne Opfer zu bringen, halte ich es dennoch für meine Pflicht, für die Erhaltung des vermutlich letzten Zeugen Silbermann'scher Kunst in Baden nachdrücklichst einzutreten.«

Die Orgel hat das Weltkriegsjahr 1944 nicht überlebt. In der Nacht vom 23. auf den 24. Juli wurde sie durch Bomben halb zerstört. Eiligst wurden die Pfeifen von der Durlacher Firma Hess ausgebaut und im Turmkeller gelagert. Dadurch entgingen sie der totalen Zerstörung von Kirche und Orgel am 27. September 1944. Am 6. März 1950 wurden sie an die Firma Franz Rieder verkauft, die für 1255 kg Pfeifenzinn der Pfarrei 2133,50 Deutsche Mark vergütete. So tilgte man fünf Jahre nach Kriegsende auch noch die letzten Spuren der einst vielgerühmten Silbermann-Orgel – ein wahres Trauerspiel.

Im Zusammenhang mit St. Blasien ist der Besuch des Schwarzenbachtals mit seinem »Woog-Gumpen« anzuraten. Er ist das größte Beispiel einer Gletschermühle im Schwarzwald. Vor rund 200 000 Jahren entstand hier durch eine rißeiszeitliche Gletscherzunge der kreisrunde Strudeltopf von 2,7 m Durchmesser, der damit der größte seiner Art im Schwarzwald ist. 300 Meter unterhalb der »Schwarzen Säge« (Sägewerk) weist ein Schild zu diesem Naturdenkmal.

Die Pfarrkirche in Hondingen bei Fürstenberg

Schwarzwald-Baar-Kreis

Als »Huntingun« begegnet uns der Ortsname erstmals in einer Schenkungsurkunde Ludwigs des Frommen. Das für die Zeit der Frankenkönige charakteristische Martinspatronat ist in Hondingen 746 bezeugt. Die Pfarrkirche ist eine der Urkirchen der Baar mit Bauteilen aus dem 11. Jahrhundert und zählt zu den ältesten christlichen Bauten der Erzdiözese Freiburg. Aus einem Wallfahrtsbüchlein aus dem Jahr 1869, verfaßt von Pfarrer Franz Sales Dörler, erfahren wir: »Schon im Jahr 1353 war Hondingen ein von zahlreichen Gläubigen besuchter Wallfahrtsort, weshalb Hondingen von Papst Innocenz VI. mit einem Ablaßbrief vom 27. Februar 1353 ausgezeichnet wurde, welcher später von Zeit zu Zeit erneuert und im Jahr 1863 vom hl. Vater Pius IX. für alle künftigen Zeiten erneuert wurde. In dieser noch vorhandenen Bulle wurden auch die damals zur Pfarrei Hondingen gehörigen Filialen Blumberg und Fürstenberg erwähnt.«

An anderer Stelle fährt Pfarrer Dörler fort: »Jedenfalls war hier ein Götzentempel für die Göttin Bittin. Aus der ganzen Umgebung kamen hier die Leute zur Verehrung der Göttin zusammen. Es wird erzählt, daß die Hondinger das Christentum nur widerstrebend angenommen haben, wohl des alten Heiligtums wegen. Wohl werden auch noch viele Leute aus der Umgebung zur Verehrung des Bildes gekommen sein, und daher ist es auch nicht verwunderlich, daß die Hondinger Kirche in den ersten christlichen Jahrhunderten die erste der ganzen Umgebung war. Die Sage von der Verehrung der Göttin zu Hondingen, das ursprünglich Haydingen und später Hayndingen geheißen hat, wurde durch eine alte Chronik bestätigt, welche im Jahr 1768 bei einer Reparatur in Geisingen aufgefunden worden ist, und in der es heißen soll: 'Jenseits der Länge war vormals ein berühmter Götzentempel, zu dem die Heiden ihre besondere Zuflucht nahmen ...' Wie überall beim Aufblühen des Christentums die Götzentempel zerstört oder in christliche Tempel umgewandelt wurden, so war dies auch hier. Der Götzentempel, wovon der jetzige Kircheneingang und das Chörle noch Überbleibsel sein mögen, wurde in ein christliches Gotteshaus umgewandelt. An die Stelle der ehemaligen Göttin »Bittin« trat die Gottesmutter Maria mit dem Jesuskind auf dem Arme, an die Stelle des Götzenhauses trat eine Wallfahrt zur Gottesmutter.«

Das Bild der Göttin wurde im Jahr 1706 anläßlich einer Umdeckung des Kirchendaches auf dem Speicher entdeckt. Als Götzenbild hat man es sofort in Gegenwart der Gläubigen auf dem Kirchenplatz verbrannt. Es soll die Inschrift »dea petitiones« getragen haben.

In der Fürstenberger Pfarrkirche von 1852 unterhalb des Berges dient ein Seitenaltar der Wallfahrt, der nach den Kriegsjahren erneuert wurde und den Opfern des Zweiten Weltkrieges gewidmet ist. Von Interesse sind die drei Altarbilder, von denen das Hauptbild die Rettung des Gnadenbildes während des Brandes am 18. Juli 1841 darstellt. Und noch ein altes

Gnadenbild wurde wiederentdeckt: die kleine Plastik einer Pieta aus dem 14. Jahrhundert, ähnlich ausdrucksstark wie das jüngere Gnadenbild. Tatsächlich ist dieses jüngere Gnadenbild einige Zeit nach dem Brand unversehrt am Schiebenrain gefunden worden. Niemand konnte Aufschluß über seine Rettung geben. Es heißt, Fremde hätten das Bild nicht retten können, da diese erst auf dem Berg angekommen seien, als das Städtchen bereits in hellen Flammen stand. Es wird angenommen, daß es auf wunderbare Weise vor den Flammen gerettet worden ist.

Zu Beginn des 18. Jahrhunderts erregte eine Schatzgeschichte die Gemüter der Fürstenberger und der Geistlichkeit. Sogar der Bischof von Lavant, ein Fürstenberger Graf, befaßte sich mit ihr. Die Ursache waren einige »Besessene«, die von Gutmadingen aus täglich zu einem wundertätigen Kruzifix in der ursprünglichen Pfarrkirche auf den Fürstenberg wallfahrteten. Sie behaupteten, daß es unter der Pfarrkirche ein Gewölbe gäbe, in dem sich das »hochwürdigste Gut noch onverwesen« befände, die Leiber des Märtyrers Valentinius und der heiligen Agnes. Vor 500 Jahren habe man sie nach Fürstenberg gebracht. Des weiteren ist die Rede von drei Kelchen, von Geld, wörtlich »ein stuck gelth«; auch ein »miracoloses Frauenbild« sei in dem Gewölbe verwahrt worden.

Dem Pfarrer von Fürstenberg zeigte nach der Messe einer der »Besessenen« den Ort, an dem sich angeblich das Gewölbe befinden sollte, so schreibt der zeitgenössische Berichterstatter. Der Mann habe angefangen zu scharren und versucht, die Bretter aus dem Boden zu reißen. Der Pfarrer redete ihm und seinen Begleitern zu, den Geistern und ihren Lügen keinen Glauben zu schenken. Die Männer aber behaupteten sich in ihrem Glauben, beriefen sich auf die höchste Macht und zeichneten das Bild von einer so großen Wallfahrt auf Fürstenberg, wie noch nirgends eine gewesen sei; Blinde, Lahme, Stumme und Taube würden geheilt werden.

Der Pfarrer halte wohl nicht allzuviel von der Sache, verwerfe sie aber auch nicht ganz, lesen wir in einem zweiten Bericht von der Hand Johann Ludwigs von Neuenstein, dem Statthalter des Grafen Philip Karl von Fürstenberg und Bischof von Lavant. Im Traum habe der Pfarrer vor dem

Kruzifix in der Pfarrkirche sehr viele junge Leute und auch alte im Gebet gesehen. Es sei dem Pfarrer gewesen, als sage jemand zu ihm, daß hier eine große Wallfahrt entstehen würde ... Acht Tage später seien dann verschiedene Leute gekommen, um das Bild zu verehren (um welches Bild es sich hier handelt, ist unklar). Dies geschehe seither mit immer größerem Zulauf, und es vergehe kein Tag, an dem nicht fremde Leute kämen und sich vor dem Kruzifix einfänden. Laut dem Pfarrer seien dort auch schon wunderbare Dinge geschehen, die er aber nicht sagen dürfe.

Auch von einem gleichzeitig unter dem Schloß vergrabenen Goldschatz ist noch die Rede. Da die Schreiben aus der Zeit zwischen 1705 und 1716 stammen, müßten die Gegenstände kurz nach 1200 in den Gewölben verwahrt worden sein. Es war jene Zeit, in der Süddeutschland von kriegerischen Ereignissen erfüllt war.

Die Schächerkapelle bei Fürstenberg und die Heilig-Kreuz-Kapelle in Geisingen

Schwarzwald-Baar-Kreis

Zwischen dem Fürstenberg und der Länge, einem tafelartigen Berg, steht die Kapelle »zum Schächer«. Weit schweift der Blick von der offenen Kapelle ohne Tür und Fenster über die Baar. Seit Jahrhunderten erinnern nicht nur drei Kreuze in der Kapelle den Vorüberkommenden an den Richter in der Ewigkeit, sondern es ist die Stätte selbst, eine ehemalige Gerichtsstätte, die wohl früher manchem Tagedieb Unbehagen verursachte.

Schächerkapelle

Daß sich Legenden um solche Orte weben, bleibt nicht aus. Eine davon ist jene Geschichte vom »geschossenen Christus«. Und wieder einmal befinden wir uns im Dreißigjährigen Krieg im Jahr 1633. ... Ein schwedisches Heer zog vom Bodensee kommend in Richtung Schächer. Graue, düstere Regenwolken hingen über der Baar, die sich alsbald über den Schweden entluden. Der Wind pfiff dem wilden Haufen kalt um die Ohren, und die Nässe durchdrang allmählich das dickste Wams.

Der »geschossene Christus« in der Heilig-Kreuz-Kapelle, Geisingen

Als die Schweden im Begriff waren, an der Schächerkapelle vorüberzuziehen, verfluchte einer von ihnen lautstark Gott und die Welt und befahl dem Gekreuzigten auf der Stelle, für schönes, warmes Wetter zu sorgen. Es regnete jedoch weiter, und auch der eisige Wind legte sich kein bißchen. Diese Nichtachtung von Seiten des Herrgotts versetzte den Schweden derart in Wut, daß er die Pistole zog und dem am Kreuz hängenden Christus eine Kugel mitten in die Stirn schoß. Im selben Augenblick rann aus der Brust des Gekreuzigten rotes Blut. Entsetzt gab der Reiter seinem Pferd die Sporen und flüchtete in panischer Angst. – Er soll nicht weit gekommen sein, heißt es, ein paar hundert Meter weiter soll er tot von seinem Pferd gefallen sein. Die Erinnerung an ihn lebt weiter in einem sogenannten »Schwedenstein«, den es auf der Geisinger Gemarkung zu suchen gibt. Die Autoren dieses Buches haben vergeblich nach ihm gefahndet, vielleicht finden ihn die Leser? Jenen Geisinger Bürger, der den Schweden noch im 19. Jahrhundert beobachtet hat, wie er des Nachts zwischen Schächerkapelle und Schwedenstein hin- und hergewandert sei, können wir leider auch nicht mehr fragen.

Persönlich in Augenschein nehmen können wir jedoch den »geschossenen Christus« in der eigens für ihn errichteten Heilig-Kreuz-Kapelle am Ortsausgang von Geisingen in Richtung Oberbaldingen.

ⓘ Zur Schächerkapelle: Von der Kirche in Fürstenberg aus folgt man dem Schild »Schächer«. Der Weg führt über einen Teerweg bis zur Kapelle.

Die Wallfahrtskirche Maria in der Tanne bei Triberg

Schwarzwald-Baar-Kreis

Ins Auge fallen Namen wie »Maria in der Tanne« oder »Drei-Eichen-Kapelle« oder »Maria-Buch«. Fast immer ähneln sie sich in ihrer legendenbedingten Bedeutung. Fast immer handelt es sich um ein Marienbild, das an einem Baum befestigt war und sich als gnadenbringend erwies.

Aus der vorchristlichen Baumverehrung ließ die mittelalterliche Volksfrömmigkeit neue Sinnbilder entstehen, so geschehen in Triberg. Dort soll im Geäst einer mächtigen Tanne die Gottesmutter erschienen sein. Einem auf Pergament gemalten Muttergottesbildchen, das 1644 an einer Tanne befestigt war, wurden Wunder zugeschrieben. Bald schon wurde das Votivtäfelchen durch eine Holzschnitzerei ersetzt und im Jahr 1696 erreichte die Wallfahrt ein solches Ausmaß, daß mit dem Bau einer Kirche begonnen wurde.

Die Geschichte erzählt im Zusammenhang mit dem Gnadenbild von einem Schneidermeister namens Friedrich Schwab, der an Aussatz erkrankt war. In Erfüllung eines Gelübdes – er wurde auf wunderbare Weise geheilt – stiftete er die inzwischen über 350 Jahre alte, 18 Zentimeter große Lindenholzfigur und stellte die Maria mit dem Jesuskind in eine Öffnung der Tanne.

Noch heute ist diese Tanne in den Hochaltar integriert. Vor dem Gnadenbild sind nachweislich viele Heilungen geschehen.

Von Triberg kommend, in Richtung Schonach, nähert man sich der Wallfahrtskirche, deren Altäre von 1705 als beste eigenhändige Werke des weithin berühmten Villinger Bildhauers und Schnitzers Johannes Schupp gelten. Von historischem Interesse ist ein großes Votivbild an der rechten Langhauswand, das die Stadt Villingen während der Belagerung durch Tallard und die Rettung der Stadt darstellt. Einem Gelübde zufolge trugen es Villinger Bürger am 17. November 1715 barfuß nach »Maria in der Tanne«.

Es gibt etwa ein Dutzend Kirchen oder Kapellen in unserem Land, bei denen ein Baum mit einem Marienbild der Anlaß zur Gründung war. Nach einer Theorie, die allerdings umstritten ist, sollen die ältesten Andachtsorte in Germanien ausschließlich Baumkirchen gewesen sein. Im Schutz dichten Geästs wurde zunächst von einem Missionar ein Altar errichtet, unter dem man die Gläubigen sammelte. Der nächste Schritt war die Errichtung einer hölzernen Kapelle, dann erst erfolgte der Bau eines steinernen Heiligtums.

Sogenannte Ziborien-Altäre wie z. B. in der St. Veits-Kirche zu Stuttgart-Mühlhausen werden als späte Erinnerung an diese ersten Andachtsorte bezeichnet. Nach 1500 wandte sich jedoch der Klerus gegen derlei Relikte des Heidentums und ließ die Baumstämme aus den Gotteshäusern entfernen. Erst die Barockzeit nahm die alte Überlieferung wieder auf, wenn auch in einer abgewandelten Form. Bilder, die also einen belaubten stattlichen Baum zeigen, der aus einem Kirchendach hervorwächst, sprechen von uralter Naturverbundenheit.

Kein Geringerer als der Markgraf Ludwig Wilhelm von Baden, »Türkenlouis« genannt, stiftete der Triberger Baumkapelle im Jahr 1706 eine kunstvolle silberne Verkleidung der Altarvorderseite, um damit die alte Überlieferung fortzusetzen.

Die Stiftskirche in Lahr und der Kirchhof

Ortenaukreis

Der Friedhof in Lahr

Mitten in der geschäftigen Schwarzwaldstadt findet man sich unerwartet inmitten einer Oase der träumerischen Stille, in der sich das Rad der Zeit für eine Weile anhalten läßt: im alten Friedhof der Stiftskirche. Mächtige Bäume haben diesen Friedhof mit seinen Grabdenkmälern zu einem Park gestaltet, der zu jeder Jahreszeit seinen ganz eigenen Charme entfaltet. Im Sommer wogen ganze Felder an Farnen zwischen den alten Steinen, die dem Platz eine geheimnisvolle Aura verleihen. Die Bäume und die Steine, sie sind das Geschichtsbuch, dessen Siegel sich nicht brechen läßt, und doch spüren wir die Lebendigkeit ihrer Vergangenheit. Sie bergen einen Erlebnisschatz, an dem wir teilhaben können, indem wir einfach bei ihnen verweilen.

Verweilen wir noch eine Weile in der Stiftskirche, aus der uns ebenso das Auge der Geschichte anblickt. Gestiftet wurde das frühgotische Gotteshaus im Jahr 1259 von Walther I. von Geroldseck und diente den Augustinermönchen. Im Jahr 1482 wurde es in ein weltgeistliches Stift umgewandelt. Chor und große Teile des Stifts sind original erhalten. Außen im Denkmalshof befindet sich eine Kreuzigungsgruppe von 1559. Stil- und stadtgeschichtlich interessante Grabplatten des 16. bis 19. Jahrhunderts üben ihre Faszination aus. Ein frühgotischer Brunnenstock aus dem ehemaligen Klosterhof ist ebenfalls zu sehen.

QUELLEN,- BAUM- UND BRUNNENKULTE: WASSER DES LEBENS

Donauschleifen vom Wartenberg aus gesehen

Von der frühen Steinzeit über die Kelten und späteren heidnischen Germanen bis in die heutigen Tage wurde das Wasser in all seinen Erscheinungsformen, vom Regentropfen bis zum Meer, verehrt. Im Wasser veranschaulicht sich für den Menschen der ewige Fluß aller Dinge und die Wandlung und Verwandlung allen Lebens. In der Quelle, im Ursprung des Wassers, vereint sich das fließende und das stehende Moment. Sie ist gleichsam Ursprung der Inspiration, der Erkenntnis, der Dichtung und der Künste und des Handwerks. Sie läßt diese Lebensimpulse nicht nur sprudeln, ebenso erneuert und heilt sie.

In der Mythologie dienen die Gewässer den göttlichen Wesen als Wohnung. Im Fluß manifestierte sich für die Alten die Muttergöttin, gütig und lebenserhaltend, aber auch launisch und grausam. So gingen Quellen- und Kopfkult auf keltischem Gebiet von Spanien bis nach Böhmen Hand in Hand. Menschenschädel, Kessel oder bauchige Tongefäße wurden als Opfergaben in Quellen gefunden. Volksüberlieferungen und Märchen, in denen Köpfe und Quellen vorkommen, sind überall verbreitet, und christliche Märtyrerlegenden haben sie häufig aufgegriffen. St. Reine von Alesia und St. Kilian von Würzburg reihen sich ein. »Quelle der in der Schlacht erbeuteten Köpfe« (Tobar a' Chnaic) oder »Kopfquelle« (Tobar nan Ceann) heißen heute noch ungeniert schottische und irische Quellen.

In der Legende um den inselkeltischen Arzt und Heiler Dian Cécht, den der Bischof Cormac im 10. Jahrhundert mit »Gott der Gesundheit« glossierte, spielt nicht nur die Quelle eine Rolle, es ergibt sich eine Parallele zum festländischen Apollon, dem Schutzheiligen der Medizin und dem Vater von Asklepios und seinen vielen Erscheinungsformen. Dian Céchts berühmteste Tat war das Ersetzen eines in der Schlacht abgetrennten königlichen Armes. Er ersetzte den Arm des Königs Nuadu so kunstgerecht durch eine silberne Prothese, daß sich Finger und Gelenke bewegen ließen. In einer zweiten Schlacht macht sich Dian Cécht erst recht verdient, indem er die Quelle der »Gesundheit« fand, die er mit Heilkräutern anreicherte. Tote und Verwundete wurden vom Schlachtfeld direkt in die Quelle geworfen. Daraufhin sprachen er und seine Kinder Zaubersprüche, worauf die Krieger der Quelle wieder gesund entstiegen und bereit waren, sich erneut in den Kampf zu stürzen.

Die Quelle war der Kern der religiösen Anschauung der Kelten, sie war die Verbindung zur »Anderswelt«. Im Quell wohnte der Sonnenfunke, der sich besonders an brodelnden, heißen Thermalquellen offenbarte. – Wasser und Wärme waren positive Lebenserfahrungen und sind es bis heute.

Die Begriffe »Bormo, Bormanus« und »Borvo« sind verwandt mit dem lateinischen »fervere« und dem irischen »berbaim«. Sie bedeuten »kochen« im Sinne des Aufwallens der Thermalquelle, die aus der Erde hervorquillt. Ortsnamen wie »Bourbonne-les-Bains«, »Bormio« und »Bormanicus« sind dafür nur ein Beispiel aus Frankreich, Norditalien und Spanien. Sie wurden mit Hilfe des Gottesnamen »Apollon« gebildet. Zu den wichtigsten Kultorten Apollons zählt das heutige Aachen, dessen heiße »Aque Granni« noch immer aus der Erde sprudeln und in die Kurzentren einfließen. Das württembergische »Granheim« geht ebenfalls auf den Heilergott »Apollon« zurück. In all dem aber ist der keltische Gott des Lichtes, der Sonnengott zugegen, der Herr der »Anderswelt«, aus der sich das Leben durch die Quellen erneuert und der es trägt.

Heilung und Reinigung waren in den Pilgerzentren der keltischen Welt eng miteinander verknüpft. Das rituelle Bad leitete die spirituelle Reinigung ein. Wie konnte es anders sein, als daß auch die christlichen Nachfahren der Kelten entschlossen am Quellenkult festhielten; also blieb den Autoritäen des damaligen Christentums nichts anderes übrig, als dieses Kernstück mit einzubeziehen. Anstelle der alten Ortsgötter standen jetzt die christlichen Heiligen und Patrone den Quellen und Brunnen vor und übernahmen meist die damit verbundenen Überlieferungen, wenn auch nur bruchstückhaft.

Aus jenen alten Geschehnissen erklären sich die an manchen Feiertagen, Jahrestagen oder bei Jahreszeitenfesten stattfindenden Prozessionen zu heiligen Quellen. Die Kelten bekränzten ihre Quellen mit Laub und Blumen, eine Form der Quellenverehrung, die sich seit jener längst vergangenen Zeit bis heute kaum verändert hat. Frühlingsbräuche, die mit Wasser in Verbindung stehen, wurzeln tief in der Vergangenheit. Noch im neunzehnten Jahrhundert waren es insbesondere der Georgitag am 23. April und der erste Mai , in deren Brauchtum tiefe, festliche Spuren aus alten Wasserkulten fortlebten. Wasser, Luft und Tau galten an diesem Tag als besondes heilsam. So wanderte man noch aus Freiburg bis 1876 bei Tagesanbruch auf den Schloßberg zum sogenannten Silber- oder Geisbrünnele, um dieses mit Kränzen und Inschriften zu schmücken.

In vielen Gegenden Deutschlands wurden »Maibäder« genommen. Dabei warfen sich die Burschen in einen Teich, während die jungen Mädchen von Uhldingen am Bodensee in der ersten Mainacht im taunassen Klee badeten. In den ersten Jahrzehnten des 19. Jahrhunderts wurde im niederösterreichischen Mühlviertel am Morgen des Georgitages noch das Brauchtum des Taufangens oder -fischens für das Vieh durch die Weiber und »Hexen« ausgeübt. Auch das Bekränzen der Dorfbrunnen und das Tränken des Viehs in ihnen gehörte über viele Jahrhunderte hinweg zum Frühlingsbrauchtum, in dem die Verehrung des Wassers sichtbar wurde. Ein alter Brauch der Wasserverehrung war auch das Umkreisen der Quelle während der Prozession.

Schon im 16. Jahrhundert tadelte der Freiburger Professor Lorichius das Brauchtum des Wasserschöpfens als heidnische Sitte. Dabei wurde in der ersten Mainacht um Mitternacht Wasser aus einer Quelle oder einem Brunnen geschöpft, um anschließend darin zu baden.

Heilkräftige Quellen weihte man der Muttergottes. Andere gehören der heiligen Ottilie wie in St. Ottilien bei Freiburg oder in der Bräunlinger Ottilienkirche. Eine Quelle bei Haslach im Schwarzwald ist dem heiligen Rudolfus geweiht und soll bei Augenleiden helfen.

Im Mai zog früher mancher Schwarzwälder über den Rhein zur Schmerzhaften Mutter bei Zurzach. Dort stieg man in die Schlucht zum Verenenbrünnlein, trank daraus und nahm einen Krug voll heiligen Wassers mit nach Hause. Um die Kapelle herum wurde sogar Markt gehalten, und die Wallfahrer lagerten über Nacht um ihre Kochfeuer. Bei Tauberbischofsheim ist von einem »Liebfrauenbrünnlein« die Rede, zu dem früher viele kinderlose Frauen pilgerten, um vom Gnadenwasser zu trinken. Zu den vier heilkräftigen, schon um das Jahr 1600 gepriesenen Marienbrunnen von Todtmoos (St. Blasien) sind schon ganze Gemeinden unter ihrem Bürgermeister gewallfahrtet. Die Gläubigen, Täuflinge, Hochzeiter und auch die Toten, sie alle sollten Schutz durch geweihtes Wasser erfahren. Uralte Brauchtumselemente sind das Besprengen mit Wasser und das Eintauchen in Wasser. – Im Schaffhausener Weinbaudorf Hallau wurden Neugeborene noch um die Jahrhundertwende sogar in Wein gebadet. Hiermit wurde wohl an die Verwandlung des Wassers durch Jesus zu Wein angeknüpft.

Weit verbreitet sind die Sagen von der Herkunft Neugeborener aus quellendem oder strömendem Wasser, die »Kindlesbrunnen«, andere wieder leiten diese von großen hohlen Bäumen ab. Die Alemannen des Schwarzwalds und der Alpen kennen auch Kindertröge unter Findlingen und Felsklötzen. Viele der alten badischen Bräuche um das Wasser sind kaum anders als aus einer heidnischen Sitte zu erklären. Schon der nordgermanische Heide hat sein neugeborenes Kind mit Wasser begossen, indem er ihm einen Namen gab, und es war fast unausbleiblich, daß sich die christliche Taufe mit der alten Wasserweihe in einem bis heute fortwirkenden Brauch verband. Im Charakter unseres Patentums überwiegt ebenfalls das altgermanische Wesen, und in manchen neueren Kirchen wird die Taufe wieder unter fließendem Wasser gespendet. Der Zusammenhang mit uralten Vorstellungen ist gegeben.

Die Quelle – sie ist Symbol des Lebendigen, Ort der Reinigung und Erneuerung; sie ist die Ursubstanz, deren Lebensstrom – der »spiritus mundi« – unaufhörlich auf alles Lebendige wirkt und darüberhinaus seine Fortentwicklung bewirkt. Das Eintauchen in Wasser und Auftauchen oder Herausziehen bedeuten die Wiedergeburt. So ist auch das Ziel der wirklichen Pilgerfahrt die geistige Wiedergeburt. Im Pilger vollzieht sich ein Umbruch oder auch Aufbruch zu einem neuen Weg und Ziel. In dieser Wandlung und Tröstung ist der Raum für Wunder. Physische Heilungen durch die Waschung an der Quelle und dem Trinken aus ihr sind außergewöhnliche Phänomene. »Medizinisch läßt sich das plötzliche Verschwinden der Krankheit und ihrer Symptome nicht erklären«, konstatierten elf in Lourdes anwesende Ärzte zur Wunderheilung des vierjährigen, blinden und gelähmten Pascal am 26. August 1938. Die großen Heilungen von Lourdes können nur durch Kräfte bewirkt werden, die der Schulmedizin tatsächlich nicht bekannt sind.

Dem germanischen Glauben nach entsprang unter der Weltesche der Schicksalsbrunnen. Moses hat mit dem Stab Wasser aus dem Felsen geschlagen. War es die Wünschelrute, mit der er Wasser gesucht und gefunden hat? – Wir wissen es nicht. Auch die Errichtung von prunkvollen Brunnenanlagen in den Kreuzgängen hatte nicht nur ästhetische oder praktische Bedeutung; in ihrer unmittelbaren Nähe zur Quelle verstärkt sich die Strahlung im Kreuzgang. In vielen Kirchen fließt das Wasser direkt unter dem Altar oder rinnt durch Brust oder Hände einer Heiligenstatue.

Die christlichen Urväter brachten das Wasser mit dem Heiligen Geist in Verbindung. »Und der Geist schwebte über den Wassern«, heißt es in der Bibel. Allgemein spielt in der Bibel das Wasser eine ganz besondere Rolle. Johannes der Täufer spricht im Matthäus-Evangelium (Kap. 3/11): »Ich taufe euch mit dem Wasser zur Buße; der aber nach mir kommt, ist stärker als ich, und ich bin nicht genug, ihm die Schuhe abzunehmen; der wird euch mit dem heiligen Geist und mit Feuer taufen.« Aus diesen Worten tritt wiederum die uralte Verbindung zum Kessel hervor, zum heiligen Gefäß, zum Gral. – Wasser, Sonne und Luft sind es, die der Erde ihre Vegetation verleihen und damit ihre Fruchtbarkeit.

Bei vielen Quellen läßt sich die Fortdauer des Kultes von der Jungsteinzeit bis in die Gegenwart verfolgen. An und in ihnen hat man Opfergaben aus allen Zeiten, nicht nur der keltischen, gefunden, ganz besonders Opfer, mit denen Regen erfleht wurde. In der Altsteinzeit war die Spirale ein Zeichen, das mit Mond, Wasser und Fruchtbarkeit zu tun hatte, ebenso das Zeichen des Fisches. Dieses Zeichen findet man noch auf alten Grabmälern. Das Brauchtum des Wasseropfers üben wir heute noch in der Form aus, daß wir Münzen in Brunnen und Quellen werfen.

Ein japanisches Sprichwort sagt: »Wenn die kleine Quelle versiegt, trocknet der große Strom aus.« In diesen wenigen Worten liegt eine tiefe Wahrheit und Aktualität. In einer Zeit, in der das Wasser immer weniger und seltener wird, verdient es wieder jene Ehrfurcht, die ihm viele Völker vor uns entgegengebracht haben. Was wäre heute, wenn sie es uns gleichgetan hätten?

Doch nicht nur die Quelle, auch der Baum bildete für unsere Urvorfahren eine geistige Einheit und war der Lebensnerv einer Gemeinschaft. Im Baum sahen die Kelten die Unendlichkeit des Lebens und die Endlichkeit des Todes. Ein Laubbaum, der im Winter »tot« wirkt, ergrünt wieder zu neuem Leben, ein jährliches Ereignis, das mit einer Zuverlässigkeit eintritt, unabänderlich und unbeirrbar in seinem Zyklus, dessen geheimnisvolle Kraft uns in Bann zieht. Jeder große, mächtig herausragende Baum steht meist auf einer Wasserader oder einer Kreuzung von zwei Adern, da er täglich viele hundert Liter Wasser für seine Existenz benötigt, die er wiederum an die Luft, die wir atmen, abgibt. Solche Bäume wurden häufig zu »Bildbäumen«, indem man zunächst Heiligenbilder und danach Bildtafeln angebracht hat; sie alle markieren strahlende Plätze, die mit der Rute leicht festgestellt werden können. Auch das Kreuz ist Symbol eines kultisch verehrten Baumes.

Zahllose Mythen und Märchen handeln von Bäumen. Zum einen wird durch die Bäume der Tod ihres Besitzers angezeigt, zum anderen werden Kranke oder Kinder durch gespaltene Bäume hindurchgezogen, um geheilt zu werden, und in der Schweiz holen die Hebammen die kleinen Kinder aus dem hohlen »Kindbaum«. Obstbäume müssen geschüttelt werden, um nicht zu verdorren. Und wenn die Holzfäller einen Baum fällen wollten, mußten sie ihn zuvor um Verzeihung bitten.

So dürften sich auch die frühesten Götterdarstellungen aus der Baumverehrung entwickelt haben. Vom lebenden, einem Gott geweihten Baum – der Behausung göttlicher Kräfte – zur Götterdarstellung war der Weg nicht allzuweit. Durch den Baum waren die Stammesangehörigen nicht nur untereinander verbunden, sondern über seine Wurzeln auch mit ihrem Territorium. Der »Stammbaum« oder die Ahnentafel ist eine Folgeerscheinung dieser Baumverehrung. Das Umhauen eines solchen Stamm-Baumes kam dem Sieg über die Lebenskräfte des Gegners gleich. Als Lebensbaum zwischen Himmel und Erde stellte der Stammes-Baum einen übersichtlichen Mikrokosmos dar, der den Menschen das Gefühl von Zusammenhalt und Schutz gab. Unter ihm wurde gekrönt, geopfert, Recht gesprochen.

Der »Lebensbaum«, wie er auf dem Kessel von Gundestrup dargestellt wurde, ist bis in die heutigen Tage im »Maibaum« gegenwärtig geblieben, und jene alten Gerichtslinden wie z. B. die »Pürschgerichtslinde« in Rottweil sind nichts anderes als eine Art natürlicher »Haltbarmachung« dieses keltischen Opferbaumkultes. In den rituell genützten Schächten der Viereckschanzen, von denen schon die Rede war, hat man zum Teil ganze Bäume mit Ästen und Wurzeln als Opfergaben an die befruchtende Mutter Erde entdeckt. In Vendeé fand sich in einem Kultschacht, man staune, eine vier Meter lange Zypresse.

Es ist der Apfelbaum, der für die Kelten die engste und stärkste Beziehung zur Anderswelt symbolisierte. Somit ist »Avalon« aus der Artussage die »Apfelinsel« und wohl verwandt mit der Geschichte vom Paradies, die sich gleichsam um den Apfelbaum rankt. Ist mit der Frucht des Apfelbaumes als Symbol vielleicht auch jenes höhere Wissen angesprochen, wie es die Bundeslade barg? – Ein Geheimwissen, an dem nur die Eingeweihten teilhaben durften und das nicht in unbefugte Hände geraten durfte, auf daß alles erhalten bleibe, vergleichbar etwa mit der Kernspaltung oder der Gentechnik, die ebensowenig in unbefugte Hände geraten darf, um nicht Tod, Verderben und Vernichtung zu bringen?

Neben Esche, Birke, Buche, Eibe, Hasel, Holunder, Schlehe, Stechpalme und Ulme spielte die Eiche unzweifelhaft eine große Rolle. An ihr ließ sich der göttliche Wille ablesen. Dies könnte möglicherweise mit dem rohen Verzehr der Eichel zusammenhängen, der eine Bewußtseinsänderung zur Folge haben kann. Die heilende Wirkung der Eiche durch deren Gerbstoffe muß den Kelten schon bekannt gewesen sein. Ihre Lebenskräfte sollten dem Verstorbenen über den Tod hinaus nutzbar gemacht werden. Die schweren Eichenbalken in den Fürstengräbern der Kelten zeugen heute noch davon. Beispiele sind die Großgrabhügel auf dem Magdalenenbergle bei Villingen im Schwarzwald und bei Eberdingen-Hochdorf nordwestlich von Stuttgart.

Im Volksglauben galten heilige Bäume als unsterblich. Die Lebensdauer der Eibe wurde von walisischen Klerikern auf sage und schreibe 19683 Jahre angesetzt. In der Eibe potenzieren sich die Eigenschaften der heiligen Bäume durch immer grünendes Gezweig mit roten Beeren, die sowohl als Gift als auch als Heilmittel Verwendung finden, und, durch ganz besonders zähes und hartes Holz. So sollen auch die Zauber- und Wahrsagerstäbe der Druiden aus ihrem Holz gefertigt worden sein.

Die Haselstaude galt ebenfalls durch ihre Nüsse als die Lebensspenderin, und so erstaunt es nicht, daß im Fürstengrab »Hohmichele« ein Schälchen mit Haselnüssen gefunden wurde. Aber auch der Schlehdorn, der heilige Baum der Feen, stand und steht noch heute für konzentrierte Lebenskraft. Um Mangelerkrankungen zu heilen oder ihnen vorzubeugen, bieten die Reformhäuser Elixiere an, deren Beipackzettel die Schlehe »zur Stärkung der Lebenskräfte« anpreisen. Seit der Steinzeit wurde die Schlehe für den Wintervorrat an Vitaminen geerntet, und wer sich damals an ihr vergriff, dem war Rache sicher.

Dorfeiche oder Dorflinde, Kirchenbaum, Friedhofsbaum oder Gerichtsbaum, sie alle hatten Teil am großen Ganzen. Sie waren geheimnisvolles Zentrum mit vielfältigen Gesichtern. Unter ihnen wurde getanzt, gelacht, geweint, und aus ihnen schaut uns auch heute noch ein »drittes Auge« an, durch das wir das Vermächtnis alles Lebendigen erkennen können, jene Kraftquellen, die uns Mutter Erde immer noch großzügig spendet.

»Wer sich auf den Herrn verläßt,
der ist wie ein Baum, am Wasser gepflanzt,
der seine Wurzeln zum Bach hin streckt.
Denn obgleich die Hitze kommt,
fürchtet er sich doch nicht,
sondern seine Blätter bleiben grün;
und er sorgt sich nicht, wenn ein dürres Jahr kommt,
sondern bringt ohne Aufhören Früchte.«
(Jeremia Kap. 17, 7, 8)

»Dreilärchen« unterhalb des Wartenberges bei Geisingen

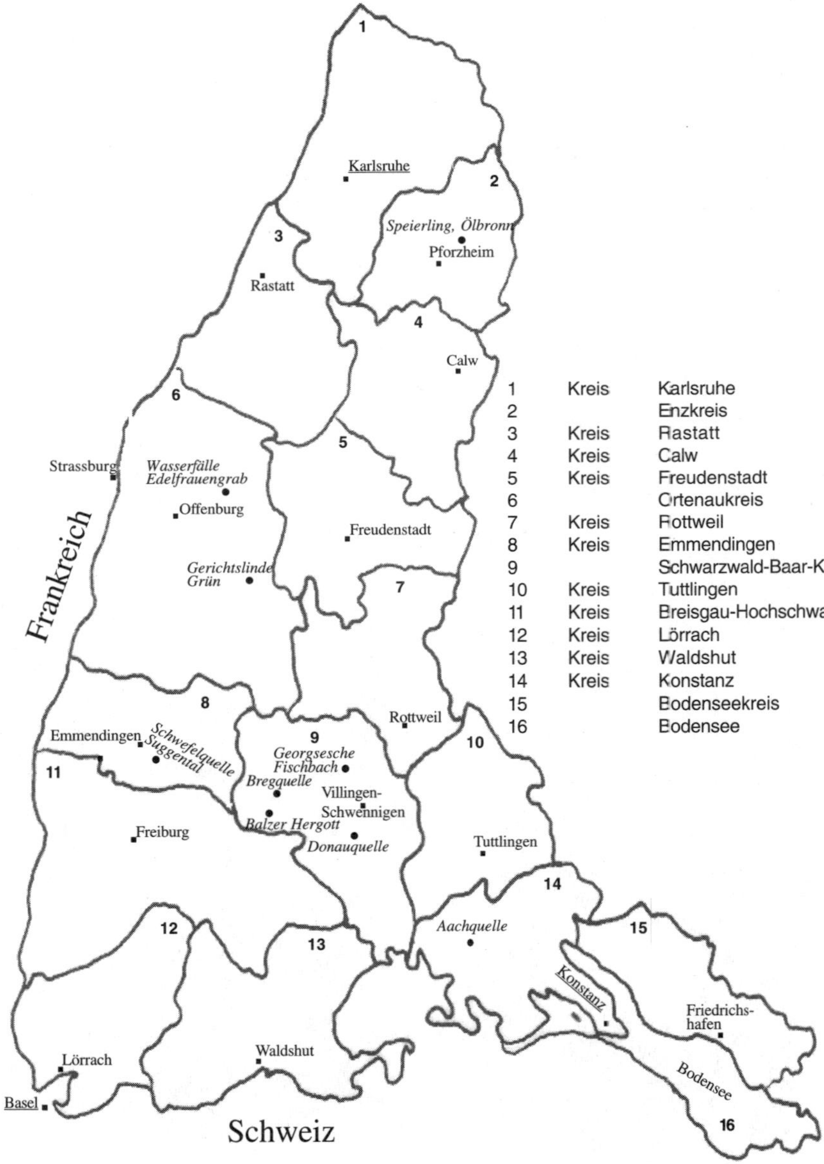

1	Kreis	Karlsruhe
2		Enzkreis
3	Kreis	Rastatt
4	Kreis	Calw
5	Kreis	Freudenstadt
6		Ortenaukreis
7	Kreis	Rottweil
8	Kreis	Emmendingen
9		Schwarzwald-Baar-Kreis
10	Kreis	Tuttlingen
11	Kreis	Breisgau-Hochschwarzwald
12	Kreis	Lörrach
13	Kreis	Waldshut
14	Kreis	Konstanz
15		Bodenseekreis
16		Bodensee

Die Donauquelle im Schloßhof von Donaueschingen

Schwarzwald-Baar-Kreis

Die Brigachquelle beim Hirzbauernhof zwischen Ortsschild Brigach und dem Gasthof Hirzwald

»Brigach und Breg bringen die Donau zuweg«, so heißt es im Volksmund erst seit dem vorigen Jahrhundert. Mit der Donau in Europa ist es gleich wie mit dem Nil in Afrika, da es über den Ursprung dieser großen Flüsse vielerlei Meinungen gab und noch gibt. Da wird zum einen die Ansicht vertreten, die Bregquelle bei Furtwangen sei die »natürliche« Quelle der Donau. »Donauquelle« heißt es auf einem Stein nahe der Martinskapelle, und die Befürworter dieser »Donauquelle« geben zu bedenken, daß der Ursprung des längsten Quellflusses gleichzeitig der Ursprung des Stromes sei, den er hervorbringt. Auf der anderen Seite jedoch versteht es sich fast von selbst, daß Donaueschingen und die Donauquelle seit Jahrhunderten in einem Atemzug genannt werden.

Wen wundert es da, daß sich sogar der baden-württembergische Landtag mit diesem Streit beschäftigt hat. Das Urteil fiel salomonisch aus: Die Donau beginnt durch den Zusammenfluß von Brigach und Breg erst hinter dem fürstlichen Schloßpark.

Zum ersten Mal begegnet uns in Aufzeichnungen aus dem Jahre 1292 das alte »Eschingen« mit der Namenserweiterung »Donau«. Ausschlaggebend für den Namen war wohl kaum der Zusammenfluß von Brigach und Breg auf Donaueschinger Gemarkung, sondern der Abfluß der Schloßhofquelle, der sich mit der Brigach verband. Von dieser Stelle aus gesehen handelte es sich nun um »die Donau«. Nach einer alten »Schwarzwaldkarte« von Johannes Tibianus (um 1580) entspringt die Donau unterhalb der Donaueschinger Pfarrkirche.

Gegen Ende des 18. Jahrhunderts wurde der fürstliche Park angelegt, und um häufige Überschwemmungen zu vermeiden, mußte eine Begradigung der Brigach vorgenommen werden; auch den Breg-Hauptarm begradigte man demzufolge vor der Einmündung. Umgestaltungen am Schloß und im Bereich der heutigen Parkanlagen erforderten die Umlegung des alten Donaubaches bzw. den Abfluß der Schloßhofquelle. Dieser wurde nun auf dem kürzesten Weg in die Brigach geleitet, und über der Einflußstelle stiftete Kaiser Wilhelm II. im Jahr 1909 einen Tempel.

Die Geschichtsschreibung berichtet von einem Besuch König Maximilians und seines Gefolges im August 1499. Sein Interesse und seine Verehrung galten der Donauquelle. Zelte wurden aufgestellt und im Rahmen eines Festes umtanzte man die Quelle. Vermutlich wurde schon damals der Sprung in die Donauquelle gepflegt, ein Brauchtum, das nach Mitte des 17. Jahrhunderts unter den Gästen des Hauses Fürstenberg Mode wurde. Vor dem Bad hatte der Gast eine sogenannte »Sackpfeife«, ein Glas Rotwein, zu leeren. Den Sprung selber begleiteten Trompetenstöße, Trommelwirbel und Salut schießende Böller. Anschließend trug sich der Badegast in das »Donauquellen-Protokollbuch« ein, das in der F.F. Hofbibliothek verwahrt wird. Die älteste Eintragung stammt aus dem Jahr 1660.

Die Bregquelle und der Briglirain bei Furtwangen

Schwarzwald-Baar-Kreis

Die Bregquelle unterhalb der Martinskapelle bei Furtwangen

Unter der Bezeichnung »Brigli« darf man die junge Breg verstehen, und was ein »Rain« ist, weiß jeder. Vielleicht aber nicht, daß dieser »Briglirain« nördlich von Furtwangen die große mitteleuropäische Wasserscheide zwischen Rhein und Donau bildet. Nach 2.888 Kilometern fließen die beiden Quellbäche, die sich in der Breg vereinen, ins Schwarze Meer.

Als Bregquelle gilt der Wasseraustritt im Neuwegtal unterhalb der Martinskapelle. Über einem ehemals heidnischen Quellheiligtum wurde die Kapelle um das Jahr 800 von Benediktinermönchen errichtet. Nicht weit von hier, nur wenige hundert Meter nordöstlich, und auf der anderen Seite der Wasserscheide, befindet sich die Quelle der Elz, die ihren Weg über den Rhein in die Nordsee nimmt. Im Volksmund wird die Elzquelle gern zwischen Martinskapelle und Furtwänglehof gesehen, der wirkliche Ursprung liegt jedoch ca. 900 m weiter südwestlich beim sogenannten Elzursprung.

(I) Die Bregquelle ist als »Donauquelle« in Furtwangen ausgeschildert.

Die Aachquelle – Europas größte Quelle

Kreis Konstanz, bei Aach

Mit manchmal bis zu 24 000 Liter pro Sekunde sprudeln die Wasser der Aach aus unergründlichen Tiefen hervor – im Durchschnitt sind es knappe 9000 Liter. Zunächst ist es die junge Donau, die urplötzlich zwischen Immendingen und Möhringen im durchlässigen Kalkgestein versickert, um nach 12 Kilometern mit ungezügelter Urkraft wieder im grünblau schimmernden Aachtopf emporzutauchen. Von hier aus geht die Reise in den Bodensee und weiter in den Rhein, der das Donauwasser in den Atlantik entführt. Es fließt also nicht alles Donauquellwasser in das Schwarze Meer.

Als müßte die Donau mit Nachdruck darauf hinweisen, daß es sich bei diesem Verschwinden um eine europäische Wasserscheide handelt, wiederholt sie das Naturereignis in Fridingen sogleich und begibt sich erneut auf ihre unterirdischen Schleichpfade. Allerdings, ganz trocken legt sie sich dabei nicht und läßt immerhin genug Wasser übrig, um stark zu sein zum Durchbruch der Kalkformationen der Schwäbischen Alb.

In früheren Zeiten, in denen die Mühlenbetriebe entlang der jungen Donau und der Aach einzig und allein vom Wasserstand der Flüsse abhingen, wurde in trockenen Sommern immer wieder versucht, die Donau-Versickerungsstellen so zu verstopfen, daß das Wasser entweder der jungen Donau oder der Aach zugute kam. Tatsache ist, daß einmal die Aachquelle kaum noch Wasser lieferte und die Mühlräder entlang der Aach stillstehen mußten. Hingegen drehten sich die Mühlräder an der Donau bei Tuttlingen recht munter.

Schon im Jahr 1869 wurde mittels Salzungs- und Färbeversuchen bewiesen, daß die Aachquelle, wie schon vermutet, ihr Wasser aus der Donau bezieht. Auch die Zeit, die das Donauwasser im stark zerklüfteten Untergrund benötigt, um im Aachtopf wieder hervorzuquellen, ließ sich damit nachvollziehen. Ein bis drei Tage nämlich benötigt das Wasser vom Versickern bis zum 174 m tiefer liegenden Quellaustritt in Aach.

Ⓘ Anfahrt über die Bodenseeautobahn bis zur Ausfahrt Engen und weiter in Richtung Aach. Die Quelle ist ausgeschildert.

Die Schwefelquelle von Suggental bei Waldkirch

Kreis Emmendingen

Nordöstlich von Freiburg, zwischen Denzlingen und Waldkirch, zweigt die Straße nach Suggental ab. Ziel ist die Kirche, vor der sich in einer kleinen Grünanlage die in früheren Jahrhunderten weit bekannte schwefelhaltige Quelle befindet. Die älteste bekannte urkundliche Erwähnung der Quelle geht auf das Jahr 1481 zurück. Ein Jahrhundert später wird das Wasser »den räudigen und müden Gliedern« empfohlen, und auch Merian der Jüngere berichtet im Jahr 1663 von der Heilwirkung der Quelle (in »Topographia Alsatiae«).

Suggental soll einmal das reichste Bergwerk im Breisgau gewesen sein. Es war Herzog Berthold II. von Zähringen, der sich im Jahr 1092 um das Schürfrecht beim Kaiser bemühte. Damit begann ein Jahrhundert des gewinnbringenden Erzabbaues, insbesondere des Silbers. Im Jahr 1284 fand er ein jähes Ende. Am 15. Mai ging ein Wolkenbruch nieder, dessen Wasser in den Hauptschacht des Stollens drangen und den Tod für mindestens 150 Bergleute bedeutete.

Ⓘ Den Bemühungen der Freiburger Bergbaufreunde ist es zu verdanken, daß der ehemalige St. Anna-Stollen wieder auf einer Strecke von 120 Metern befahrbar ist.

Der Balzer Herrgott

Schwarzwald-Baar-Kreis

Auch »Winkelherrgott« wird der Herrgott in der Buche genannt. Im Laufe eines Jahrhunderts hat der mächtige Baum eine steinerne Christusfigur bis auf ihr dornengekröntes Antlitz in sich aufgenommen. Es sollen Buben gewesen sein, die den Herrgott im Gewann »Winkel« hinter dem Fallengrund an die Buche gestellt haben. Zu jener Zeit stand die Buche für sich und war als sogenannte Wetterbuche den oft stürmischen Westwinden ausgesetzt. Ihr Stamm weist deutliche Spuren solcher Turbulenzen auf. Zwischen den Jahren 1904 und 1908 forstete man den Hang um die Buche auf, und so stand sie bald schon im Schutz von Tannen. Von Jahr zu Jahr jedoch verdickte sich ihre Rinde und wuchs ein Stückchen weiter über den Herrgott, zunächst über Beine und Corpus. In den Achtzigerjahren war abzusehen, daß der Baum den Herrgott irgendwann ganz verschlingen würde, und so begann die Debatte um seinen Erhalt. Eine Seite plädierte dafür, der Natur ihren freien Lauf zu lassen, eine andere war für eine Neugestaltung des Ortes und eine dritte sprach für ein Freihauen. Schließlich entschloß man sich für diese letztere Maßnahme, indem man den Gütenbacher Holzschnitzer Josef Rombach beauftragte, zehn Zentimeter der Umwallung abzutragen. Gleichzeitig wurden Fachleute von der Insel Mainau zu Rate gezogen. Ihnen gelang es, das freigelegte Holz nicht nur zu versiegeln, sondern eine künstliche Rinde zu schaffen.

ⓘ Am »Balzer Herrgott« führen örtliche und überörtliche Wanderwege vorbei. Ausgangspunkt ist der Ort Gütenbach (siehe Wandertafeln).

Die Georgsesche in Fischbach-Sinkingen, Gemeinde Niedereschach

Schwarzwald-Baar-Kreis

Bäume sind wunderbare Erscheinungen innerhalb der Pflanzenwelt. Was ein Baum bedeutet, läßt sich erst richtig in südlichen Ländern abschätzen, wenn sich alles Leben in den Schutz seines Schattens flüchtet. Bäume imponieren durch ihre gewaltige Erscheinung. Unverwechselbar tritt im Winter die Gestalt jedes Laubbaumes hervor. Vielfältig begleitet das Baumleben die Lebenswege des Menschen. Knospensprengen, Saftsteigen, Belauben, Erblühen, Fruchten, Welken und Buntwerden sind ein lebendiger Jahreskalender.

Die Urbeziehung zwischen Mensch und Baumwelt wird besonders in der Esche deutlich. Der nordische Schöpfungsmythos »Edda« kündet vom Urbaum, von der Welten-Esche, die zugleich Welt und menschliches Urwesen vereint.

An die 230 Jahre alt soll sie sein, die hochbetagte Esche, die unter den vier im Schwarzwald-Baar-Kreis geschützten Eschen die älteste ist. Sie hat schon einiges gesehen und auch schon einige Blitzschläge erleiden müssen. Ihre mächtigen Äste bilden einen Kreis von guten 30 Metern im Durchmesser und ihre Höhe beträgt 25 Meter. Zu entdecken ist sie im Fischbacher Ortsteil Sinkingen an der Straße zur Sinkinger Kapelle. Im Jahr 1941 wurde sie zum Naturdenkmal erklärt.

Das in unmittelbarer Nähe gelegene Quellgebiet Teufenbachtal mit dem Teufensee ist einen ausgedehnten Spaziergang wert. Hingewiesen sei auch auf die Sinkinger Kapelle, in der als Kultgegenstand eine schwarze Madonna aus dem Jahr 1764 verehrt wird. Urkundlich erwähnt wird eine Kapelle erstmals 1094. Die Entfernung zur Georgs-Esche ist geringfügig. Kapelle, Quellen und Baum bilden auch hier eine wundersame Einheit, die sich wohltuend auf die Stimmung auswirkt. Die Strahlung ist beachtlich.

Die Gerichtslinde in Grün im Harmersbachtal

Ortenaukreis

Gerichtslinde

Ob sie nun 800 oder 1000 Jahre alt ist, dies spielt für uns im Verhältnis kurzlebige Menschen keine Rolle. Wenn man von Zell am Harmersbach kommend talaufwärts fährt, begegnet man am Ortseingang von Kirnbach einer wahren Baumkönigin, die schlichtweg eine Höhe von 25 Meter und einen Kronendurchmesser von etwa 18 Meter zu bieten hat. Und ihr Stamm gar, 9 Meter umfaßt er, und es braucht sechs ausgewachsene Leute, um ihn zu umspannen. Und wo anders kann sie schon stehen, die alte Linde, als ausgerechnet neben einer kleinen Kirche, die dem heiligen Michael geweiht ist? – Bereits im Jahr 1507 wird die alte Gerichtslinde in Grün-Kirnbach als Lindenstock in einer Urkunde erwähnt.

Die Wasserfälle »Edelfrauengrab«, Gemeinde Ottenhöfen

Ortenaukreis

Es ist schon ein einmaliges Naturschauspiel, das sich uns hier südöstlich von Ottenhöfen im Naturschutzgebiet »Gottschlägtal - Karlsruher Grat« erwartet: Die Wasserfälle »Edelfrauengrab«, die erstmals im Jahr 1856 zugänglich gemacht wurden. Der Karlsruher Grat oder Eichhaldenfirst ist eine wild zerklüftete Felspartie aus Quarzporphyren, also ursprünglich vulkanischen Gesteinen. Der Gottschlägbach hat sich in eine tiefe Schlucht eingegraben und überwindet eine rund 100 m hohe Gefällstufe. Zur Schlucht mit ihren 8 m hohen Wasserfällen führt eine Abzweigung von der Achertalstraße zwischen den Gasthäusern »Kreuz« und »Stern«, die bis zum Gasthaus »Edelfrauengrab« am unteren Schluchtausgang führt.

Die unterste Gefällstufe der Wasserfälle mit einer ausgekolkten Höhle, die mit Treppen und Stegen ausgebaut ist, stellt das sagenhafte Edelfrauengrab dar. Das klare Wasser und eine Vielfalt von Moosen schaffen ein Bild vom »Wasser des Lebens«. Oberhalb der sogenannten Vespertanne befindet sich der Wasserfall »Deglerbad«.

Ein empfehlenswerter, jedoch anstrengender Wanderweg führt durch die gesamte Schlucht bis zum »Herrenschroffen« und über den Grat des »Eichhaldenfirstes« wieder nach Ottenhöfen zurück. Dieser Weg gehört zu den eindrucksvollsten des Nordschwarzwaldes (Voraussetzung sind festes Schuhwerk und Schwindelfreiheit).
Ausgangspunkt ist Ottenhöfen. Am Ortseingang, von der Schwarzwaldhochstraße aus Richtung Freudenstadt kommend, weist ein Schild nach links zu den Edelfrauenwasserfällen.

Das Naturdenkmal Speierling von Ölbronn in der Gemeinde Dürrn, nördlich von Pforzheim

Enzkreis

Auf 250 bis 300 Jahre wird das Lebensalter dieses Baumes geschätzt, und für seine Art bedeutet dies ein sehr hohes Alter. Der Speierling ist eine heute fast vergessene Baumart, die mit der Eberesche verwandt ist; eine Art Apfelbaum mit rissiger Rinde und den Blättern des Vogelbeerbaumes.

Südöstlich von Ölbronn, unweit der Straße nach Dürrn, steht der ca. 18 Meter hohe Sonderling, dessen Krone gute 20 Meter im Durchmesser aufweist. Sein auffallend gedrehter Stamm hat einen stattlichen Umfang von 4,80 Metern. Im Mai trägt der Baum angenehm duftende Blütendolden, aus denen im September birnenförmige, längliche Früchte bis zu etwa 4 Zentimeter Länge reifen. Diese sind von gelber bis rötlicher Farbe. In der Bereitung von Apfelwein sind die Früchte heute wieder begehrt. Ihr hoher Gerbstoffgehalt gibt dem Getränk nicht nur einen würzigen Geschmack, sondern auch eine bessere Haltbarkeit. Ein Apfelwein, eine Mischung aus Äpfeln und Speierling-Früchten, trägt den Namen des Baumes, dessen Vorkommen sich auf die wärmeren Gebiete des süddeutschen Raumes beschränkt.

Im Volksmund heißen die Früchte des Baumes auch »Drecksäcke«. Wie kommen sie zu diesem wenig schmeichelhaften Namen? Während sich nach einiger Zeit der Lagerung das Innere der Frucht in eine teigige und damit eßbare Masse verwandelt, verrunzelt die Schale derart, daß der Bezug zu einem alten, vergammelten Sack gegeben ist.

Von Ölbronn aus ist es nicht weit zum Kloster Maulbronn und zum Aalkistensee. Vor rund 800 Jahren stauten die Zisterziensermönche einen 750 Meter mal 250 Meter großen See an. Dem Fischfang dienende Aalreusen gaben dem Feuchtgebiet seinen Namen. Herrlicher alter Baumbestand säumt die Seeufer und bedrohte Vogelarten haben dort immer noch ein Domizil.

Speierling von Ölbronn

Karte Höhlen

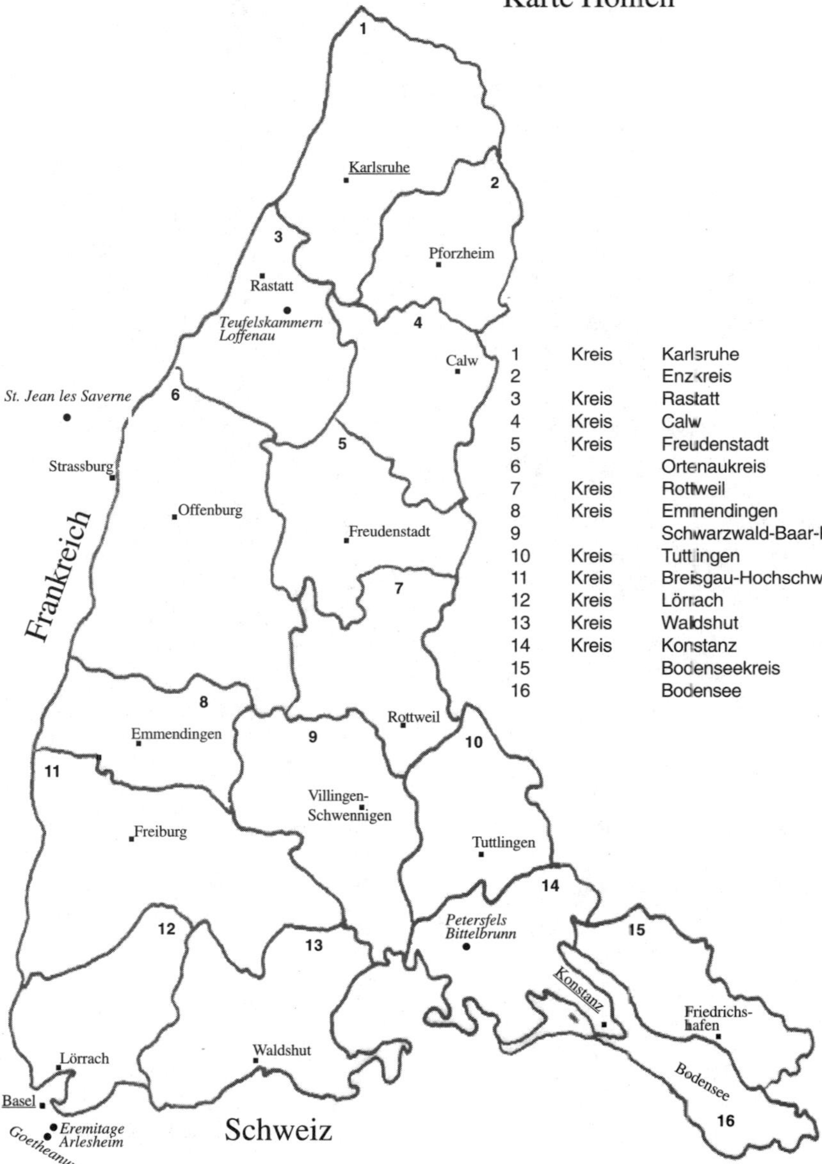

1	Kreis	Karlsruhe
2		Enzkreis
3	Kreis	Rastatt
4	Kreis	Calw
5	Kreis	Freudenstadt
6		Ortenaukreis
7	Kreis	Rottweil
8	Kreis	Emmendingen
9		Schwarzwald-Baar-Kreis
10	Kreis	Tuttlingen
11	Kreis	Breisgau-Hochschwarzwald
12	Kreis	Lörrach
13	Kreis	Waldshut
14	Kreis	Konstanz
15		Bodenseekreis
16		Bodensee

HÖHLEN: HÜTERINNEN VON GEHEIMNISSEN

Das Druiden-Heiligtum bei St. Jean les Saverne im Elsaß

Opferschale mit einem Durchmesser von 4,70 m

Der Leser wird sich fragen, was tun wir hier in Frankreich, außerhalb des Titel-Dreiecks? St. Jean jedoch ist so beeindruckend, daß es dem Leser nicht vorenthalten werden darf. Nicht nur, daß hier ein wunderbarer alter Platz zu entdecken ist, den es in seiner Ursprünglichkeit zu schützen gilt, er steht auch in direkter Verbindung mit dem Berg Teufelsmühle, dem Karlsruher Hausberg, den wir schon kennen.

Weht auch hier derselbe »Geist« wie am Hügel von Chartres? War hier einst eine Kult- und Orakelstätte, wo die Kräfte der Sonne und der Erde in außergewöhnlichen Energien auf alles Lebendige wirkten, mit denen nur die Druiden aufgrund ihres Wissens und ihrer geistigen Reife als sogenannte Eingeweihte umgehen durften? Was geschah hier vor Zeiten, die sich im Dunkel der Geschichte verloren haben? Wir wissen es nicht und können nur Vermutungen anstellen.

Über einen Kletterpfad und eine verwunschene Steintreppe, der einzige Zugang, gelangt man hinauf zum Kirchlein St. Jean (St. Michael), und auch hier fasziniert sogleich die herausragende Lage, die Michaelsheiligtümern häufig zu eigen ist. Nur unweit davon, auf derselben Hochfläche, auf der das Gotteshaus steht, befindet sich auf dem Felssporn eine schalenartige, runde Vertiefung im Fels, mit einem Durchmesser von 470 cm, groß genug, um sich in ihr die Opferung einen Stieres oder Pferdes vorstellen zu können. Weit schweift der Blick über das Rheintal und hinüber zum »Hexenberg«, auf dem schon Goethe verweilte und sich vom Ausblick faszinieren ließ. Die Sage erzählt, daß die Hexen vom Berg St. Jean aus zum Hexenberg durch die Luft ritten.

Rituelles Grab

Zurück jedoch zum Schalenstein, der für den druidischen Schüler wahrscheinlich Ausgangspunkt der eigentlichen Einweihungsfeier war. Hier wurde er für seine symbolische Grablegung oder geistige Reise ins Jenseits vorbereitet. Ob nun mit dem Blut des Opfertieres bespritzt, wodurch dem Schüler besondere Kräfte zuteil werden sollten, oder ob gereinigt und gestärkt durch ein Bad in heiligem Wasser, vermutlich Tauwasser, dies werden wir nie erfahren. Und was nun geschah, ist natürlich ebenfalls nur Mutmaßung, könnte sich aber durchaus so abgespielt haben: Der druidische Hohepriester läßt seinen Schüler vom Felssporn aus an einem Seil hinab in die Tiefe auf einen rampenartigen Vorsprung in der Felswand. Von hier aus öffnet sich der Eingang zur Kulthöhle; sie liegt also praktisch unzugänglich im Felsen unter der riesigen Opferschale auf dem Gipfel. (Heute ist sie über einen Weg erreichbar.)

Neben dem Höhleneingang befindet sich ein fensterartiges Loch, durch das der zu empfangende Gast den Kopf stecken mußte und zu erkennen gab, ob es sich um Freund oder Feind handelte. Den gesamten Eingangsbereich der Höhle riegelten starke Palisaden ab. Auf dem felsigen Boden lassen sich noch deutlich die von Menschenhand geschaffenen Spalten, in denen die Stämme verankert waren, erkennen.

Indem wir nun die geräumige Höhle betreten, fällt unser Blick sofort auf eine seltsam geformte Vertiefung im Boden, die einen Menschen nachzeichnen könnte. Ein Grab etwa, in dem sich der Kopf höhleneinwärts befand? Ein Grab, in dem ein Verstorbener bestattet war? Wohl kaum, lautet die Antwort, da die Grablege eine zu geringe Tiefe aufweist und der Platz eine sauber schließende Grabplatte ebensowenig zugelassen hätte. Es kann sich demnach nur um ein rituelles Grab an einem geweihten, absolut heiligen Platz gehandelt haben. Kaum vorstellbar übrigens, daß die Höhle von Naturkräften freigespült worden ist, es scheint eher, daß sie von Hand gemeißelt worden ist. Eine bis zwei ebenfalls künstlich ausgeformt wirkende Nischen dienten wohl als Sitzgelegenheiten. Ein paar kleinere Höhlen liegen nicht weit entfernt im Berg.

Alles in allem war diese Stätte ein streng geschützter Ort. Nur an einem solchen geheimen Ort konnte sich der Einweihungsschüler unter der Aufsicht der Druiden in das rituelle Grab legen. Hier vollzog sich das Sterben des erdgebundenen Menschen und seine Wiedergeburt. Zwei Tage und zwei Nächte verblieb der Körper des Schülers im verschlossenen Steintrog, während sein Geist den Körper verließ und sich auf weite Reisen begab. Auch Drogen sollen angewendet worden sein, um andere Bewußtseinszustände einzuleiten. Jede Störung des sich im todesähnlichen Schlaf befindlichen Schülers mußte von vornherein ausgeschaltet werden, um seiner Seele die Rückkehr in den Körper zu ermöglichen. Am dritten Morgen hatte der Schüler den Sieg über die Materie errungen, seine Lehrer führten ihn ins Diesseits zurück, sein Einweihungsweg war beendet, und er wurde in die Bruderschaft aufgenommen.

Ein anderer Grund für die druidischen Geheimstätten, wie sie St. Jean darstellte, war die Bedrohung der Druiden selbst. Ihr Wort und ihr Wissen waren Maßstab und Macht zugleich, und Cäsar war sich dessen wohl bewußt. Ein ganzes Kapitel schrieb er über sie im gallischen Krieg, in dem zum Ausdruck kommt, wie sehr er sie gefürchtet hat. Für ihn waren die Gallier unbesiegbar, so lange die Druiden nicht ausgerottet waren. Und daß das Druidentum für die christliche Kirche die Erzkonkurrenz bedeutete, versteht sich von selbst.

Das von den Druiden streng gehütete Wissen, war es die Erinnerung an die alten atlantischen Mysterien?

ⓘ St. Jean les Saverne erreicht man über Straßburg bzw. Saverne / ca. 6 km von Saverne.

Die Teufelskammern zwischen Loffenau und Bad Herrenalb

Kreis Karlsruhe

»Teufelskammern« bei Loffenau – Versteck für Schmuggler in alter Zeit

Angesichts der Höhlungen der Teufelskammer, die oberhalb des Teufelslochs liegen, denkt man an verwegene Schmuggler und Wilderer, die sich hier mit ihrem Beutegut versteckt haben könnten, oder auch an den Teufel persönlich, wie er sich mit den Hexen ein nächtliches Stelldichein gab.

Von der Straße Loffenau - Bad Herrenalb zweigt ein schmaler Fahrweg in Richtung Teufelsmühle und Gaistal ab. Ausgangspunkt ist nun der Wanderparkplatz an der Rißwasenhütte, von wo aus wir der Wegmarkierung folgen. Wer will, kann aber auch über eine mautpflichtige Privatstraße zum Berg Teufelsmühle hinauffahren. Von dieser Straße zweigt ein Weg ab, der zu den Teufelskammern führt, die am Nordhang des uns bereits bekannten Berges liegen. Unmittelbar vor den Teufelskammern passiert man das Teufelsloch oder Großes Loch, ein Quelltrichter mit bis zu 80 m Breite. Überall tropft und rinnt es dort. Hier treten die Quellen des Laufbaches aus und plätschern über eine Strecke von über 300 Metern durch glatt ausgehobelte Gesteinsformen. Das fließende Wasser hat die runden Hohlkehlen geschaffen. Quellregionen von solcher Gestaltung sind sehr selten, sie stellen ein einzigartiges Naturereignis dar.

Die Höhlungen der Teufelskammern schuf die Verwitterung in langen Zeitläuften. Weniger verfestigte Schichten aus Buntsandstein sandeten ab, es blieben jedoch während dieser Prozesse die härteren, verkieselten Gesteine aus dem sogenannten Eckschen Konglomerat stehen. Sie bilden die Säulen und das mächtige Dach. Die Höhlungen weisen eine Breite von gut 14 m und eine Höhe von 2 m auf. In der Tiefe erreichen sie 3 bis 4 m.

Über die Teufelsmühle verlaufen die historische Landesgrenze und eine Wasserscheide. Dobel - Teufelsmühle - Hohloh - Schramberg - Freudenstadt bilden die gewässerkundliche Grenze der Gewässer, die nach Westen zum Oberrhein fließen. Nach Osten entwässern die Bäche über die Glatt und die Enz in den Neckar und münden damit später wieder in den Rhein.

Der Petersfels und die Gnirshöhle bei Engen-Bittelbrunn im Hegau

Kreis Konstanz

Aus der jüngsten Kulturstufe der jüngeren Altsteinzeit zwischen 15 000 und 10 000 Jahren v. Chr., im sogenannten Magdalénien, stammen die Funde aus der Petersfelshöhle, einer eiszeitlichen Jägerstation. Es handelt sich um Geräte und Werkzeuge aus Knochen und Stein sowie etliche

Schmuckstücke, darunter ein Anhänger aus Gagat, der eine stilisierte Frauenfigur zeigt. In dieser Höhle, die aus einem einzigen Raum besteht, hockten die einstigen Jäger und Sammler um ihre Feuer, die sie mit halbflüssigem Fett unterhielten. (Nachgewiesen sind fünf Feuerstellen.) Gejagt wurden vor allem Rentiere und Wildpferde, und erstmals wurden Wölfe domestiziert und zu Hunden abgerichtet. Die Vermutung liegt nahe, daß die Tiere gleichzeitig lebende »Fleischreserven« bedeuteten.

Der Petersfels
Diese Höhle wurde schon vor 15 000 Jahren bewohnt.

Ⓘ Ungefähr 150 bis 200 m weiter im Brudertal, gegenüber dem Petersfels, befindet sich die Gnirshöhle. Diese Höhle, mit mehreren Kammern, die tief nach unten ins Gestein reichen, verschließt sich dem Besucher leider wegen angerichteter Zerstörungen hinter einem eisernen Tor. Führungen für qualifizierte Besucher sind nur in Absprache mit der Stadtverwaltung Engen möglich.

Im Hegaumuseum in Singen (Schloßstraße 1) sind Funde aus dem Bereich Petersfels ausgestellt, darunter die berühmten Ritzzeichnungen, die ein Rentierpaar darstellen.

Ⓦ Anfahrt über die Bodensee-Autobahn, Abfahrt Engen, und weiter nach Bittelbrunn. Dort geht es nach dem Gasthaus »Rigling« rechts ab in die Petersfelsstraße und in das Brudertal – ausgeschildert.

Eine weitere eiszeitliche Jägerstation ist das Keßlerloch an der

Verbindungsstraße Thayngen-Schaffhausen (Schweiz). Nach etwas mehr als einem Kilometer vom Zollhaus entfernt begegnet man einem Hinweisschild und zweigt nach rechts zum Berg hin ab. Nach mehreren hundert Metern erreicht man einen Parkplatz, von dem aus ein Fußweg zur Höhle führt.

Petersfels

Die Funde aus dieser Höhle haben weltweit Wissenschaftsgeschichte gemacht, und der Platz selbst ist einer der bedeutendsten der europäischen Vorgeschichte.

ⓘ Um sich das Leben dieser frühen Menschen vorstellen zu können, ist der Besuch im Rosgartenmuseum in Konstanz (Rosgartenstraße) anzuraten. Die dort gezeigten späteiszeitlichen Funde sind von herausragender Bedeutung. Aber auch der prähistorische Saal des Museums ist eine Sehenswürdigkeit für sich.

Arlesheim und die Eremitage der hl. Odilie

Basel/Schweiz

Als Herzog Eticho, auch Adalrich genannt, entdeckte, daß seine Tochter blind geboren war, fragte er sich: »Wer hat gesündigt, die Eltern oder das Kind?« Er selber sei an der Blindheit seines Kindes schuld, wurde am Hofe geflüstert, worauf er beschloß, das Kind töten zu lassen. Die Mutter entfloh jedoch rechtzeitig mit dem Kind. Erhard, der Bischof von Regensburg, erhielt im Traum Weisung, das Kind zu taufen. Ein Wunder geschah, das Kind wurde sehend. »Das Licht der Welt hat ihr die Gnade des Sehens verliehen«, sagte der Bischof und nannte das Mädchen deshalb »Odilia« (Sol Dei, Sonne Gottes).

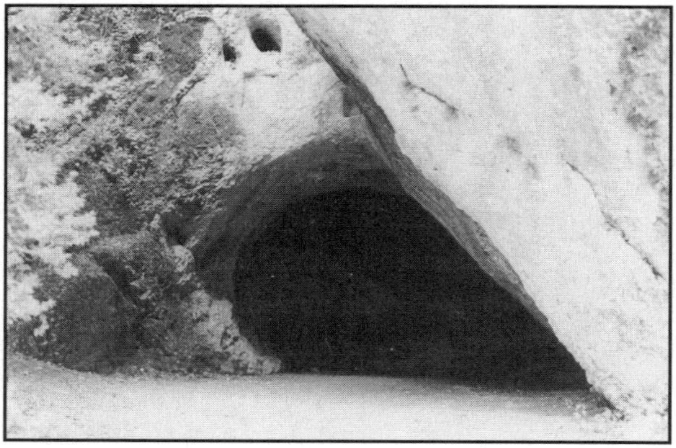

Eremitage

Odilia wird an den Hof des Vaters in Adelrichsheim (Arlesheim) zurückgebracht und wächst dort auf. Im heiratsfähigen Alter weigert sie sich, nach dem Befehl ihres Vaters zu heiraten. Sie flieht vom Hof und versteckt sich in einer alten Eremitenherberge, die später zur Zuflucht Trevrizents, des Lehrers der Gralsweisheit, wird.

Es kommt zu einer Versöhnung zwischen Vater und Tochter. Odilia setzt sich durch und gründet christliche Klöster in der Hochburg und im Tal unterhalb von Niedermünster im Elsaß. Auf den Berghöhen meditiert sie und unten im Tal heilt sie Kranke, die aus allen Teilen Europas zu ihr strömen. In beiden Zentren und in den Klöstern der Umgebung werden die Mysterien des Heiligen Grals verehrt und gehütet.

Aus Aufzeichnungen des Walter Johannes Stein erfahren wir, wie Hugo von Tours, der enge Vertraute Karls des Großen, die kostbaren Gral-Reliquien – ein Splitter des Kreuzes Christi und ein Teil vom Blut Christi – auf den Rücken eines Kamels legt, damit das »Schicksal« das stumme Tier zu der Stätte geleiten solle, an der das göttliche Gut seine Heimstatt finden würde. Ehe das Kamel seinen Weg antritt, spricht Hugo von Tours zu ihm: »Du, der du diese geheiligten Dinge trägst, und dessen Fürsorge wir sie anvertraut haben, sieh dich vor bei jedem deiner Schritte, damit diese Schätze nicht geschändet werden ... Geh über Berg und Tal, durch Wald und Heide, durch Städte, Burgen und Dörfer und frage mit Hilfe der Glocken an deinem Hals, wo du ausruhen kannst und wo der Erbe wohnt, dem der geheiligte Schatz auf deinem Rücken überlassen werden soll.«

Fünf bewährte Ritter von hohem Rang und großer Tugend folgen den Fußspuren des Kamels, um später Hugo von Tours Bericht erstatten zu können.

Versteck der hl. Odilia

Das Kamel nimmt seinen Weg, trabt über Wiesen, Felder, Wald und über Berg und Tal und kommt durch Burgund nach Frankreich hinein und in die Hauptstadt Paris. Überall läßt es seine Glöckchen erschallen. Die Menschen bestaunen die seltsame Prozession. Und jeder hofft und betet, daß das Kamel die Reise in seinem Hause beenden möge. Das Kamel jedoch setzt seine Wanderung ohne anzuhalten fort, obwohl herrliche Kirchen zur Aufnahme des Schatzes bereitstehen. Erst im Elsaß in Niedermünster entledigt es sich seiner Last. Die Klosterpforte wird ihm geöffnet und es tritt durch die »Türen der Gerechtigkeit« und erledigt somit seinen Auftrag. Die »Türen der Gerechtigkeit« gehörten dem Kloster von Niedermünster, das unter dem Schutz der hl. Odilia stand, Schutzpatronin der Ritter des Heiligen Grals, und so war Odilienberg im Elsaß das Herz des Gralsgebietes im Mittelalter. Seine eigentliche Geburtsstätte war jedoch die

Das Goetheanum

Eremitage von Arlesheim, ebenso die von Wolfram vom Eschenbachs »Parzival«.

Nach Walter Stein, der Niedermünster besucht hat, gibt es eine Stelle, an der das Kamel nach den überlieferten Vorstellungen stehengeblieben war und die durch einen Abdruck eines Fußes gekennzeichnet ist. Der Fußabdruck soll noch heute in der Nähe der Straßenkurve auf einem leicht abfallenden Felsen zu sehen sein, wo einst das St. Jakobs-Kloster stand, ehe es niedergebrannt wurde.

ⓘ Die Eremitage von Arlesheim ist zu erreichen über die Basel- bzw. Hauptstraße. Von dort aus in die Abzweigung Eremitage-Straße und den Schildern nach. – Ganz in der Nähe, zwischen Arlesheim und Dornach, befindet sich das Goetheanum.

Karte Gräber

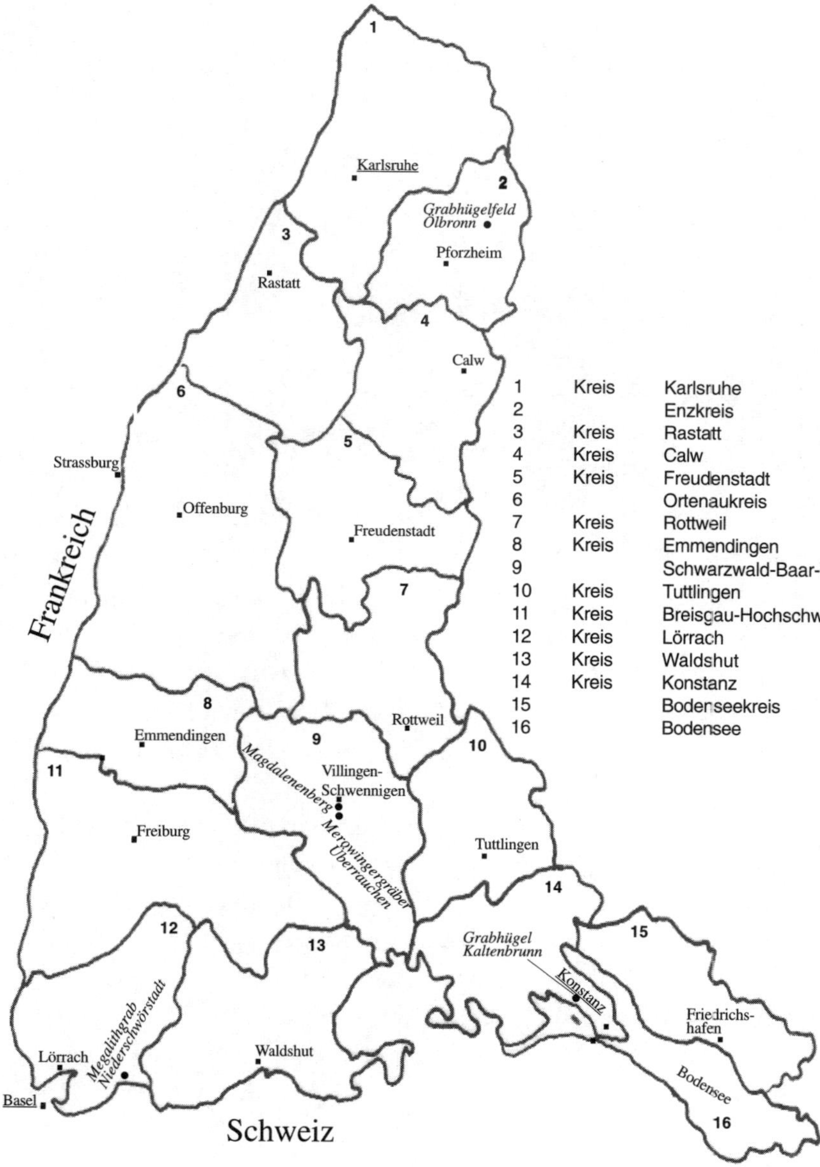

1	Kreis	Karlsruhe
2		Enzkreis
3	Kreis	Rastatt
4	Kreis	Calw
5	Kreis	Freudenstadt
6		Ortenaukreis
7	Kreis	Rottweil
8	Kreis	Emmendingen
9		Schwarzwald-Baar-Kreis
10	Kreis	Tuttlingen
11	Kreis	Breisgau-Hochschwarzwald
12	Kreis	Lörrach
13	Kreis	Waldshut
14	Kreis	Konstanz
15		Bodenseekreis
16		Bodensee

TOTENKULT: VOM »SEELENLOCH« ZUM FÜRSTENGRAB

Der Grabhügel bei Kaltenbrunn/Allensbach

Kreis Konstanz

Grabhügel bei Allensbach – zeitlose Idylle

Hat man ihn endlich gefunden, so geht einem beim Anblick des idyllisch gelegenen Grabhügels auf dem Heidenbühl das Herz auf, und die Zeit bleibt stehen; Gedanken und Sorgen um das Heute sind plötzlich nicht mehr so wichtig. Das, was sich vor uns erhebt, ist so uralt, daß sich alles Nichtige von allein vergißt, indem man den Kräftestrom der Erde annimmt. Und auch die Eiche, die auf dem Grabhügel steht, wird zur Vermittlerin.

Sechs Meter hoch war er einst, dieser Grabhügel auf dem Heidenbühl, und sein Umfang betrug 33 mal 39 m. Drei große Steine von rund 90 cm Durchmesser umstanden ihn, und mindestens 18 Bestattungen und Reste von Leichenbrand enthielt er neben Schalen, Schüsseln und Urnen sowie Schmuck und den berühmten »Kaltbrunner Gürtelblech«. Im Badischen Landesmuseum zu Karlsruhe ist es ausgestellt. Hirsch- und Pferdefiguren und Sonnendarstellungen kennzeichnen diese prächtige Treibarbeit aus Bronze. Nicht nur bunte Stoffe, sondern auch auffälligen, großen und glänzenden Schmuck liebte man offensichtlich in der Hallstattzeit. So zeigte das Klappern der Bleche nicht nur jeden Schritt an, sondern richtete sich gleichermaßen gegen bösartige Dämonen. Das Freudvolle, aber auch das Leidvolle, und damit das Begräbnis, wurden als hochrangige formelle Ereignisse begangen.

Der »Wissenschaft des Spatens« verdanken wir den Einblick in diese frühzeitlichen Kulturen, deren Spuren immer noch deutlich in diesen künstlichen Hügeln zu finden sind. Mit ihnen verknüpft ist auch die Sitte der Brandbestattung, die erstmals in der Jüngeren Steinzeit auftritt. Große Teile Mitteleuropas gingen allmählich von der Körperbestattung zur Brandbestattung über. Dies änderte sich aber nach etlichen Jahrhunderten wieder aufgrund der unterschiedlichen religiösen Auffassungen. Der Zerfall der Leichen in der Erde war den damaligen Menschen sicherlich bekannt. Durch die Feuerbestattung konnte er beschleunigt und dem Verstorbenen der Weg in das Totenreich somit verkürzt werden. Bei dieser Bestattungsart wurden Asche und unverbrannte Knochenteile in einer Urne beigesetzt.

Die Bestattungsplätze lagen meist unweit der Siedlungen, gut sichtbar und möglichst in der Nähe von Verkehrswegen. Über diese Verkehrswege fand ein reger Handel statt, und so verwundert es nicht, daß bei Litzelstetten Bernsteinschmuck gefunden wurde – Bernstein, das Elektron der Antike, das von der Ostsee stammt. Im verlandeten Weiherried bei Dettingen wurde eine Inselsiedlung entdeckt – ein Klimasturz und das Ansteigen des Bodensees machten sie dazu –, und bei Langenrain grub man Bruchstükke von tönernen Feuerböcken aus. Groß war einmal die Zahl der Grabhügel auf dem Bodanrück, besonders auf dem »Ameisenberg« bei Dettingen, da ist nämlich die Rede von 42 Anlagen.

Wichtige Persönlichkeiten wurden in besonders großen Hügeln bestattet. Das Erdreich für die Hügel schleppte man in Säcken oder Fellen heran. Im Zeitalter von Baggerschaufel und Kran fällt einem diese Vorstellung schwer. Wie viele Tausende und Abertausende von Traglasten müssen es gewesen sein, um solche Hügel aufzuschütten?

Grabhügel fielen wegen ihrer Form schon sehr früh auf, wenngleich man ihre Bedeutung nur in wenigen Fällen andeutungsweise erkannte. Die erste nachweisbare planmäßige Ausgrabung von Grabhügeln der älteren Eisenzeit fand bei Hohebach im Hohenlohekreis um 1740 auf Befehl des Fürstenhauses Hohenlohe-Neuenstein statt.

Von Interesse dürfte ein Ölgemälde im Rosgartenmuseum von Konstanz sein, das die Grabung in einem Grabhügel bei Kaltbrunn im September 1864 zeigt, die auf Anordnung von Großherzog Friedrich von Baden stattfand. Eine Besonderheit, nämlich eine altsteinzeitliche Ritzgravur in einem Stück Rentiergeweih, etwa 17 000 Jahre alt, beherbergt das Museum ebenfalls. Weitere Originalfunde befinden sich im Bodensee-Naturmuseum Konstanz.

Ⓦ Beliebig nach Allensbach. Von dort aus nach Kaltenbrunn und durch den Ort. Wir folgen dem Schild »Markelfingen – Wild und Freizeitpark Bodanrück«. Nach 2 km treffen wir auf eine Kreuzung. Dort geht es wieder Richtung Freizeitpark. Nach ca. 500 m befindet sich auf der linken Straßenseite das Schild »Landgasthaus Mindelsee – Wild und Freizeitpark Bodanrück«. Rechts führt ein Weg mit rot-weißem Durchfahrts-Verbotsschild in ein Feld am Wald entlang. (Hinweis: Dieser Weg wird später benutzt). Wir fahren jedoch bis zum Freizeitpark und stellen unser Auto dort ab. Nun gehen wir entlang der Straße zum bereits erwähnten Schild »Landgasthaus M./Wild...« zurück. Jetzt geht es in den Weg mit dem rot-weißen Durchfahrtsverbotsschild. Nach wenigen Metern führt links ein Weg ins Feld hinein, der uns genau zum Grabhügel hinführt.

Das Megalithgrab »Heidenstein« bei Niederschwörstadt

Kreis Lörrach

Während des zweiten Jahrtausends v. Chr. wurde das Grab aus fünf monumentalen Steinen errichtet und gehörte somit zu den größten Steinkistengräbern. Der »Heidenstein«, eine der Grabplatten mit einer Höhe von 2,3 m, dürfte etwa 60 Zentner Gewicht haben. Auf nach innen geneigten Seitensteinen muß einst eine mächtige Deckplatte aus Sandstein gelegen haben. Angesichts solcher Dimensionen und Gewichte fragt man sich, welcher Techniken die Menschen der ausgehenden Jungsteinzeit sich bedient haben? Der »Heidenstein« mit seinem schön ausgeformten Seelenloch steht am Fuß des Dinkelberges in der Nähe des Rhein. Zu erreichen ist der Stein nahe der Schwörstadter Schule, an der ein Weg vorbeiführt. Rechts dieser Straße entdeckt man zwischen Wohnhäusern die Grabplatte.

Der Magdalenenberg bei Villingen

Schwarzwald-Baar-Kreis

Auf dem »Laible«, am Südrand von Villingen, erhebt sich zwischen Ackerland und Waldrand ein kahler, grasbewachsener Hügel. Seine kreisrunde Form erweckt nicht unbedingt den Eindruck, daß es sich hier um ein Werk von Mutter Natur handelt.

Und dieser Eindruck täuscht nicht: Vor zweieinhalbtausend Jahren türmten die hier ansässigen Kelten 43 000 Kubikmeter Erde und Steine aufeinander, um ihrem damaligen Fürsten eines der größten Hügelgräber der Hallstattzeit zu schaffen. So entstand der 6 m hohe Magdalenenberg mit einem Durchmesser von 107 m. Der Grabhügel, der im Volksmund »Magdalenenbergle« genannt wird, gilt als eine der bedeutendsten hallstattzeitlichen Fundstätten in Europa.

Magdalenenberg bei Villingen – mächtiger Grabhügel aus der Hallstattzeit

Die erste Ausgrabung an diesem Ort wurde im Jahre 1890 vollzogen. Doch erst die zweite Hügelgrabung von 1970 brachte spektakuläre Entdeckungen ans Tageslicht und wurde somit zum Meilenstein in der Erforschung des keltischen Lebens.

Obwohl den Kelten nur verhältnismäßig einfache Techniken zur Verfügung standen, gelang es ihnen, und auch andernorts wie beispielsweise auf dem »Hohmichele«, solche gewaltigen Landschaftsveränderungen zu schaffen. Nach ziemlich sicheren Schätzungen müssen die Kelten sage und schreibe 15 Jahre an der fürstlichen Grabstätte bis zu ihrer Vollendung gearbeitet haben. Dies zeigt deutlich, welches Ansehen der Fürst zu jener Zeit genossen hat.

Die wissenschaftliche Untersuchung des Magdalenenbergs im Jahre 1970 verblüffte insofern, als die mächtigen hölzernen Balken der Grabkammer erstaunlich gut erhalten waren. Aufgrund von dendrochronologischen Verfahren, einer Wissenschaft, die anhand der Jahresringe von Bäumen eine relativ verläßliche Datierung von Hölzern zuläßt, legte man den Zeitpunkt, an dem die Bäume zum Bau der Grabkammer geschlagen wurden, auf ein Jahr um 550 v. Chr. fest. Anhand der gleichen Methode fand man heraus, daß der tote Keltenfürst, samt seinen zahlreichen Schmuck-, Kult- und anderen Grabbeigaben, schon rund 30 Jahre nach der Bestattung von Grabräubern geraubt worden war.

Mittlerweile stellt man sich jedoch die Frage, ob es wirklich Grabräuber waren, denen es allein um den Schatz ging, oder ob die Öffnung der Grabkammer auch andere Gründe gehabt haben könnte. Nach der Bestattung des Fürsten benutzten die Kelten den Magdalenenberg nämlich noch als Friedhof. 126 Gräber wurden von Archäologen in ihm gezählt und sie haben nachweisen können, daß dieser Keltenfriedhof wahrscheinlich nur für die Dauer einer Generation benutzt wurde. Dies gibt Anlaß zur Vermutung, daß der Stamm nach eben jenen dreißig Jahren diesen Siedlungsbereich aus unbekannten Gründen verließ.

Das Volk könnte seinen Fürsten, den es möglicherweise als eine Art »Heiligen« verehrte, mitsamt den fürstlichen Grabbeigaben zum neuen Siedlungsort mitgenommen haben, um ihn dort neu zu bestatten. Doch auf die Frage nach dem wahren Grund schweigt sich das »Magdalenenbergle« aus.

Auch heute noch hat dieser Platz etwas Besonderes. Zwar haben viele Jahrhunderte seine ursprünglich gewaltigen Ausmaße schwinden lassen. Fortgesetzt hat sich jedoch seine Monumentalität in der mehrere Jahrhunderte alten Magdalenenbergeiche, die nur einen Steinwurf entfernt in den Himmel aufragt und die zu allen Jahreszeiten in ihrer Schönheit und Erhabenheit fasziniert.

Die Eiche hat in der Vergangenheit eine bedeutende Rolle gespielt. Sie war Futterquelle für die Schweinemast und lieferte Bau- und Brennholz für die Bevölkerung. Die behauenen Balken der Grabkammer sind ebenfalls aus Eichenholz. Und so steht auch die unter Denkmalschutz gestellte Eiche in alter Beziehung zu dem Grabhügel.

Ⓦ Beliebig nach Villingen und von dort in Richtung Krankenhaus zum Hallenbad (Südstadt). In der Saarlandstraße parken. Nun geht es die Saarlandstraße hinunter bis zur Kreuzung Laiblestraße. Dort rechts abbiegen und die Laiblestraße bis zu ihrem Ende gehen. Beim Schild Landschaftsschutzgebiet nach rechts. Nach wenigen Metern geht es nun links den Berg hinauf. Am Hunde-Parcours vorbei. An der Weggabelung nehmen wir den rechten asphaltierten Weg und sehen bei Erreichen der Hochfläche linker Hand den Grabhügel.

Die Magdalenenbergeiche

Die Merowingergräber im Eggwald bei Überrauchen/Brigachtal

Schwarzwald-Baar-Kreis

Die Merowingergräber bei Überrauchen/Brigachtal

Einem Manöverschaden verdanken wir die Grabung um 1981/82, deren Ergebnis der Einblick in ein Gräberfeld des späten siebten Jahrhunderts n. Chr. ist. In der Fachwissenschaft gilt diese Anlage als einmalig für den süddeutschen Raum. Eine an Ort und Stelle aufgestellte Tafel erläutert die Fundstelle wie folgt: »Im Inneren des größeren Steinkreises befindet sich in Ost-West-Richtung – und damit genau auf den verschlossenen Zugang weisend – eine 2,30 Meter lange, 0,85 Meter breite und noch 0,70 Meter tief in den anstehenden Fels geschlagene Grablege, deren Wände sorgfältig in Trockenmauerwerk gesetzt sind. Die Abdeckung der Grabanlage bestand aus großen Sandsteinplatten, wie sie randlich der restaurierten Anlage zu sehen sind. Südlich anschließend liegen noch innerhalb des Steinkreises zwei Steinkisten ähnlicher Bautechnik, die kleinere der beiden enthielt ein Kindergrab. In dem kleineren Steinkreis befand sich nur in der Mitte eine stark zerstörte Steinkiste. Innerhalb der Grabungsgrenzen fanden sich weitere Gräber, alle in gleicher Art errichtet und ebenso in Ost-West-Richtung angelegt. Diese Gräber sind jedoch bei der Restaurierung nicht berücksichtigt ...«

In unmittelbarer Nähe dieses merowingerzeitlichen Friedhofes befindet sich ein hallstattzeitliches Gräberfeld nur wenige Schritte entfernt auf der anderen Seite des Sandweges. Gibt es hier einen Zusammenhang, insbesondere, wenn man weiß, daß im alemannischen Raum des späten siebten Jahrhunderts Nachbestattungen in vorchristliche Gräber vorgenommen wurden? Brach hierbei noch einmal der alte heidnische Glaube hervor?

Spricht die Nähe des merowingischen Friedhofes zur frühkeltischen Grabanlage eher für eine Distanz vom christlichen Glauben? – Wir werden es nie erfahren, wie sich das Nebeneinander von Christen und den Anhängern des heidnischen Götterkultes abgespielt hat.

Ⓦ Vom Überrauchener Sportplatz aus dem unterhalb des Vereinsheims verlaufenden für den öffentlichen Verkehr gesperrten Land- und Forstwirtschaftsweg folgen. Nach etwa 200 m geht es halblinks ab. Von hier aus gehen wir geradeaus bis zum Wald und in den Wald hinein. Auf diesem Waldweg wandern wir ca. 20 Minuten lang immer geradeaus weiter bis zu einer auffallend großen Waldwiese links des Weges. Von dieser Waldwiese aus biegen wir nach rechts in einen guten Sandweg ein. Nach wenigen Schritten erreichen wir ein grün umrandetes Sperrschild, wo wir kurz darauf den Erklärungstafeln der Merowingergräber begegnen.

Ⓘ Funde aus den Merowingergräbern im Eggwald sind im Heimatmuseum Überrauchen ausgestellt. Öffnungszeiten: Sonntag von 14.00 bis 17.00 Uhr, Gruppen nach Vereinbarung. Tel.: 07721-29090, Gemeinde Brigachtal

Das Grabhügelfeld bei Ölbronn-Dürrn

Enz-Kreis

Grabhügelfeld bei Ölbronn-Dürrn

1,3 km NNO des Ortes liegt beiderseits der Straße Ölbronn-Dürrn eine Gruppe von ehemals 15 Hügeln, teils im Wald, teil im anschließenden Acker- und Wiesengelände. Ausgangspunkt ist der Wanderparkplatz an der genannten Straße. Gegenüber, auf der anderen Seite der Straße, finden sich die ersten gut erhaltenen Hügel im Wald. Von den außerhalb des Waldes gelegenen Grabhügeln ist nur noch wenig sichtbar.

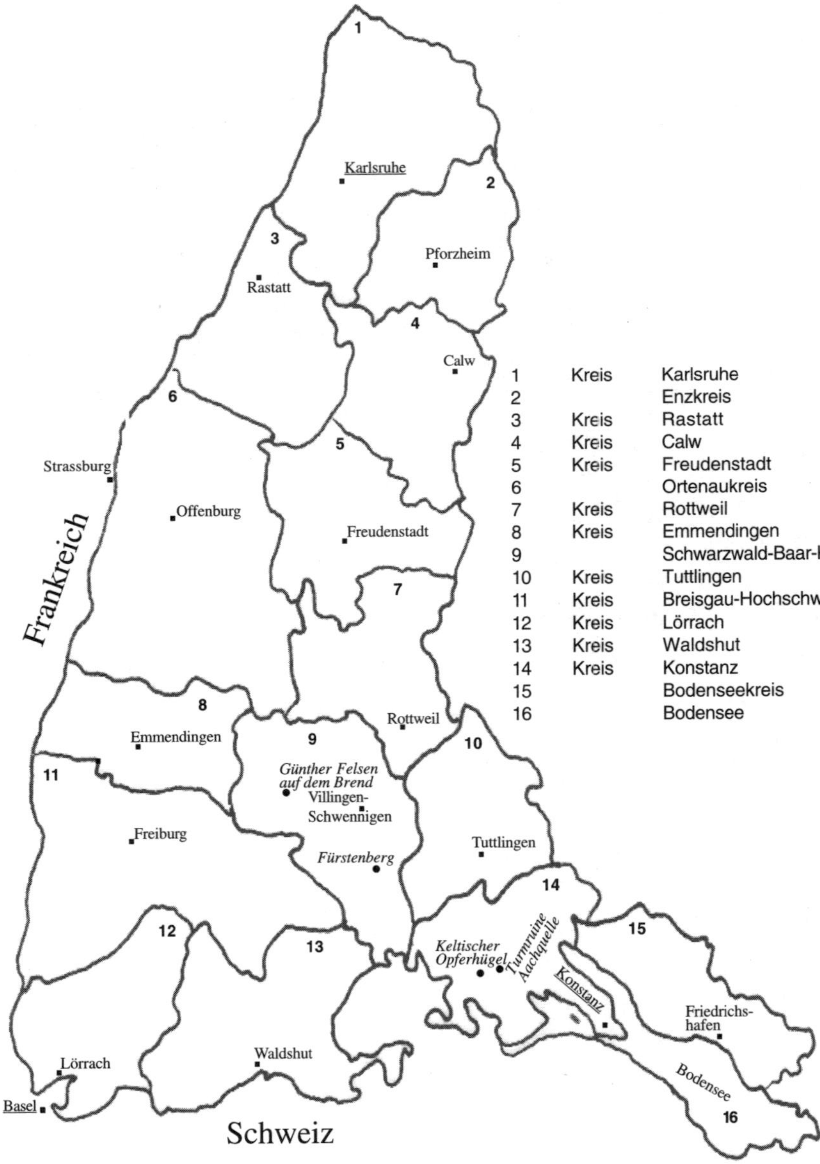

1	Kreis	Karlsruhe
2		Enzkreis
3	Kreis	Rastatt
4	Kreis	Calw
5	Kreis	Freudenstadt
6		Ortenaukreis
7	Kreis	Rottweil
8	Kreis	Emmendingen
9		Schwarzwald-Baar-Kreis
10	Kreis	Tuttlingen
11	Kreis	Breisgau-Hochschwarzwald
12	Kreis	Lörrach
13	Kreis	Waldshut
14	Kreis	Konstanz
15		Bodenseekreis
16		Bodensee

GESCHICHTEN UM HÜGEL, BERGE UND BURGEN

Der Hohenkrähen im Hegau
Kreis Konstanz

Hohenkrähen – nach wie vor haust hier der »Poppele«

Schon der berühmte Merian wußte im Jahr 1643 die Landschaft des Hegau zu rühmen, die durch unvermittelt aufragende Vulkanberge auffällt. In Merians »Topographia Suevia« heißt es: »Ein klein, aber über die maßen wol erbawet fruchtbares Ländlin/unter dem Celler See/ sechs Meilen weit und breyt ist/darinn viel veste hohe Schlösser ...« Der Hegau ist uraltes Siedlungsgebiet, dessen Zeugnisse einer ununterbrochenen Besiedlung seit der Jungsteinzeit das Hegau-Museum in Singen beherbergt. Im Mittelalter muß die Landschaft ein imponierendes Profil gehabt haben: Auf jedem Berg eine Burg mit Türmen und Zinnen. In Deutschland gibt es wohl keine burgenreichere Gegend.

Im Jahr 787 wird der »pagus Egauensis« in alten Urkunden genannt, und im Jahr 846 begegnet er uns als »Hegouve«. In diesem Namen steckt nach dem Heimatforscher Albert Funk das Wort »Hew«, welches vom keltischen »ceb« = Berg abstammt. Demnach ist »Hegau« mit »Bergland« gleichzusetzen.

Vom Hohentwiel aus – der größten einstigen Befestigung – sind die vielen anderen Hegau-Burgen gut zu sehen. Keine dieser Burgen hat die Jahrhunderte heil überstanden. Die kriegerischen Ereignisse, die über den

Hegau hinwegtobten, hinterließen von einigen kleineren Burgen oft nur noch Mauerreste. Einige der Burgen erstaunen ob der Kühnheit ihrer Lage, insbesondere das alte Raubritternest Hohenkrähen auf einem steil aufragenden Felskegel. Im Volksmund heißt der Berg auch »Kraien«, eine Ableitung vom keltischen Wort »craig«, welches »Fels« bedeutet.

Der einstige Burgvogt, Poppolius von Kraihen, muß ein übler Patron gewesen sein, sodaß er von einem Abt der Reichenau bis in alle Ewigkeit verflucht wurde und noch heute im Hegau als Gespenst umgehen soll. Viele Sagen ranken sich um seine Person. Fest steht aber, daß so mancher überfallene Pilger im Burgverlies schmachten mußte. Als sich die materielle Lage der späteren Burgherren aus dem Geschlecht der Friedinger verschlechterte, nahmen ihre Gewalttätigkeiten erst recht zu. Mit einem Haufen von 150 Knechten machten sie Heerstraßen und Wege derart unsicher, daß sich schließlich Kaiser Maximilian gezwungen sah, dem wilden Treiben ein Ende zu bereiten.

Hohenkrähen

Im November des Jahres 1512 zogen 8000 Mann unter der Führung von Georg von Frondsberg in das Höhgau nach Radolphszell. Mit sich führten sie mehrere Kanonen aus Innsbruck, zwei davon aus Augsburg, die am Lauf »18 Werkschuh« lang waren, sowie 100 »Centner« Pulver und etliche Büchsenmeister. Zunächst wurde ein Versuch gemacht, die Burg ohne Gewalt zu gewinnen, und es wurde ein Tag zum Unterhandeln angesetzt. Doch die »Krähen« wollten nichts davon wissen. Auf dem Schloß befanden sich 36 Personen, unter ihnen auch ehrbare Bürger, die von den Edelleuten festgehalten wurden.

An dieser Stelle des Geschehens sei dem Verfasser der »Ritterburgen des Höhgaus« namens Schönhuth das Wort überlassen. 1833 schreibt er: »Der von Frondsberg lagerte sich anfangs hinter ein Wäldlein, damit beim ersten Schanzen und Lagerschlagen das Kriegsvolk vom Schloß aus nicht möchte beschädigt werden. Als er aber gegenüber ein Berglein von ziemlicher Höhe fand, so ließ er dort hinauf sein Geschütz führen, und gegen die Pfisterei (Bäckerei) im Schloß richten. Diese wurde am andern Tage, den 9. November, dergestalt zerschossen, daß das Mehl und die Federn aus den Betten oben zum Dach hinausstoben. Die im Schloß wehrten sich tapfer mit ihren Doppelhacken (schwere Handbüchsen) und spotteten der Bundesvölker. Die Kugeln, so die Belagerer abschoßen, prallten meist an dem harten Felsen zurück und rollten den Berg hinunter: und wurden jedem, der eine Kugel wieder ins Lager brachte, zween Batzen gegeben. So kam es, daß manche Kugel wohl 4 und 5 mal abgeschossen wurde; und hat man das Schießen auf Meilen gehört.«

Einen hat es dann doch erwischt, nämlich Stefan Hausner, einen »Schwäbischen von Adel« und engen Freund des Friedinger. Beim Laden der Büchse ging diese unversehens los, und der Ladestecken durchschlug ihm Arm und Hand. Es stand schlecht um ihn. Ein Feldscher, der hätte helfen könnte, fand sich nicht, und auch das Schloß war jetzt durch die zerstörte Pfisterei nicht mehr uneinnehmbar. Da half nur noch die Flucht. – Während der Nacht ließ sich der gesamte Adel an einem Seil über die Mauer auf einen Gemsensteig herab, der rings um die Burg führte. Mit Hilfe von Fußeisen kletterten sie weiter hinunter und entkamen ihren Feinden.

Stefan Hausner aber, der sich in der Hoffnung auf Rettung in die Kirche eines Hegaustädtchens flüchtete, sich dort auf den Altar setzte und das Sakrament in die Hand nahm, wurde fortgeschleppt und wegen Landfriedensbruch enthauptet.

1518 erwarb Österreich die Burg vom Schwäbischen Bund. Die Burg wurde wieder aufgebaut. Im Bauernkrieg von 1525 blieb sie verschont.

Von 1555 bis 1571 war Hans Jakob Fugger der Lehensinhaber. Er modernisierte den Hohenkrähen und ließ auf der östlichen Seite des oberen Plateaus ein Wohn- und Festgebäude errichten, den sogenannten Palas. Im unteren Teil ist er noch erhalten. Solide Steinmetzarbeit und Mauertechnik

zeichnen ihn aus. An den steil abfallenden Fels gebaut und aus ihm herausgeschlagen, ergaben sich zwei Geschoße mit jeweils vier Gewölben. Die steinernen Abschlußrahmen sind noch in einigen der Fensternischen erhalten. Der Besuch dieser Kellergewölbe ist beeindruckend, wenn auch beschwerlich. Vielleicht begegnet dem einen oder anderen von uns dann der Poppele, von dem es heißt, daß er jeden Sonntag in den unterirdischen Gewölben mit den alten Rittern zum Kegeln zusammenkommt; und, wie könnte es anders sein, sind natürlich Kegel und Kugeln aus reinem Gold.

Nach wechselnder Herrschaft und Streitigkeiten um die Burg wird sie ein Opfer des Dreißigjährigen Krieges. 1634 brennt die nichtverteidigte baufällige Burg aus. Seitdem liegt der Hohenkrähen in Trümmern.

Der Mägdeberg im Hegau

Kreis Konstanz

Zu den weitläufigsten Burgruinen zählt jene auf dem Mägdeberg. Zu erreichen ist der Berg Mühlhausen oder Duchtlingen aus. Welcher Hegauer kennt ihn nicht? Weiß er aber auch, woher er seinen Namen hat, um welche Mägde es sich handelt und warum man ihnen einen Bergnamen gewidmet hat? Sind etwa auch hier schon wieder die altbekannten »Damen aus der Steinzeit« zugegen, die uns nicht nur aus dem Dämmerlicht der Kirchen anschauen, sondern sich womöglich in Vorzeiten in die Landschaft selber geschrieben haben: etwa zu Ehren der alten Erdmutter »Ambeth«?

Bereits in keltischer Zeit vor der Einwanderung der Alemannen um 350 n. Chr. war der Berg vermutlich eine der zahlreichen Kultstätten der »drei Beten«. Sagen um diese Muttergottheiten erinnern in verschlüsselter Form an sie. Die ältesten überlieferten Bezeichnungen für den Berg sprechen für sich. Da heißt es einmal »Megideberc« oder »Magdeberc«; in beiden Begriffen steckt das althochdeutsche Wort »magad«, das »Jungfrau« bedeutet. Doch nicht allein der Mägdeberg interessiert uns, sondern auch die beiden Grashügel, die man von ihm aus sieht. Der eine ist der vermutlich künstlich aufgeschüttete »Offerenbühl«, sprich Opferhügel, den ein Kreuz kennzeichnet. Der andere, ca. 50 m vom »Offerenbühl« entfernt liegend, ist deutlich kleiner, vermittelt aber ebenso den Eindruck eines Opferhügels. Beide Erhebungen zusammen betrachtet wirken wie Frauenbrüste auf der Ebene zwischen Hohenkrähen und Mägdeberg.

»Offerenbühl« – nährende Brust der alten Erdmutter Ambeth?

Laut Theo Odenwald gibt es in der Nähe des Federsees bei Buchau ebenfalls zwei solche künstliche Hügel und in einiger Entfernung davon eine kleine Schanze. Die Visierlinie von der Schanze durch die beiden Hügel hindurch ergab den Untergangspunkt der »Betegeuze«, einem Stern, der bei den Kelten als »Seelenführer« für die Verstorbenen galt. Mit ihm gingen sie im Westen unter, um irgendwann wieder im Osten zu neuem Leben zu erwachen. Und noch ein Hügel, er befindet sich auf der Höri, zieht den Blick auf sich. Den Maler Otto Dix inspirierte er zu einem Bild, auf dem der Hügel unübersehbar die Form einer weiblichen Brust hat. Ist es die nährende Brust der alten Erdmutter »Ambeth«, die Dix gemalt hat?

In diesem Zusammenhang sieht Odenwald die Agathenkirchen, von denen es in der Erzdiözese Freiburg nur vier an der Zahl gibt. Eine davon steht in Hemmenhofen auf der Höri. Eine weitere Agathenkirche findet sich nach einem kleinen Kirchenführer des Hegau (Dr. Götz) in Hausen an der Aach. Das Martyrium der hl. Agathe bestand darin, daß man ihr beide Brüste abgeschnitten hat. Ihr Attribut ist eine Schale mit den beiden Brüsten. Bei der Christianisierung haben die damaligen Menschen den Verlust ihres Glaubens an die alles nährende Erdmutter offenbar wie eine Amputation empfunden.

Zurück jedoch zum Mägdeberg und einem Fundbericht aus dem Jahr 1938, in dem von einer Hallstatt- und Laténe-Siedlung die Rede ist. Da heißt es: »Funde der Hallstattzeit insbesondere kennen wir von der Höwenegg ob Immendingen, dem Hohenhewen bei Engen, dem Hohenstoffeln und nunmehr auch unmittelbar vom Fuße des steil aufragenden Schlotes des Mägdeberges. Die Fundstelle selbst liegt am Nordhang des Berges. Außerdem befindet sich kaum 30 m nördlich und nur wenige Meter unterhalb unserer Hallstattsiedlung eine klare Quelle. Diese ist vermutlich alt. Sie heißt seit dem Mittelalter 'Eselsbrunnen' ».

Die Geschichte der Burg erzählt auch von einer beurkundeten Marienwallfahrt, welche die alten kultischen Traditionen ablöste. Sie berichtet weiter von einem Liebfrauenbild vom Mägdeberg und legt somit Zeugnis ab von der Wallfahrt zur hl. Ursula. Diese soll mit 11 000 »Mägden« oder Jungfrauen den Berg besucht haben. Im Jahr 1378 wird die Burg im Städtekrieg von den Konstanzern belagert und in einem der frühesten Einsätze von Pulvergeschützen auf deutschem Boden nach 14 Tagen eingenommen. Die Burg wird vollständig zerstört. Die Konstanzer nehmen auch das Mägdeberger Marienbild als Beute mit. Später entsteht in der

Ruine eine neue Wallfahrt; 1444 werden ein Bergbruder und 1479 eine Kapelle erwähnt.

Auch hier sind es schon im Jahr 1479 jene rabiaten Friedinger, die das Dorf Mühlhausen überfallen und die Kapelle auf dem Mägdeberg niederbrennen. Daraufhin läßt der legendäre württembergische Graf »Eberhard im Bart« die Burg auf Mägdeberg zum Teil wieder neu befestigen – für die Bevölkerung wird diese Burg zur »Neberg«.

Doch da gibt es einen Erzherzog Sigmund v. Österreich, seit 1465 Landgraf zu Nellenburg, mit dem Eberhard nicht gerechnet hat. Dieser versucht den Neubau der Burg zu bremsen, denn ein württembergischer Stützpunkt in seinem Gebiet paßt ihm ganz und gar nicht. Im Streit mit Württemberg taucht überraschend ein österreichischer Kaufbrief von 1358 auf und Sigmund verlangt die rechtliche Übergabe. Graf Eberhard versucht die Burg zwar zu halten, muß jedoch nach zehn Tagen Belagerung kapitulieren.

Von hier aus ist der Sprung ins Jahr 1788 ein sehr weiter und es versteht sich, daß die Burg noch etliche Desaster erleben mußte, bevor die Wallfahrt zur St. Ursulakapelle letztmals stattfindet (zuvor jährlich am 21. Oktober). Die Kapelle wird aufgehoben und ihr Fond durch die vorderösterreichische Regierung eingezogen: Reinerlös 151 Gulden. Um 1820 stürzt das Kapellendach ein, das letzte Dach der einstigen stolzen Burg.

Heute ist der Mägdeberg im Besitz des Grafen Douglas in Langenstein.

Die Turmruine oberhalb der Aachquelle

Kreis Konstanz

Der etwa 8 m hohe Turmrest, der oberhalb der Quelle aus dem Wald ragt, gehörte einst zu einer der ältesten Hegauburgen. Verknüpft ist er mit dem Namen Ulrich von Aach. Er begegnet uns in einer Urkunde des Grafen Burchard von Nellenburg aus dem Jahr 1100. Vermutlich entstand die Burg zu jener Zeit, spätestens aber im 12. Jahrhundert. Im unteren Teil der Ruine sind die Mauern ca. 1,90 m dick, in den oberen Geschoßen sind es ca. 1,60 m. Im Laufe von Hunderten an Jahren hat sich am Fuß der Ruine eine Menge Schutt angesammelt, weshalb man heute zu ebener Erde durch den erhalten gebliebenen Rundbogen in der Südwand treten kann. Man kann daraus folgern, daß der Eingang in etlichen Metern Höhe lag. Immer noch erinnert ein Mauerkanal an den vorgelegten Sperrbalken des Tores. Auf dem an die Burg angrenzenden Gelände lassen sich im Boden Mauerreste ausmachen, die einstmals zur Burganlage gehört haben. – Ob wohl ein Zeitungsartikel Licht in das Dunkel um den zerfallenen Turm bringt? Demnach soll es Kaiserin Maria Theresia gewesen sein, die die Instandsetzung all der Straßen anordnete, über die sich die Brautfahrt ihrer Tochter Marie-Antoinette nach Frankreich bewegte. Die Steine des Turmes von Aach sollen dabei als Baumaterial gedient haben. Wahrheit oder Legende? Die Steine jedenfalls schweigen.

Ⓦ Anfahrt über die Bodenseeautobahn bis zur Ausfahrt Engen und weiter in Richtung Aach. Der Weg zur Quelle ist ausgeschildert.

Der Fürstenberg bei Donaueschingen

Schwarzwald-Baar-Kreis

Mit der Übersiedlung eines Zweiges des Geschlechtes Urach auf den Fürstenberg begann die Glanzzeit der Burg und des Städtchens auf dem Berg. Während nahezu dreihundert Jahren residierten hier die Grafen von Fürstenberg. Nach dem Verfall der Burg wurden die Anlagen von den Bewohnern des Städtchens als Steinbruch benutzt, sodaß heute nicht einmal mehr eine Ruine an die alte Herrenburg erinnert. Gestanden hat die Burg in der Nordwestecke der Bergkuppe. Unter ihren Überresten soll auch eine ehemalige römische Anlage gestanden haben.

Auf der Kuppe des Berges, der aus Kalkstein besteht, war naturbedingt keine Quelle zu finden, die das nötige Wasser hätte liefern können, und so waren die Fürstenberger auf die Brunnenwiesen und die Brunnenäcker ein gutes Stück unterhalb des Schächerpasses gegen Hondingen angewiesen. Diese Brunnenwiesen- oder Schächerquelle sprudelt auch heute noch. An dieser Quelle mußten die Bewohner Fürstenbergs einst das Wasser holen. Als Tragtiere benutzten sie Esel. Im Städtchen selber wurden Zisternen angelegt. Zu Beginn des 16. Jahrhunderts wurde ein Brunnen gegraben, der eine gewaltige Tiefe gehabt haben muß und der einst als Sehenswürdigkeit bestaunt wurde. Heute zeigt sich an Ort und Stelle in der Mitte der Bergkuppe nur noch ein etwa zwei Meter tiefes, kreisrundes Loch, das an den Brunnen erinnert. Die spätere Verschüttung des Brunnens ist wahrscheinlich auf die Ereignisse des Dreißigjährigen Krieges zurückzuführen, denen vermutlich auch die Burg zum Opfer fiel. Gegen Ende des 17. Jahrhunderts sahen sich die Fürstenberger wieder gezwungen, das Wasser mit Hilfe von Eseln vom Schächerbrunnen heraufzuschaffen. Dies brachte den Fürstenbergern den Spottnamen »Bergesel« ein.

Gedenkstätte auf dem Fürstenberg

In der Geschichte des Berges war der 18. Juli 1841 der schicksalsschwerste Tag. Innerhalb weniger Stunden fiel das ganze Bergstädtchen einem Großbrand zum Opfer. Die Erzählung über den Brand berichtet: »Am Morgen des 18. Juli 1841 fand auf Fürstenberg die Beerdigung eines kleinen Kindes statt. Als sich der Leichenzug auf dem Wege zum Friedhof befand, flog ein Funke aus dem Rauchfaß an einen Heuwagen, der vom Vortage her noch vollbeladen in der Straße stand. In Sekundenschnelle wurden die von der Sommerhitze ausgetrockneten Strohdächer der umliegenden Häuser von den Flammen erfaßt. Da kein Löschwasser zur Verfügung stand, brannte das Städtchen innerhalb weniger Stunden bis auf ein Haus ab.«

Die einzige Aktennotiz, aus der Einzelheiten ersichtlich werden, stammt von der Hand des fürstlichen Bauinspektionsassistenten Kolb. Er schreibt: »Am Sonntag, den 18. Juli vormittags zwischen 9 und 11 Uhr wurde die ganze Stadt Fürstenberg mit Ausnahme eines einzigen Hauses, einer Waschküche und des Spritzenschopfes durch Feuer zerstört ... Von der Entstehung dieses verwüstenden Feuers konnte bis jetzt nichts Gewisses in Erfahrung gebracht werden ... Die auf der Kirche vorhandenen drei Glocken, welche zusammen auf etwa 100 Zentner geschätzt wurden, sind geschmolzen ...«

Und noch eine weitere kurze Beschreibung findet sich auf einem Tagebuchblatt des Sohnes des letzten Längejägers. Wir lesen dort unter dem 16. März 1842, daß am 18. Juli 1841 morgens um 9 Uhr in dem Hause des Ignatz Benz und Fidel Straub Feuer ausgebrochen sei. »Es ging ein grausamer Sturmwind. In einer Viertelstunde standen alle Häuser bis zum Schloßgarten in Brand. Alle Hilfe war umsonst und in weniger als 1 1/2 Stunden stand das ganze Städtchen in Brand. Dem Josef Hensler verbrannte ein Kind von fünf Vierteljahren. Dem Johann Gebus gingen drei Stück Vieh zugrunde, ferner verbrannten 45 Häuser samt Kirche, Pfarr- und Schulhaus. Mehrere Leute brachten kaum ihr nacktes Leben davon.«

Das Fürstenberger Lied, das den Brand beschreibt, beginnt mit den Worten: »Hört ihr Menschen die Geschichte von dem fürchterlichen Brand, welchen ich euch jetzt berichte, der zu Fürstenberg entstand.«

Aus dem Feuer wurde – wie schon im Zusammenhang mit Hondingen berichtet – auf unerklärliche Weise das Gnadenbild gerettet, das heute noch den Wallfahrtsaltar in der Pfarrkirche im neuen Fürstenberg unterhalb des Berges schmückt. Auf dem Berg selbst erinnert ein Kreuz an die Stelle, an der einst der Altar der Kirche gestanden hat. Der Platz, auf dem sich die Burg befand, trägt heute eine vom Haus Fürstenberg errichtete Gedächtniskapelle an den aus Riedböhringen stammenden Kurienkardinal Augustin Bea.

DAS BELCHENDREIECK: VOM BERG ZUM UHRZEIGER?

Gewitterstimmung am Schwarzwaldbelchen

Durchforstet man einmal die Regionen Südschwarzwald, Vogesen und Schweizer Jura per Landkarte, so macht man möglicherweise eine seltsame Entdekkung. Der Belchen, wohl schönster Berg des Schwarzwaldes, fällt natürlich sofort ins Auge. Im schweizerischen Jura hat er sogar einen Namensvetter – die Belchenfluh. Dies ist wahrlich noch nichts Besonderes, es sei denn, man ist der französischen Sprache einigermaßen Herr. Im Elsaß tragen nämlich gleich drei Berge den Namen »Ballon« (Belchen).

Um diesem Phänomen auf die Spur zu kommen, reisen wir ein weiteres Mal in vorchristliche Zeiten zurück. Einst sollen die Belchenberge Plätze sonnenkultischer Verehrung gewesen sein.

Sie erhielten die Namen des keltischen Sonnengottes »Belenos«. Der Begriff Belchen könnte sich aus den keltischen Grundworten »bel« für Sonne, »che« für einen großen Stein, einen Felsen oder Berg und aus »ne« für Himmel zusammensetzen. Die Belchenberge haben die Menschen schon immer in ihren Bann gezogen. So auch vor über 200 Jahren den Ahnvater der alemannischen Dichtung, Johann Peter Hebel. Seine »Belchomanie« ging sogar so weit, daß er einen seinerzeit eher belächelten Belchengeheimbund gründete. Dieser sogenannte »Protheuserbund« verständigte sich in einer eigenen Sprache, Belchismus genannt. Hebel beschrieb den badischen Belchen als den »goldenen Altar des Protheus«.

Noch heute glauben viele, daß Hebel damit zwar Protheus, den antiken Gott der Verwandlung, angesprochen, in Wirklichkeit aber den römisch-heidnischen Sonnengott »Apollo« gemeint hat. Diesem Namen durfte man damals allerdings nicht huldigen; dies hätte unter Umständen Hebels Laufbahn – er war noch Vikar – in der Kirche verbaut.

Der Sonne wurde bei den Kelten besondere Verehrung zuteil. Genauso wie heute für die Landwirtschaft war sie damals für den Ackerbau neben Wasser die wichtigste Lebensspenderin. Ihr stets gleicher Lauf inneralb des Jahres bestimmte Aussaat und Ernte. Das keltische Volk jedoch sah die Sonne in zwei verschiedenen Stadien, in »jung« und »alt«. Die »Junge« (Morgen- oder auch Frühjahrssonne) erwärmt die erstarrte Erde, bekämpft Schnee und Eis und lockt Pflanzen, Farben, Düfte, also Leben hervor. Die »Alte« (Mittags- und Hochsommersonne) wurde wohl eher gefürchtet. Sie läßt zwar Früchte und Korn reifen, kann aber durch ihre Intensivität die bäuerliche Arbeit und Mühe eines ganzen Jahres im Handumdrehen zunichte machen. Ihre Energie entlädt sich dazu noch in Unwettern und Gewittern. Die so verdorbene Ernte brachte den Menschen Hunger, oft sogar eine Hungersnot.

Am 1. August des Jahres feierten die Kelten eines ihrer wichtigsten Feste, »Lugnasa«, das Fest vor der Ernte. Ihr Gott »Lug« symbolisierte den Sieg des Lichts über die Dunkelheit. Nicht nur dieses Fest zeigt, daß man damals in ständiger Angst vor verdorbener Ernte und somit vor dem Hungertod lebte. Eine umso größere Bedeutung muß also der Jahreskalender gehabt haben. Nur durch ihn war es möglich, die Daten für Aussaat und Ernte zu bestimmen. Wer sich unter einem Kalender nun zwölf zusammengebundene, an die Wand gehängte Blätter vorstellt, wird wohl kaum das Geheimnis des Belchendreiecks lüften.

Anders machte es in den siebziger Jahren der Belchenforscher Walter Eichin, der die außergewöhnliche Entdeckung machte, daß die Belchenberge als Orientierungspunkte in einem riesigen Jahreszeitenkalender fungiert haben.

Doch wie funktioniert das Belchendreieck? Wie war es möglich, durch Berge die verschiedenen Jahreszeiten und sogar einzelneTage zu bestimmen?

Schauen wir uns zunächst auf der Karte die drei Hauptbelchen an, den »Ballon d'Alsace« in den Vogesen, die schweizerische Belchenfluh und jenen Belchen im Schwarzwald. Sie stehen als riesige Zeiger einer ewigen Jahreszeitenuhr in der Landschaft. Verbindet man sie durch Linien, so entsteht ein genau rechtwinkliges Dreieck.

In Verbindung mit der Sonne konnten die keltischen Druiden durch diese Berge Sommer- und Wintersonnwende sowie die Tag- und Nachtgleichen – die sogenannten Äquinoktien (21. März und 21. September) – ganz genau bestimmen. Doch auch wir können diesen Kalender, zumindest teilweise, lesen.

Stehen wir z. B. jeweils am 21. März und am 21. September auf dem Gipfel des »Ballon d'Alsace«, so können wir sehen, wie die Sonne genau hinter dem Schwarzwaldbelchen aufgeht. Wer an einem dieser Tage abends auf dem Schwarzwaldbelchen steht, sieht die Sonne hinter dem elsässischen Belchen untergehen. Und auch die Belchenfluh hat ihren Beitrag an diesem Dreieck.

Vom »Ballon d'Alsace« aus gesehen geht die Sonne am 21. Dezember hinter dem Schweizer Belchen auf. Von dort aus gesehen verschwindet sie am Abend des 21. Juni – Sommersonnwende – genau hinter dem »Ballon d'Alsace«. Die Linie zwischen »Ballon d'Alsace« und dem Schweizer Belchen, also die Hypotenuse des Belchendreiecks hat für Walter Eichin eine ganz besondere Bedeutung, die das Belchendreieck in viel größere, ungeahnte Zusammenhänge stellt.

Wird diese Hypotenuse nach Nordwesten verlängert, trifft sie genau auf Stonehenge. Zufall? Und führt man diese Hypotenuse nach Südosten fort, so gelangt man über das albanische Apollonia und Ostkreta bis zu den Pyramiden von Gizeh (Kairo). Zufall?

Auch der Schwarzwaldbelchen und die Belchenfluh im Schweizerjura stehen miteinander in Beziehung. Da sie auf einer Nord-Südlinie liegen, steht die Sonne zur Mittagsstunde logischerweise genau über der Belchenfluh, wenn man sich auf dem badischen Belchen befindet.

Das Belchensystem wird eigentlich von fünf Bergen gebildet. Erst durch den »Petit Ballon«, den kleinen Elsässer Belchen, werden die Sonnenaufgangs- und Sonnenuntergangslinien zwischen den Belchenbergen vervollständigt. Als letzter kommt schließlich noch der große Elsässer Belchen »Grand Ballon« – der markanteste der fünf Sonnenberge, der sich ebenfalls im Elsaß befindet, hinzu. Hinter diesem geht die Sonne am 1. August zu »Lugnasa«, vom »Ballon d'Alsace« aus gesehen, unter.

Nach der Theorie müßte der »Ballon d'Alsace« der Hauptbeobachtungspunkt der antiken Kalendermacher gewesen sein. Wie viele Generationen von keltischen Druiden haben wohl schon auf ihm gestanden?

Auch die Mondaufgangs- und Monduntergangslinien konnte man vom Gipfel dieses Belchenberges aus bestimmen. Hierzu müssen wir wieder drei Berge miteinander verbinden, den badischen Blauen, seinen Namensvetter in der Schweiz sowie den »Ballon d'Alsace«. Doch wozu brauchten die Kelten den Mond, wenn sie anhand der Sonne Daten und Jahreszeiten bestimmen konnten?

Für die Platzwahl eines Siedlungsbaues in keltischer Zeit wurden zwei bedeutsame Aspekte berücksichtigt: Einerseits die Lage eines Ortes unter topographischen Gesichtspunkten, andererseits die Abstimmung der topographischen Lage auf den Kosmos. Zum Beispiel die Ausgrabungsstätte »Gasfabrik Basel«.

Diese liegt genau an der Schnittstelle der Sonnenlinie zwischen »Petit Ballon« und Schweizer Belchen und der Mondlinie zwischen Schwarzwald- und Schweizer Blauen. Der Rhein ist an dieser Stelle leicht überquerbar und die Gegend fruchtbar. Ein weiteres Beispiel, Augusta Raurica, die Römerstadt bei Basel. In ihr richtet sich das Straßensystem einerseits nach den Sonnenaufgängen, also zur Sommersonnwende, andererseits zur Wintersonnwende sowie nach den Äquinoktiallinien.

Die Römer überließen beim Bauen nichts dem Zufall und handelten teilweise nach dem Wissen, das sie von den Kelten übernommen hatten. Denkbar also, daß die keltischen Siedlungen auf Verbindungslinien innerhalb des Belchensystems lagen.

Die keltischen Traditionen und das Wissen der Druiden sind im Dunkel der Zeit versunken. Deutungen und Theorien sind unterschiedlich. Hier wird der Forscher zum Grenzgänger zwischen antiker Wissenschaft und Esoterik. Fragen können wir keine mehr an die Kelten stellen. – Vieles hat sich geändert, und wo sich einst ein »strahlender« Kultplatz befand, strahlt heute ein Atomkraftwerk. Doch eines ist noch gleich: Ein Sonnenaufgang ist ein Sonnenaufgang geblieben.

AUSKLANG

Güntherfelsen auf dem Brend
bei Furtwangen
Schwarzwald-Baar-Kreis

Am Ende unserer Reise angekommen, möchten sich die Autoren nicht gleich von ihren Lesern trennen, sondern noch ein wenig plaudern. Vielleicht stellt der Leser auch die Frage, wie es zu diesem Buch kam? –

Angefangen hat es eigentlich vor Jahren mit einer mehrtägigen Wanderung vom Feldberg nach Basel, wo wir uns, Mutter und Sohn, angesichts von Steinen, Quellen, Bächen und Bäumen, und abseits vom Lärm der Zeit, wie die Entdecker fühlten. Ja, es schien, als wäre die Welt eigens für uns da – wir mußten nur unsere Sinne richtig gebrauchen. Und so wundert es nicht, daß der damals 12jährige Ben in seinem Fotoalbum über die Wanderung schrieb: »Es wachsen noch viele Blumen am Wege, man muß sie nur sehen.« In diesen wenigen Worten steckt wohl mehr als nur kindliche Phantasie, sie reflektieren ein ahnendes Erfassen. Schon die romantischen Dichter haben die erlebte Natur besungen, und kein Geringerer als Heinrich Heine spricht in seinen Gedichten mit Blumen und Bäumen.

Jener ersten Tour auf Schusters Rappen folgten noch viele gemeinsame Streifzüge durch die Natur. Wir lernten sehen und beobachten: Werden, Wachsen, Vergehen und Wiederkommen. Und so mancher Stein und alte Baum erinnerte uns nicht nur an die Winzigkeit unseres Daseins, sondern verlieh uns gleichsam ein Gefühl der Zeitlosigkeit. Wir fühlten uns auf wundersame Weise eingebettet in das »Miteinander« in der Natur.

Güntherfelsen
Die Natur ist der interessanteste Baumeister!

So manches Mal, wenn uns die Füße weh taten und wir uns auf einsamen Pfaden wußten, schmetterten wir alle Strophen von »Freude, schöner Götterfunken« in den Äther – und siehe da, wir marschierten leichter voran, das bildeten wir uns jedenfalls ein.

Während dieser Wanderjahre rundete sich allmählich die Geschichte vom »MorgenLand«, in der sich ein Junge in eine Raupe verwandelt und erfährt, daß alle Wesen sprechen können, wenn man nur richtig hinhört. Viele Ideen in diesem modernen Märchen stammen vom inzwischen erwachsenen Co-Autor Ben. Auf unseren Waldgängen versuchten wir in Gesprächen das Wesen einer Raupe, eines Regenwurms oder eines Käfers zu ergründen, uns in solche Wesen hineinzudenken und die Welt aus deren Perspektive zu erleben. Da gab es natürlich auch die Wichtel, die unter den

Baumwurzeln wohnten, und es gab Feen, Elfen und alle jene geheimnisvollen Erdgeister, die sich nachdrücklich in Sagen und Legenden behaupten, und die in uralten Gebirgslandschaften wie dem Schwarzwald wohl immer noch herumgeistern. Mit ihnen spannen wir den Bogen nicht nur zu den berühmten Kultstätten, sondern ganz besonders zu den stillen Orten in unserer näheren Umgebung, dem Baum, der Quelle, der Kapelle, an denen wir nicht nur zum Entdecker, sondern selbst zum »Geist« werden können, zum Geist, der »weht«, der sich mit Himmel und Erde verbindet ...

Mit dem vorliegenden Buch kann natürlich nur eine begrenzte Auswahl an bemerkenswerten Stätten vorgestellt werden; sie ist willkürlich und persönlich, jedoch nicht zufällig und kann als Anregung verstanden werden, selbst auf die Suche nach Orten der Kraft zu gehen. Der kundige Leser mag vielleicht fragen, warum zum Beispiel der Mummelsee oder die Kultstätte des Merkur auf dem Staufenberg bei Baden-Baden unerwähnt geblieben sind? Es liegt jedoch im Bestreben der Verfasser, den Spurensucher, so weit möglich, nicht auf die vom Massentourismus ausgetretenen Pfade zu locken. Wenn sich am Sonntag dreißig und noch mehr Busladungen Menschen am Mummelsee aufhalten, dann »weht« dort nichts mehr, am wenigsten der Geist, sondern nur noch die kommerzgeschwängerte Luft, und das Idyll wird zum »Schnitzel-Platz«. Das läßt sich vermeiden, indem man am Sonntagmorgen zum Frühaufsteher wird, oder indem man solche Plätze im November oder noch später aufsucht. Gerade der Monat November kann für Stimmungen sorgen, die uns zwischen Gestern und Morgen schweben lassen. Dies gilt auch für die Güntherfelsen auf dem Brend bei Furtwangen. Die elementaren Naturkräfte begegnen uns bei Sonnenaufgang in einer ungeheuren Eindrücklichkeit.

Ähnliches empfängt uns an den Ruinen der St. Severin-Kapelle auf dem Mauracher-Bergle zwischen Buchholz bei Waldkirch und Eichstätten (Landkreis Emmendingen) bzw. Denzlingen. Die alte Stätte liegt am Schwarzwald-Kaiserstuhl-Querweg Donaueschingen-Breisach und ist anhand der Wegmarkierungen gut zu finden. Errichtet wurde die Kapelle gegen Mitte des 15. Jahrhunderts. Ob hier zuvor die 962 bezeugte Kirche »ze Muron«

stand, ist nicht erwiesen. Der Gang auf das Mauracher-Bergle an einem frühen Sommermorgen kommt jedoch einem Überschreiten der »Schwelle zum Paradies« gleich. Verschwenderisch wachsen dem Wanderer Blumen und Früchte entgegen – ein Sprießen und Ranken um die Wette, eine gesättigte Fülle, die belebt.

Jeder Sonnenaufgang hat seinen eigenen Mythos, der mit der inneren Wirklichkeit des Menschen zusammenhängt. Noch immer berührt er unseren Wesensgrund, wenngleich wir uns in einem rationalen Zeitalter befinden. Im alten Ägypten fiel der Pyramide die Aufgabe zu, Himmel und Erde miteinander zu verbinden; sie war die Gleitbahn für die Sonne. Durch sie konnte der Sonnengott herabsteigen, und wenn am Morgen der erste Sonnenstrahl auf die Pyramidenspitze fiel, ergriff die Versammelten Erschütterung über sein Erscheinen. In der vergoldeten Spitze vollzog sich das »Descendit de caelo« und somit die Ankunft des Gottes, Mythos des ewigen Lebens und Urphänomen: Paradoxie von untrennbar Gegenwärtigem und Vergangenem.

Unser Lebensgefühl hat sich verändert, wir sind feinfühliger geworden für das Kommende, und so bewegen wir uns nicht länger allein im Bereich der Vernunft. Im Mythos, in den Mysterien erleben wir die Berührung mit anderen Welten. Dennoch ist die Gefahr für den Menschen größer geworden, seine Seele zu verlieren, aber, wie Hölderlin sagt: Dort wo Gefahr ist, wächst das Rettende auch ...

Dieses Rettende sind die starken Plätze, die wir uns selber suchen und zu denen wir möglichst eine Wegstrecke zu Fuß zurücklegen sollten; eine Wegstrecke, die den Weg der Wandlung nicht nur symbolisiert, sondern in der sich tatsächlich etwas in unserem Inneren vollzieht: die bejahende Einstellung zum Leben, und der Wunsch, es zu erhalten.

Verraten sei in diesem Zusammenhang ein ganz persönlicher »Wohlfühlplätz«: die Waldlichtung mit der »Bruder-Konrad-Kapelle« auf der Gemarkung Niedereschach im Schwarzwald-Baar-Kreis. Die Kapelle, die vom Tenniszentrum Niedereschach aus in östlicher Richtung (Bruder-Konrad-Weg) im nahen Wald zu finden ist, wurde erst nach Kriegsende im Jahr 1946 errichtet. Auslöser war nicht nur die latente Verehrung des heiligen Bruders, sondern die Ereignisse während der letzten Kriegstage im April 1945, als französische Truppen in Niedereschach einmarschierten und oberhalb des Dorfes an der Dauchinger Straße beim Wasserbehälter Stellung bezogen. Zu jener Zeit standen dort schöne Linden, doch um Zielfreiheit zu haben, sägten die Franzosen die Bäume um. Von hier aus lieferten sich die französischen Stellungen ein Gefecht mit deutschen Stellungen bei Deißlingen. Die Lage im Dorf Niedereschach drohte mehr als brenzlig zu werden. Doch wurde, Gott sei Dank, von deutscher Seite aus um ca. 500 m zu kurz geschossen, ansonsten wären mit Sicherheit die Granaten im Dorf detoniert und zu einem weiteren tragischen deutschen »Eigentor« geworden. Und noch ein Kriegsereignis trug zum Bau der Kapelle bei: Tiefflieger, die damals alles Bewegliche ins Visier nahmen und die zwischen »Schloß« und »Bubenholz« angriffen. Auch hier gingen Tod und Verderben an den Niedereschacher Bürgern haarscharf vorbei, indem die Geschoße auf dem Gelände zwischen Bach und Straße einschlugen.

In den Deckengemälden eines Beuroner Paters sind diese Kriegsereignisse dargestellt. Auch eine Votivtafel von der Heilung der Anna Schmider hängt in der Kapelle.

Während vieler Jahrzehnte hat die Kapelle so manchen Sturm überstanden. Auch jenen Orkan, der im Jahr 1989 die majestätischen Tannen vor der Kapelle, die ein Kreuz und zwei Bildstöcke umrahmten, mit brachialer Gewalt abknickte und auch das Kreuz zu Boden riß. Augenzeugen berichten: »Es sah aus, als wäre der Krieg ausgebrochen und als hätte eine Bombe eingeschlagen, es ist ein Wunder, daß die Kapelle unversehrt geblieben ist.«

In solchen Plätzen hat sich ein Glaube verkörpert, der nicht zerreißt, sondern der die verletzbare menschliche Seele unversehrt ins Lot bringt, äußeren Zerstörungen zum Trotz. Plätze, die auf der Seite des Lebensursprunges ihre Wurzeln haben, und deren Geist des Lebens kein Sturm etwas anhaben kann. Gebete und Gedanken der Dankbarkeit und des

Verzeihens verleihen solchen Plätze okkulte Bedeutung; sie sind der Nährboden für die zeugenden Geisteskräfte, die zum Licht streben, zur Erkenntnis. Sie sind tausendfach mehr wert als alles Gold der Erde. Sie sind wie eine uneinnehmbare Bastion, die den Menschen stärkt und schützt und zugleich davor bewahrt, daß er seine Zäune übersteige; Schutzzäune, die ihn vor dunklen Gewalten, die ihn zu vernichten drohen, bewahren. Vergleichbar sind diese immer neu zeugenden geistigen Kräfte mit einem Baum, der in uns wächst. Das heißt, daß wir in uns selber Schutz und Geborgenheit finden können, wir müssen nur dafür sorgen, daß unser innerer Baum am Fluß des Lebens mit seinen göttlichen Schöpferkräften teilhaben kann, damit seine Wurzeln nicht verdorren und der Geist frei »wehe«.

Uff'm Bergli bin i g'sässe,
ha de Vögeli zugeschaut,
häntgesunge, häntgesprunge,
hänt s' Nestli gebaut.

In de Gärtli bin i g'stande,
ha de Imbli zugeschaut,
häntgebrummet, häntgesummet,
hänt Zelli gebaut.

Uff de Wiese bin i gange,
luegt i Summervögeli a,
häntgesunge, häntgefloge,
gar z'schön hänt se getan.

Johann Wolfgang von Goethe
(nach einer Volksweise aus der Schweiz)

Bruder-Konrad-Kapelle, Niedereschach, Lieblingsplatz der Autoren

LITERATUR:

Almanach 96 - Schwarzwald-Baar-Kreis - Das Triberger Malefizgericht und der unselige Galgen / Alexander Jäckle
Schwenningen am Neckar - Geschichten eines Grenzdorfes auf der Baar / Otto Benzing
Hüfinger Fasnet / Johannes Künzig
Narretei und Tradition der Rottweiler Fasnet / Werner Metzger
Kultplätze im Land um Wien / Franz Jantsch/ Freya Verlag
Kultplätze im Land Oberösterreich und Salzburg/ Franz Jantsch/ FreyaVerlag
Kultplätze im Land Steiermark/ Franz Jantsch/ Freya Verlag
Kultplätze im Land Kärnten/ Franz Jantsch/ Freya Verlag
Kultplätze im Land der Berge/ Franz Jantsch/ Freya Verlag
Also spricht die Cheopspyramide / Hans Sterneder
Geschichte von Degernau / Josef Schneider
Archäologische Nachrichten aus Baden (7/1971) / Josef Schneider
Die ersten Europäer / Karl Kromer
Mit Motor und Rucksack / Fritz Robold
Die keltischen Viereckschanzen - Landesdenkmalamt Baden-Württemberg / Kurt Bittel / Siegwart Schiek / Dieter Müller
Lexikon der keltischen Mythologie / Herder Lexikon
Radiästhesie - Ein Weg zum Licht? / Jörg Purner
Österreichischer Verband für Radiästhesie und Geobiologie (Heft 50) / Dipl. Ing. Hartwig Fritze / Dr. Robert Konopasek
Drei Damen aus der Steinzeit / Theo Odenwald (unveröffentlichtes Manuskript)
Mutter Natur - Sklavin Materie - Schöpfung / Hanna-Barbara Gerl-Falkowitz (unveröffentlichtes Manuskript)
Droben stehet die Kapelle / Günter Haug
Almanach 96 - Die Augenkapelle in Obereschach - ein christliches Naturheiligtum / Werner Hager
Schnell, Kunstführer Betenbrunn (Nr. 1428)
Jubiläumsausgabe St. Blasien / u.a. Heinrich Heidegger / Hugo Ott
Chronik der Stadt Fürstenberg
Vom Schwarzwald zur Baar / Erna Huber
Ulrich von Zell / Schnell Kunstführer »Hagiographie / Ikonographie / Volkskunde« Nr. 105
Ritter, Bauern und Burgen im Hegau / Rainer Kiewat
Almanach 89 - Der Balzer Herrgott / Karl Fehrenbach
Almanach 89 - Von Quellensuche und Quellverehrung / Volkhard Huth
Die Aachquelle / Clarissa von Platen (unveröffentlichtes Manuskript)
Beiträge zur Geschichte der Gemeinde Niedereschach, Band II - 900 Jahre Kappel
Ur- und Frühgeschichte am Bodensee und Hochrhein - Hans Stather
Geschichte des Bodenseeraumes / Otto Feger
Geomantie in Mitteleuropa / Jens Möller
Der Speer des Schicksals / Trevor Ravenscroft
Archäologie-Führen Baden-Württemberg / Margot Klee

Lourdes / Paul Dahm
Mensch und Baukunst - Der Baugedanke von Malsch (Heft 3, 1969) / Erich Zimmer
Badisches Volksleben im neunzehnten Jahrhundert / Elard Hugo Meyer
Beiträge zur Geschichte der Gemeinde Niedereschach - 900 Jahre Niedereschach
Das Kultplatzbuch / Gisela Graichen
Die Wirklichkeit des Mythos / Herausgeber Kurt Hoffmann
Chronik der Deutschen / Chronik Verlag
Geistige Wesen in der Natur / Rudolf Steiner (Themen aus dem Gesamtwerk 18)
Wer ist der Gral / Mario Betti
Lexikon der antiken Mythen und Gestalten / dtv / List
Germanische und keltische Mythologie / Herder Lexikon
Die Geheimnisse der Kathedrale von Chartres / Louis Charpentier
Schwarzwald / Georg Richter
Der Sohlberg / Schriftenreihe des Deutschen Jugendherbergwerkes Nr. 1
Meyers Naturführer Nordschwarzwald / Südschwarzwald
Dokumentarfilm SWF, Druiden, Mythen, Dreieckland, Autor: Jürgen Dettling

LebensWasser

Doris Benz
272 Seiten, geb, matt cello.
ISBN 901279-29-6
mit einem Vorwort von Gräfin Sonja Bernadotte / Insel Mainau

Alarm! Das Lebenswasser ist bedroht. Immer mehr vergiftetes Wasser gibt es auf unserer Welt. Zum Schutz der letzten kostbaren Vorkommen entscheiden darum die Hüter des Wassers, den Urbrunnen in der Tiefe der Erde zu schließen. Eine letzte Chance bleibt, die Versiegelung des Lebenswassers abzuwenden: Fanal, der jüngste der Hüter des Wassers, muß zwölf mutige, das Leben bejahende Menschen finden. Ein spannender Wettlauf mit der Zeit beginnt.
„LebensWasser" ist ein Plädoyer für die Natur und ihre lebensspendenden Elemente. Die jungen Helden des Buches die Hoffnungsträger für eine neue Zeit. Lebenswasser ist ein Plädoyer für die Natur und ihre lebensspendenden Elemente.

Leseprobe:

... Sie verließen die Lichtung. Ein paar Male noch wandte sich Max nach den Steinen um. Waren es Gestalten, die plötzlich in ihnen zum Leben erwachten? Waren die Gesichter, die Max in den Steinen sah, nur Sinnestäuschung? Und wieder erschauerte er, bevor er mit Fanal in das Dickicht an der Bergflanke eintauchte. Ein weißer Vogel, der auf der Spitze des höchsten Felsens gesessen hatte, folgte ihnen. Durch Gebüsch und Unterholz drangen sie voran. Wie von magischer Kraft getrieben, zog es Fanal in eine bestimmte Richtung - zu einer Gruppe bizarr gewachsener Bäume, die in den Spalten einer mächtigen Felsplatte wurzelten. Gleich einem Dach ragte der Fels aus dem Abhang heraus.

Unter sich barg er eine höhlenartige Nische. Dort hinein kletterten die Freunde. Dunkelgrüne Kühle erwartete sie, moosiges Geröll, unter dem der Boden feucht war. Wie ein dürstendes Tier die Oase, so witterte Fanal das lebensspendende Wasser, zum Greifen nahe, so wie vorhin auf der Lichtung bei den Steinen. Und doch blieb ihm die Oase verschlossen. Der Berg gab auch an dieser Stelle das Wasser nicht frei. Vergeblich grub Max mit den Händen in der feuchten Erde, in der Hoffnung, es würde sich Wasser sammeln. Nichts. Kein einziger Tropfen, mit dem Fanal die Lippen hätte netzen können. Und doch schien sich Fanal zu erfrischen. War es die grüne Kühle, die seinen Durst noch für eine Weile stillen konnte? Gekräftigt machten sie sich wieder auf den Weg. Irgendwo mußte ein Rinnsal hervorsickern.

Der Duft des Waldes und die Stimmen der Vögel umgaben sie, sprachen ihnen Mut zu, und eine überraschende Gelassenheit begleitete die Freunde. War es der mächtige Hügel, aus dessen Innerem Kraft strömte? Waren es die uralten Steine, die wie eine schützende Stätte von der Lichtung herabblickten? Tote Steine, die Max voller Leben erschienen. Nie zuvor hatte er ähnliches empfunden. Die Strahlen der Sonne fielen bereits schräg durch die Wipfel. Der Abend war nicht mehr fern, und sie hatten immer noch kein Wasser gefunden. Aber Max wußte, daß Fanal jetzt gut aufgehoben war, daß hier die Zeit für ihn stillstand. Eine andere Ordnung galt hier, die sie beide an ihrem geheimnisvollen Zauber teilhaben ließ.

Es war im letzten Licht des Tages in der Nähe der Felsplatte als Max, verborgen unter Ranken und Gesträuch, die verwitterte Tür zu einem von der Zeit vergessenen Bergwerk fand. Freudig überrascht und voller Ungeduld machte er sich daran, das verrostete Schloß zu öffnen. Schweigend sah Fanal zu, bewegungslos, bis auf die Augen, in denen Max ein Flackern wahrnahm - ein Leuchten wie Sternenglanz aus fernen Welten. Max wußte, daß diesmal die richtige Stelle gefunden war, daß Wasser hinter der Tür sein würde. Das Schloß gab nach. Ächzend ging die Tür auf, und das Gekreisch der alten Angeln zerriß die Ruhe des Abends. Die Vögel unterbrachen ihren Gesang. Da war Fanal auch schon mit traumwandlerischer Sicherheit im Berg verschwunden. Zurück blieb nur noch ein hartes, reibendes Geräusch. Es klang, als schlügen Steine aufeinander. Dann trat Stille ein. In Sorge um Fanal rief Max in die Schwärze des Stollens hinein: „Wo bist du? Antworte!“

„Wasser, tiefes Wasser! Im Seitengang!“ antwortete es wie aus weiter Ferne, und Max war erleichtert. Fanal war munter und nicht von herabfallendem Geröll verschüttet worden. War es Zufall, daß Max eine Kerze samt Feuerzeug in seiner Tasche fand, die er nun anzündete? Aufflackernd erhellte die Flamme schwach den Gang. Jetzt erst, nachdem sich Max an das Licht gewöhnt hatte, sah er die Holzkonstruktionen, die Decke und Wände vor dem Einsturz bewahrten. Fledermäuse hingen herab.

Mit Staunen und Ehrfurcht betrachtete er die dicken dunklen Stämme, die vor langer Zeit meisterlich zusammengefügt worden waren. Max wußte, daß er sich in einem Türstock vor dem Stollen befand. Wie alt er wohl sein mochte? Wie lang würde er dem Druck des Berges noch standhalten? ...

MorgenLand

Kinder retten diese Erde

Doris Benz

Märchenroman, 287 Seiten, geb., Ln.

ISBN 3-901279-00-8

Überall in der westlichen Welt sitzen Menschen vor den Fernsehapparaten und haben ein Hauptinteresse: Kaufen und Haben!

Da zeigt sich in einem kleinen Ort in Deutschland eine seltsame Erscheinung. Ein großer schwarzer Vogel, dessen Kommen ein gellender Schrei begleitet. Ein Kind verschwindet aus seiner Körperhülle und niemand weiß, wo es geblieben ist, wie diese Sache zu erklären wäre.

Aber das Kind Manu ist nicht wirklich verschwunden. Es hat sich verändert. Es wurde von einer geheimnisvollen Macht in eine Raupe verwandelt und erlebt aus der Sicht der "Kleinen" die Brutalität und Kälte unserer Zeit.

Als Reisender zwischen den Welten wird Manu nun zum Vermittler. Das Wunder seiner Verwandlung und das Schicksal seiner Leidensgenossen aus dem Reich der Kleintiere bringt die "Willviels" und "Saubermanns" unserer Erde zum Umdenken. Wie er lernen diese den Zusammenhang zwischen gedankenlosem Konsum und fortschreitender Umweltzerstörung kennen. Seine Helfer und Freunde sind die Kinder und jener große schwarze Vogel, der, in immer neuer Gestalt, zu seinem Hüter und Beschützer wird.

Leseprobe:

... Es näherte sich in schneidigem Tempo ein grünweißer Wagen. Mit quietschenden Bremsen hielt er auf dem Tulpenplatz. Die Türen flogen auf, und heraus sprangen drei grimmig blickende Polizisten, die Chor schrien: »Halt! Keine Bewegung! Alles stehenbleiben!« Daß dieser Befehl ziemlich überflüssig war, verdutzte die Polizisten, denn die Kinder verharrten ohnehin reglos und stumm. Erstaunt stellten die Polizisten fest: Auf dem Tulpenplatz waren gar keine Randalierer, hier waren bloß Kinder. Einige der Kinder kamen ihnen sogar recht bekannt vor; es waren ihre eigenen. Ihretwegen schon durften die Beamten keinesfalls ihr Ansehen untergraben. Also schritt Wachmeister Doppelkopf resolut auf sie zu und fragte mit strenger Miene: »Was macht Ihr hier? Warum seid ihr nicht längst daheim beim Mittagessen?«

»Wir haben etwas dagegen!« antwortete ein dunkelhäutiges Mädchen. »Wogegen habt ihr denn etwas?« fragte der Wachmeister weiter. »Überhaupt, Kinder haben nichts dagegen zu haben!« Da antwortete das dunkelhäutige Mädchen: »Wir haben etwas gegen falsche Bratkartoffel, Herr Polizei! Mögen Sie Bratkartoffeln?« »Ja und ob! Das heißt, was fällt dir ein? Wenn jemand hier etwas zu fragen hat, dann bin ich das! Verstanden? Überhaupt, was sind falsche Bratkartoffel?«

»Das sind Bratkartoffeln, die eigentlich gar keine sind.« »Jetzt wird's mir aber gleich zu bunt mit dir! Überhaupt, wie heißt du denn?« »Millie Miller«, antwortete das Mädchen. »Wo wohnst du denn?« »Dort drüben!« sagte das Mädchen und deutete auf ein schönes, altes Haus am Ende des Platzes.
»Du siehst aber gar nicht so aus, als ob du in ein so feines Haus gehörtest«, zweifelte der Wachmeister. »Tu ich aber, ich bin nämlich Pflegekind beim Doktor! Früher habe ich in Amerika gelebt. Dort bin ich von falschen Bratkartoffeln und blauen Puddings so krank geworden, daß mich der Doktor und seine Frau ...«

»Waaaß? Schon wieder Bratkartoffeln? Du kleines Biest willst mich wohl veralbern? Was soll das andauernd mit den Bratkartoffeln ...? Wachtmeister Doppelkopf hatte sich die verflixten Bratkartoffeln so laut aus dem Hals gebrüllt, daß ihm die Luft ausging. Da trat das kleine dunkelhäutige Mädchen ganz nahe an den großen dicken Mann heran: »Wenn Sie zwei Sekunden zuhören könnten, wüßten Sie, was falsche Bratkartoffeln sind. Das sind nämlich nicht nur Kartoffeln allein, sondern auch Monosodiumglutamat und Phosphat und Inosinat und Granulat und Biosolfat und Sulfat und ...

Doris Benz, Niedereschach, Schriftstellerin, Ökopädagogin, Bildende Künstlerin. Mitunterzeichnerin der Generationenverträge 1993 und 1995 in Deutschland. Beschäftigung mit Makrofotografie, großflächige Collagen, mehrere Ausstellungen. Ökopädagogische Betreuung von Schulprojekten. Prosa mit ökosozialem Hintergrund